DANIJELA PILIC

Jetzt rede ich schon wie meine Mutter

GOLDMANN
Lesen erleben

Buch

Während das Aspirin im Glas zischt, bemerkt Danijela Pilic, dass ihr Kopf schon mal weniger gepocht hat als an diesem Morgen danach. Ist das der Anfang vom Ende? In der Kleidung vom Vorabend am hellichten Tag nach Hause gehen, sich ein Tattoo stechen lassen, eine SMS missverstehen, sich selbst als alt bezeichnen, das Rauchen aufgeben, ein Land für ein anderes verlassen, sich beim Nachbarn über den Lärm beschweren statt umgekehrt – für alles gibt es ein erstes Mal. Wer dann auch noch ohne Ironie die eigene Mutter als Quelle der Weisheit zitiert, nähert sich sicher dem magischen Moment. Warum wir deshalb nicht im Erdboden versinken müssen und wie aufregend und komisch erste Male sein können, davon erzählt Danijela Pilic in messerscharf beobachteten, witzigen, traurigen, wehmütig bezaubernden, philosophischen und manchmal erstaunlich vertrauten Alltagsgeschichten.

Autorin

Danijela Pilic, geboren 1971, ist seit Abschluss ihres Studiums im Fach Writing an der Middlesex University in London als Journalistin und Redakteurin in den Bereichen Mode, Lifestyle und People tätig, zuletzt als Editor At Large bei Vanity Fair. Zurzeit schreibt sie u.a. für den »Playboy« und hat ein Stilblog auf glamour.de. 2010 erschien ihr erstes Buch »Yoga Bitch. Wie Yoga nicht nur meinen Hintern, sondern auch mein Leben veränderte«. Sie lebt und arbeitet in Berlin.

Danijela Pilic

Jetzt rede ich schon wie meine Mutter

GOLDMANN

Der Abdruck des Gedichts auf Seite 75
erfolgt mit freundlicher Genehmigung
des Suhrkamp Verlags, Berlin.

Verlagsgruppe Random House FSC-DEU-0100
Das FSC®-zertifizierte Papier *Holmen Book Cream* für dieses Buch
liefert Holmen Paper, Hallstavik, Schweden.

1. Auflage
Originalausgabe April 2012
Wilhelm Goldmann Verlag, München,
in der Verlagsgruppe Random House GmbH
Copyright © 2012 dieser Ausgabe
by Wilhelm Goldmann Verlag, München,
in der Verlagsgruppe Random House GmbH
Umschlaggestaltung: UNO Werbeagentur, München
Umschlagmotiv: FinePic, München
Redaktion: Antje Steinhäuser
KF · Herstellung: Str
Satz: Uhl + Massopust, Aalen
Druck und Einband: GGP Media GmbH, Pößneck
Printed in Germany
ISBN 978-3-442-15687-0

www.goldmann-verlag.de

Inhalt

1.

Wie ich mich zum ersten Mal als alt bezeichnete

Oder:
Der aufgehende Halbmond
über Mikronesien

»Obwohl ich immer älter werde, wird die Welt einfach nicht so, wie ich sie haben will«, sagt mein Freund K. und winselt dabei ein wenig.

Ich grinse und schenke ihm Tee nach. Wir sitzen in meiner Küche, draußen ist es dunkel, seit Monaten schon.

»Was denn? Das war kein Witz«, sagt K.

»Es ist aber lustig.«

K. zuckt mit den Schultern. Wenn man eine Person mit einer Geste zusammenfassen kann, ist es bei K. das Schulterzucken. Diese liebenswürdig-wurschtige Gleichgültigkeit war für ihn schon als Kleinkind der Normalzustand, wie ich anhand einiger vergilbter Siebzigerjahre-Fotos festgestellt habe. Der kleine K. zeigte seiner Schultüte, seinem ersten Schlitten sowie den vier Kerzen auf einer Torte die kalte Schulter wie ein alter Hase, und noch heute teilt er sich am liebsten mit einem geübten Zucken mit.

Ich sehe K. an und denke darüber nach, wie er wohl die Welt umschreiben würde, die er sich »trotz Älterwerdens« vergeblich herbeiwünscht. Ich sehe seine Wunschwelt in grellen Farben und dennoch verschwommen: weniger kompliziert, leiser, kleiner, langsamer, gleichgültiger, geduldiger, schulterzuckender.

»Wolltest du die Welt schon immer so haben, wie sie nicht wird?«, frage ich K.

»Nein. Das fing an, als ich echtes Geschenkpapier, so inna Rolle, gekauft habe.«

»Aha.«

»Und am nächsten Tag hab ich mir gleich ne Geschirrspülmaschine gekauft.«

Ich kneife die Augenbrauen zusammen. (Wenn es eine Geste gibt, die mich zusammenfasst, ist es wohl das misstrauisch erstaunte Augenbrauenzusammenkneifen, das mir eine sogenannte Zornesfalte beschert hat, die so heißt, obwohl es beim Zusammenkneifen um misstrauisches Erstaunen geht, und nicht um Zorn.) Ich bin mir jedenfalls nicht sicher, worauf K. hinauswill.

»Ja«, sagt K. und sieht mich an wie ein Kalb. »Also etwa zu der Zeit, als ich anfing, alt zu werden.«

Wie schön für K., dass er diese Zeit genau festlegen kann. Ich will das auch können! Huch, nein, das war vorschnell. Ich will es lieber doch nicht, da sprach nur mein regelmäßig wiederkehrender Wieso-weiß-der-das-schon-und-ich-noch-nicht-Neid-Reflex aus mir. Im Gegenteil, ich tue ziemlich viel dafür, die Tatsache zu verdrängen, dass die Zeit, um die es geht, womöglich in der Vergangenheit liegt. »Tief innen drünne«, wie man in schönem Berliner Küchenpsychologendeutsch sagt, bin ich sogar ziemlich sicher, dass ich schon alt bin. Ich mache mir viele Gedanken darüber. Na und? Ich glaube, es gibt keinen Über-Siebenjährigen auf der Welt, der sich nicht mit dem Alter beschäftigt. Über die Jahrtausende hinweg dürfte deshalb auch alles dazu gedacht, gesagt und geschrieben worden sein.

Doch nein, natürlich ist das nicht so, denn genauso wie es früher keine Kirschtomaten gab oder Kinder, die versuchen, ein Ölgemälde mit ihren kleinen, geübten iPhone-Griffeln weiterzuschieben, oder dieses geschäftige Heimweggeräusch, das Rollkoffer am frühen Sonntagabend auf Kopfsteinpflastern verursachen, macht die Innovation auch vor dem Altern kein Halt. Fünfzig ist jetzt das neue dreißig und so.

Manchmal ist mein Kopf so leer wie der Bahnhof einer Kleinstadt in Hessen an einem Mittwochnachmittag. Und manchmal, zum Beispiel wenn ich übers Alter nachdenke, ist auf den Bahngleisen fast zu viel los. Der Effekt ist derselbe: Ich greife dann aus alter Gewohnheit zu einem thematisch zwar passenden, aber dennoch willkürlich wirkenden Spruch. Jetzt fällt mir ein englischer ein, ausgerechnet. Das mag K. ja gar nicht.

»It's a losing game«, sage ich.

»Was?«

»Das Altern.«

»Dasselbe sagt man ja auch über love und drugs.«

»Was?«

»Na, dass sie ein losing game sind. Viel besser passt doch: Alt sein heißt für mich immer fünfzehn Jahre älter als ich«, sagt K.

»Das stimmt! Wer hat das gesagt?«

»Keine Ahnung. Google mal.«

Tippelditippeltipp.

»Hm, von so einem toten amerikanischen Politiker[*]. Kennt man nicht. Aber hier, guck mal. Der Schriftsteller Wilhelm

---

[*] Es handelt sich um Bernard Mannes Baruch (1870–1965)

Raabe nannte Alter »die Zeit, wo die Erinnerung an die Stelle der Hoffnung tritt«.

»Die Zeit, wo?«

»Ja, ist grammatikalisch falsch. Aber inhaltlich stimmt's. Zumindest was deinen Fall angeht«, sage ich.

»Meinen *Fall*?«, zuckt K. mit den Schultern an, aber nur ganz leicht.

»Ja. Deinen Fall. Ich sehe ihn so: Du bist traurig, weil die Welt nicht so ist, wie du sie dir wünschst, und das *obwohl* du jetzt ach-so-alt bist, was natürlich für sich genommen schon ein ganz besonders geiler Grund dafür ist, entrüstet zu sein – das bloße biologische Alter. Die eigentliche Entrüstung aber …«

»Super, wie du manchmal auf einmal ohne Grund anfängst so hochgestochen zu reden«, sagt K.

»Danke. Diese Entrüstung basiert auf der Tatsache, dass du nun ohne großes Zutun deinerseits etwas erreicht hast, das man Alter nennt. Die Hoffnung, die Welt würde sich ändern, ist weg, und nun bleiben dir nur Resignation und die Erinnerung an eine Zeit, als du Geschenke noch in Alufolie oder Zeitungspapier wickeltest und Geschirr von Hand spültest und trocknetest, während du immer, immer hofftest, die Welt würde sich ändern. Jetzt hast du die Erinnerung an ein weniger kultiviertes, weniger geplantes, weniger teures Leben. An deine Jugend halt.«

An K.s stillem Starren, so gut kennen wir uns, merke ich, dass er sich bald verabschieden will.

»Aber davor trinken wir zwei Kurze«, rufe ich.

»Wovor?«

»Na, bevor du gehst.«

»Ich wollte gar nicht gehen.«

»Egal. Es gibt ein Jugo-Lied von Plavi Orkestar, das heißt

»Bolje biti pijan nego star«, sage ich, während ich eifrig zwei Stamperl mit *Loza* fülle.

»Du wieder mit deinen willkürlichen Infos und Eisernem-Vorhang-Talk.«

In jeder Freundschaft gibt es Witze, die sich zu Dauerbrennern entwickeln und die man immer wieder bringen kann, ohne sich über fehlendes Verständnis oder mangelndes Kichern seines Gegenübers Gedanken machen zu müssen. Am Anfang einer Freundschaft weiß man noch nicht, welche das sein werden, doch bei K. und mir hat sich Folgendes etabliert: Er zieht mich wegen meiner wahllos gestreuten Jugo-Reminiszenzen sowie meines Jugo*-bedingten Eisernern Vorhangs im Kopf auf (gerade weil K. gebildet genug ist, um zu wissen, dass Jugoslawien nie den Warschauer Pakt unterschrieben hat, deshalb nie zum Ostblock gehörte und sich nie hinter einem Vorhang befand), und ich kontere, dass er mit seinem Grünwald-*State-of-Mind* sowieso nichts verstehen kann, und wie hart doch sein Leben in den *mean streets* der Münchner Nobelvororte gewesen sein muss.

»Ja, so was hört man in Grünwald-State-of-Mind nicht gerne«, sage ich und K. lacht.

»Also, was heißt es?«, fragt er.

»Lieber betrunken sein als alt«, übersetze ich simultan und stümperhaft.

»Ja, besser ist es«, seufzt K., zuckt mit den Schultern, kippt den Schnaps weg und gießt sofort zwei neue nach.

---

* schon gut, ich bezeichne mich selbst als Jugo. Erklärung dafür an anderer Stelle.

Ein Nachteil des Alters und augenfälliges Indiz für das Eintreten desselben, ist, dass die Kater viel schlimmer sind als in der Jugend, aber das nur so schusselig am Rande. Während das Aspirin zickig im Glas zischt, frage ich mich: Wann genau hört die Jugend auf? Und: Wann geht das Alter so richtig los? Diesen magischen Moment würde ich gerne ganz genau kennen. Und für was sollte meine Lebenserfahrung wohl gut sein, wenn nicht für die Erkenntnis: Manchmal muss man, wenn man etwas genau wissen will, aber nur eine vage Ahnung hat, ein Buch aufschlagen, das in den letzten fünf Jahren nur als Türstopper fungiert hat:

»Die ersten vierzig Jahre unseres Lebens liefern den Text, die folgenden dreißig Jahre den Kommentar dazu.«

Der olle Schopenhauer. Eine schöne Bestätigung. Man könnte also sagen: Ab vierzig ist nix mehr los, dafür hat man dann mehr Zeit und kann die wenigen Vorkommnisse umso ausführlicher kommentieren. Es passiert nicht mehr viel, man kauft sich höchstens Geschenkpapier so inna Rolle und redet darüber, und bis man dann an Bushaltestellen fremde Leute vollquasselt mit dem, was mal früher war oder mit seinem schlimmen Fuß, ist es auch nicht mehr lang hin.

Ob es nun ein Zufall ist oder nicht, aber die Zeit, zu der die Erinnerung an die Stelle der Hoffnung tritt, ist in unseren (also K.s und meiner Generation) Köpfen so um die vierzig herum einprogrammiert. Das kommt auch hin, weil sich unsere Generation innerlich immer noch (und noch etwas länger) wie fünfundzwanzig fühlt. Wenn Altsein aber fünfzehn Jahre älter ist als man selbst, kommt das Altsein um die Vierzig genau hin. Ab vierzig Lenzen, da geh ich mit Schopenhauer innerlich d'accord, ab da ist man alt. Da: Vierzig Lenze. Wer sagt denn so was? Nur alte Leute.

Natürlich ist vierzig heute nicht mehr das, was es zu Schopenhauers Zeit war. Er selbst wurde 1828 vierzig und hatte dann noch rund zweiunddreißig Jahre Zeit zu kommentieren. Fürs 19. Jahrhundert war das sehr viel Zeit zum Kommentieren. Damals war vierzig das, was heute fünfundsechzig ist, würde ich mal grob schätzen. Also hatte er den richtigen Gedanken, aber ungefähr hundertfünfzig Jahre zu früh. Typisch Arthur.

Da die Lebenserwartung über die Jahrhunderte hinweg immer weiter ansteigt, ist es nur logisch, dass der Zeitpunkt, ab dem man als alt gilt, auch zeitlich nach oben bzw. baumrindenförmig nach außen ansteigen sollte. Man kann es sich auch ganz einfach machen: die durchschnittliche statistische Lebenserwartung (in Deutschland: ungefähr achtzig) durch zwei teilen und sich genau ab der Mitte alt wähnen. Davor ist man jung, egal wie die Befindlichkeit ist, danach: alt, egal wie das geistige Alter ist oder wie fit man im Kopf ist.

Diese nüchterne Herangehensweise scheint mir auch deshalb attraktiv, weil sie die idiotische Infantilisierung, die bei erwachsenen Menschen seit Ende des 20. Jahrhunderts immer weiter um sich greift, nicht zulässt. Ich meine damit Männer mit Playmobil-Sammlungen und Frauen mit Hello-Kitty-Accessoires. Wer früher mit zwanzig als Mann noch keine Arbeit hatte oder als Frau noch nicht verheiratet war, war ein verlorener Fall, da blieb keine Zeit für Kindismus und sein Merchandising. Es gab weder die Freiheit noch die Zeit, Dinge auf die lange Bank zu schieben, denn die Bank war nun einmal kurz.

Seit der Einführung der langen Bank wartet man als moderner Großstädter so lange es geht damit, sein Leben zu definieren. Wohnort, Berufswahl oder Familiengründung, die Altersvorsorge, selbst die Frage, ob man hetero oder homo ist – alles Entscheidungen, die wir vor uns herschieben. Wir warten und tüddeln herum, bis wir das dringende Gefühl nicht mehr wegschieben können, nun muss ich aber. Wir denken: Diese Dinge machen uns alt, und man hat ja Zeit, also – hier K.s Schulterzucken vorstellen – mach ich das jetzt noch nicht. Das hat zur Folge, dass Frauen eine Botoxpause einlegen müssen, weil sie schwanger sind, und Männer mit Geheimratsecken sich »Rapunzel – Neu verföhnt« im Kino ansehen und Panini-Bilder tauschen. Außerdem wird das Äußere mit den ersten Anzeichen des körperlichen Verfalls hysterisch auf jugendlich kultiviert. Viel schlimmer als alt sein ist nämlich alt aussehen.

Wenn aber Alter eine Frage des Kopfes ist, wieso lässt man dann den Körper nicht in Ruhe alt werden? Diejenigen, die Istdochnureinezahl schneller runtergerattert haben als Madonna ihren allmorgendlichen Stammzellencocktail leeren kann, die, die »gelassen« behaupten, dass Alter nicht wichtig ist, außer man ist ein Käse, sind doch die, die nachts wach liegen und den Atem des Sensenmannes am deutlichsten zu riechen glauben. Könnten wir nämlich das Fabelhafte des Alters (Erfahrung, Wissen, Weisheit) einsacken und der Körper bliebe immer gleich, wäre das Altern, bis auf die Tatsache, dass es uns dem Tod näherbringt, doch überhaupt kein Problem für die Istdochnureinezahl-Fraktion. Ich dagegen sage: Nicht alt werden ist auch nicht gut, denn die Alternative kennt man ja.

Als man aber noch jung war, also wirklich jung, so zweiundzwanzig, war »alt« noch so weit weg wie der aufgehende Halbmond über Mikronesien. Anders als der aufgehende Halbmond über Mikronesien war »alt« aber auch traurig und furchtbar und bemitleidenswert. Es passierte also, dass ein Kerl, den ich aus unerfindlichen Gründen immer noch in meinem nun schon fast vierzigjährigen Gedächtnis mit mir herumtrage, mich zunehmend nervte. Es war klar, dass ihm das von meiner Seite aus sehr bald um die Ohren fliegen würde. Wenn man jung ist, wie ich damals, hat man entweder gar keine Angst oder wenn, dann nur vor blöden Sachen. Vor Konfrontationen mit geplatzter Hutschnur zum Beispiel hat man keine Angst.

Ich war damals nie vorsichtig und sagte immer, was mir gerade durchs Hirn fegte. Das war im Fall dieses namenlosen Mannes auch in Ordnung, wie ich rückblickend anerkennen muss. Heute ist mein Hirn-zu-Mund-Filter wesentlich weiter entwickelt als damals, obwohl er für westeuropäische Standards immer noch erschreckend rudimentär erscheint. Heute würde ich wahrscheinlich überlegter reagieren, doch wozu eigentlich? Bei manchem Mannvolk hilft nur das radikale, impulsive Aussieben. Dieser Mann ließ mich ständig warten, kam zu spät, rief nicht zurück, und er nahm auch nie mein Gesicht in seine Hände, so, als ob er auf der Stelle tot umfallen würde, wenn ich nicht mehr wäre.

Irgendwann kochte ich sogar für ihn, obwohl ich damals gar nicht kochen konnte. Ich bereitete unter großem Aufwand einen Auflauf mit Zucchini und Bärlauch (damals Trendgemüse- und -kräuter) zu. Er kam zwei Stunden zu spät. Das Essen war schlaff und kalt in sich zusammengefallen, und ich löffelte es wütend direkt aus der Auflaufform in mich hinein, bis es wie ein grünes Gemetzelfeld aussah. Genauso sollte auch sein Kopf aussehen, dachte ich und öffnete den obersten Knopf meiner Jeans, denn in zu engen Hosen musste ich nicht auch noch leiden.

Da klingelte es an der Tür: zwei Stunden zu spät. Das konnte nicht sein Ernst sein, jetzt noch aufzutauchen. Ich bemühte mich gar nicht erst zur Gegensprechanlage, sondern beschimpfte den Auflauf. Soweit ich mich erinnern kann, regnete es an diesem Abend in Strömen, aber vielleicht bilde ich mir das auch nur aus Dramaturgiegründen ein. Ich machte keine Anstalten aufzumachen, aber der Herr Zweistundenzuspätkommer klingelte weiter, und es gibt wenig auf der Welt, das die Panikpartikel so schnell durch den menschlichen Körper wirbelt wie stetiges Türklingeln. Das Klingeln des Telefons lässt sich leicht ignorieren, wenn aber jemand an der Tür klingelt und weiß, dass man zu Hause ist, dann fühlt man sich bei jedem Klingeln gestresster und ertappter.

Irgendwann musste ich also zur Gegensprechanlage gehen und auf den Knopf drücken. Nicht den, der aufmacht, nur den, der hören und sprechen lässt.

»Ja?«

»Ich bin's. Es tut mir so leid …«, rauschte es von unten.

»Du kannst mich mal. Es ist zehn.«

»Ich kann's dir erkären, bitte, es war …«

»Weißt du was?«, fragte ich.

»Was?«

»Ich bin zu alt für so'n Scheiß.«

Dann ging ich in die Küche, nahm einen Hammer aus der damals schon vorhandenen und seitdem stetig wachsenden Werkzeug-, Schrauben- und Elektroschrott-Tüte und klopfte die Gegensprechanlage kaputt. So musste ich das anhaltende Klingeln dieses Vollpfostens wenigstens nicht mehr hören. Leider ist Wut kein kluger Ratgeber, und so merkte ich schnell, dass die Gegensprechanlage nicht die Wurzel des Übels war und die Klingel immer noch funktionierte. Also hämmerte ich auch die tot, setzte mich anschließend an meinen Küchentisch und aß den ganzen Auflauf auf, seelenruhig wie eine Massenmörderin.

Ich bin. Zu alt. Für. So'n. Scheiß. Natürlich bemerkt der aufmerksame Leser an dieser Stelle, dass ich gar nicht sagte, ich wäre alt, sondern nur *zu* alt, und zwar für »so'n Scheiß«. Wobei es ja eigentlich korrekt heißen müsste, für so *nen* Scheiß. Woher kam er plötzlich, dieser Satz, warum sprach ich ihn und nicht einen anderen? Das Jahr, in dem ich ihn erstmalig aussprach, war 1993, und deshalb ist wohl Mel Gibson daran schuld, und das, obwohl er nach meinem Wissenstand damals noch kein manischer, antisemitischer, gewalttätiger Alkoholiker war.

Ich glaube, dass mir der Satz popkulturfilmtechnisch unterbewusst eingeflößt wurde. In dem Film »Lethal Weapon« (in schlimmstem, verhunztem Filmtiteldeutsch – einer Unsäglichkeit, die eigentlich ein eigenes Kapitel verdient – »Zwei stahlharte Profis« genannt, obwohl man es ganz einfach und genau mit »Tödliche Waffe« hätte übersetzen können), der 1987 in die deutschen Kinos kam, sagt nämlich Danny Glover zu Mel Gibson, wenn er mal wieder »waghalsige Ganoven«, wie es so schön im TV-Programm-Jargon heißt, jagen muss: »Ich bin zu alt für diesen Scheiß!« und springt dann doch über drei brennende Autos und legt sich mit achtzehn Ganovengaunern gleichzeitig an.

Nicht, dass ich den Film jemals in voller Länge gesehen hätte, denn Jungsfilme mit waghalsigen Ganovenjagden haben mich damals so wenig interessiert wie heute, aber an einem verkifften VHS-Nachmittag werde ich im Hintergrund wohl das ein oder andere daraus aufgeschnappt haben, zum Beispiel auch, dass Mel Gibson in dem Film eine unglaublich geföhnte und durchgesträhnte Proletenmatte hat.

Mel Gibson wurde in dem Film übrigens von Elmar Wepper gesprochen, nicht der Derrick-Harry-fahr-schon-mal-den-Wagen-vor-Wepper-Bruder, sondern der andere. Das ist jetzt zwar willkürliche Informationenvergabe, aber aufgrund der mir von

K. attestierten Marotte zweifelsohne auch eine unvermeidliche. Vielleicht habe ich den Satz »Ich bin zu alt für diesen Scheiß« aber auch in einem der folgenden drei Lethal-Weapon-Filme aufgeschnappt, denn Danny Glover sagte ihn in jedem einzelnen der vier Teile, die im Übrigen auf Englisch »Lethal Weapon« 2, 3 und 4 heißen und auf deutsch: »Lethal Weapon 2 – Brennpunkt L. A.«, »Lethal Weapon 3 – Brennpunkt L. A. – Die Profis sind zurück«, und »Lethal Weapon 4 – Zwei Profis räumen auf«.

»Ich bin zu alt für diesen /so'n Scheiß« wurde meines Wissens nach vorher nur von Marie-Antoinette gesprochen, die mit sechzehn keine Böcke mehr hatte auf Dudelsack-Rokoko-Tanz, mitten auf dem Dancefloor stehen blieb und sprach: »Ich bin zu alt für diesen Scheiß.« Danach war der Satz bis zum Ende der Achtzigerjahre des 20. Jahrhunderts aus dem Sprachgebrauch verschollen, um in »Lethal Weapon« und anschließend in unseren Wortschätzen erneut aufzutauchen.

Was wir und Danny Glover seit den Neunzigern aber eigentlich sagen wollen, ist nicht, dass man für irgendetwas zu alt ist, sondern dass man etwas nicht (mehr) nötig hat. Man ist schon so lässig und erfahren und ruht dermaßen in sich selbst und seiner Mitte, dass man den Scheiß, den jemand anders auf einem abladen will, durchaus höflich ablehnen kann. Sollen die anderen doch, die Jungen und Unerfahrenen, ihren läppischen Kram unter sich ausmachen, ich mache da nicht mit, ich weiß, wer ich bin, und muss nichts beweisen, mir nicht und anderen auch nicht.

Hier wird das Alter also automatisch mit Weisheit und Gelassenheit gleichgesetzt. Das ist absoluter Mumpitz. Als ob irgendwo geschrieben stünde, dass man im Alter keinen Scheiß mehr mitmachen muss. Nee, ist klar: kein Alzheimer, keine Inkontinenz, keine Dementia, keine schmerzenden Glieder, keine schlechten Ohren und Augen, keine nachtragenden Mägen, keine Vereinsamung, keine Langeweile, keine Reue wegen verpasster Chancen. Als ob ein wirklich alter Mensch jemals einem Hörgerät oder einem Kaffeekränzchen im Altersheim entgegnen würde: Ich bin zu alt für so'n Scheiß.

»Zu alt« sagen nur junge Menschen gerne, und damit fängt die Koketterie mit ihrer eigenen Jugend an. Die wirklich Alten verschweigen lieber, dass sie zu alt sind.

Wofür ich mit neununddreißig nicht zu alt bin, ist ein vollkommen teeniehaftes Internet-Verhalten. Ich checke meine E-Mails circa zweihundertmal am Tag, wobei man das nicht soll, denn dann ist der ganze organisierte Tagesablauf futsch. Aber es lenkt so schön ab, und es könnte ja eine wichtige Nachricht… Ping! Eine E-Mail von K. kommt an. Er schreibt, er habe übers Alter nachgedacht.

Ich schreibe ihm zurück und frage, ob er glaubt, dass »Ich bin zu alt für so'n Scheiß« durch Lethal Weapon in den deutschen Sprachgebrauch eingeführt wurde.

Nee, schreibt er zurück. *Das sagen nur Zicken, die sich cool und abgeklärt vorkommen wollen. Aber schau mal, ich hab »zu alt« in Google eingetippt, und das sind die ersten zwei Links dazu:*

Bin ich zu alt, um Cheerleader zu werden ? – Freizeit & Gemischtes…
29. Jan. 2010… Also ich **bin** jetzt 18, und ich interessiere mich schon sehr **dafür**, aber ich hab Bedenken, dass ich zu alt **dafür bin.**

und

Kurzatmigkeit beim Tanzen, **bin** ich zu **alt** dafür?
(Senioren, Kondition)
16. Okt. 2010... Sie interessieren sich für die Themen:
Kurzatmigkeit, Senioren, Kondition.

Das ist doch schon irgendwie interessant, oder? Wobei ich mir sicher bin, dass der Achtzehnjährigen durchaus von einigen Fünfzehnjährigen reingedrückt wurde, was für eine jämmerliche Omama ohne jegliche Chancen im Riesenbommel-Business sie ist, und dem kurzatmigen alten Sack nur so Wohlfühl-Antworten und Floskeln um die Ohren flogen... *man ist doch nie zu alt... mit ein bisschen Übung... es geht um den Spaß an der Freud'!* Ich habe die Links nicht angeklickt, aber so ähnlich wird der alterspolitisch korrekte Hase schon gelaufen sein.

Einige Monate nachdem ich mich als zu alt bezeichnete, nannte ich mich zum ersten Mal nur alt, ohne das »zu« davor. Ich ging auf eine Party, vor der man erwartet hatte, dass sie gut wird, in einem Club, in dem man sich schon mehrere Nächte um die eigenen und auch um andere Ohren gehauen hatte. Doch diese Nacht wollte irgendwie nicht recht in Schwung kommen, was vor allem daran lag, dass das Publikum aus lauter geschniegelten Achtzehn- und Neunzehnjährigen aus den wohlhabenderen Münchner Vororten bestand.

Nachdem wir versucht hatten, uns das Dekor schönzusaufen, was nicht funktionierte, beugte ich mich also zu einem befreundeten Ohr und schrie hinein: »Wer sind diese ganzen Kinder? Ich komme mir so alt vor.«

In diesem Moment ging die Nebelmaschine an, und zu wummernden Bässen kokettierte ich zum ersten Mal mit meinem zarten Alter, und da ich den Satz, wenn auch in anderer

Form, schon erfolgreich vorgebracht hatte, glitt er mir leicht über die Lippen und würde es über die Jahre auch noch einige hundert Male tun, und dann, je älter ich wurde, immer weniger, so ungefähr ab dem Zeitpunkt, ab dem man die Aufmerksamkeit lieber nicht auf sein Alter lenken möchte.

Der Rezipient meines Jammerns war übrigens K., und da er mein falsches Klagen richtig verstand, zuckte sein schnöseliges Schulternpaar, wie man es am Ende dieses Kapitels nicht anders erwartet hätte, in bester Grünwald-Manier.

Schon war klar, dass das Alter auf dem Dingewichtigkeitsbarometer einen hohen Stellenwert einnimmt und man ihm gerade deswegen vorzugsweise mit einem lässigen Schulterzucken begegnen sollte.

2.

Wie ich zum ersten Mal
blond wurde

Oder:
Veränderung ist das Salz des Vergnügens

Es gibt Menschen, die gewissen kleinen, von der Mehrheit der Menschen auf dem Dingewichtigkeitsbarometer mit einem niedrigen Stellenwert bewerteten Dingen eine große Bedeutung beimessen. Diese Menschen, die im Übrigen gerne Anoraks, eckige Schuhe und Doppelvornamen tragen, nennen sich dann Spezialisten oder Experten für das von ihnen als besonders wichtig empfundene Zeug.

Es gibt Experten, die wissen alles über Zierfische aus Japan, pastellfarbenes Kaugummipapier, wechseltönige Akkordeons, Schutzengel der nordischen Mythologie, Videospiele aus den Achtzigerjahren oder die Melancholie von Straßenschildern. Und es gibt Spezialisten, deren Expertise und Sammelwut Porzellan-Fernrohren, Gehäkeltem aus den Schamhaaren rothaariger irischer Jungfern, Bahnfahrplänen der neuseeländischen Bahn (aber nur auf der Nordinsel!) oder royaler Hochzeitsmemorabilia gilt. Für alles noch so Unwichtige und Unwahrscheinliche gibt es jemanden, der sich damit viel zu gut auskennt.

Groß war also mein Erstaunen, als ich feststellen musste, dass es auf der ganzen Welt niemanden gibt, der sich auf den tieferen Sinn von Tippfehlern spezialisiert hat, und so erfinde ich ihn, denn zu irgendetwas muss ja mein Beruf gut sein: Herr Dr. Karl-Günther Weber aus Wiesbaden, Experte für den tieferen Sinn von Tippfehlern, Kordhosen-, Vollbart- und Brillenträger, Jungianer, Hobbys: Schwimmen, Lesen, Radfahren, Wiener Schnitzel, Tippfehler. Ich frage Herrn Weber, der in einem lila Samtsessel sitzt: »Warum habe ich bei der Überschrift dieses Kapitels zuerst blind statt blond geschrieben?«

»Nun«, sagt er, nimmt seine Brille ab, steckt den rechten Bügel in den Mund und lutscht kurz daran. »Das könnte mehrere Gründe haben.«

»Könnte es nicht nur einen Grund geben, und könnte dieser Grund nicht sein, dass das i auf der europäischen Tastatur gleich neben dem o liegt?«

Dr. Weber sieht mich mit einem expertenmäßigen Aber-dann-wäre-meine-Spezialisierung-nur-Stuss-Blick an.

»Nicht, wenn man meiner »Kein-Tippfehler-ohne-tieferen-Sinn«-Theorie Glauben schenkt, und wenn sie das nicht tun würden, wären sie kaum fünfhundertundzwölf Kilometer nach Lüdenscheid gefahren, um mich zu konsultieren«, erwidert er, ziemlich schnippisch für einen Jungianer, wie ich fand.

»Nein, natürlich nicht«, sage ich nicht zu schuldbewusst. »Aber war es nicht Wiesbaden?«

Dr. Weber übergeht die Frage, obwohl Wiesbaden und Lüdenscheid von Berlin ungefähr gleich weit weg sind. Ob dahinter auch ein tieferer Sinn steckt? Stattdessen schickt er sich an zu erklären: »Nun denn. Ich denke Folgendes: Sie fühlten sich blind, als sie hellhaarig wurden. Sie sahen sich selbst und auch die Welt nicht mehr. Ein eindeutiger Fall, das ist ja noch einfacher als Fotso.«

»Fotzo?«

»Erstaunlich viele Menschen verschreiben sich bei Fotos.«

So so. Ich schrieb tatsächlich häufig Fotso, was mir trotz fehlender Erklärung für eine Sekundenbeeindruckung von Dr. Webers Spezialisierung reichte. Dieser Moment verflog aber genauso schnell wie ein Hungergefühl bei zufällig im Vorbeigehen erschnüffeltem Haar, das statt Pfirsichshampooduft Gerade-beim-Asiaten-Essen-geholt-Geruch verströmt.

Leider hatte Dr. Weber unrecht, was den Verschreiber zu platinblond/platinblind* anging. Wie so oft, wenn man von einem Spezialisten Rat einholt, liegt der eigentliche Gewinn des Besuchs darin zu erkennen, dass er Quatsch redet und das Gegenteil der Fall ist. Denn als ich blond wurde, sah ich mich und die Welt um mich herum anders, und anders sehen heißt nicht blind sein, sondern das Gegenteil: Es heißt mehr und neu sehen. Wäre Dr. Weber nicht ganz sympathisch gewesen, hätte ich ihm eine Postkarte mit folgendem Text geschickt: *Sie haben unrecht! Prä-blond war ich blind.*

Eigentlich bin ich eine Blondine. Ich meine, eigentlich sollte ich eine sein, wenn ich mich nur danach richten würde, was den Männern um mich herum gefällt. Ich habe von Natur aus dunkelbraunes Haar und war zweimal in meinem Leben blond, so richtig wasserstoffgrell unnatürlich, und immer wenn ich davon erzähle, werde ich gezwungen, die Fotos aus dieser Zeit herauszukramen, woraufhin die Stimmen der Männer plötzlich zwei Oktaven tiefer rutschen als ihre Sprechstimmen und ihnen ein sonores »Boah« entfährt, wahlweise auch ein »Boahamma«. Leider nervte mich genau das als Blondine, diese permanente

* Die korrekte Schreibweise käme zuerst, sagte Dr. Weber, und da er der einzige, wenn auch nicht reale Experte auf der Welt ist, mache ich das lieber mal so.

Aufmerksamkeit von Männern, die ich als Brünette niemals geglaubt und als Klischee abgetan hatte und die ich selbst von Männern bekam, die »eigentlich gar nicht auf Blondinen stehen«, aber »Boahamma«.

Dass ich später einmal blond würde, stand für mich schon Ende der Siebzigerjahre fest. Mir gefiel, wenn meine Mutter kicherte, und das tat sie immer, wenn sie von einem ihrer Lieblingsfilme sprach, dem Oscar-nominiertem »Ljubavi jedne plavuše« von Miloš Forman. »Ljubavi jedne plavuše« heißt im Deutschen »Die Liebe einer Blondine«, was wieder einmal die Willkür, Ungenauigkeit und Sturheit des Bloß-nicht-genauen-Wiedergebens der deutschen Filmtiteltragödie demonstriert. Sowohl im tschechischen Original (»Lásky jedné plavovlásky«) als auch im Englischen (»Loves of a Blonde«) stehen die Lieben im Plural, was natürlich mit einem gewissen Hintersinn erfolgt ist, der dem deutschen Titel abgeht.

Jedenfalls liebte meine Mutter »Ljubavi jedne plavuše«. Jedes Mal brachte der Film sie zum Lachen, und sie wurde nicht müde, immer wieder bestimmte Szenen nachzuerzählen. Mich brachte die Erwähnung von »Ljubavi jedne plavuše« auch zum Lachen. Als Kind hatte ich keine Ahnung, worum es da ging – aber der Klang des Titels! Es waren die herrlichsten Wörter, die ich je gehört hatte, ljubav (Liebe) und plavuša (Blondine) erst recht. Dass das Blondine hieß und was eine Blondine war, wusste ich damals nicht, stattdessen dachte ich, es würde sich um eine blaue Frau handeln. Plava heißt im Serbokroatischen nämlich sowohl blau als auch blond. Ich stellte mir Lieben in verschiedenen Blautönen vor und hatte keine konkrete Ahnung, was das sein sollte, aber es war klar, dass ich es auch machen würde, wenn ich nur groß genug war, blau zu werden, was im Deutschen mehr und auch einen anderen Sinn ergibt.

Kaum zwanzig Jahre später, als ich dann blond wurde, war nicht nur die Aufmerksamkeit der Männer nervig, sondern auch, dass ich mich sehr stark schminken musste, da blondes Haar einem hellhäutigen Menschen wie mir die Züge streifenfrei aus dem Gesicht wäscht. (Dr. Weber würde sagen: Ungeschminkt war mein Spiegelbild platinblind.) Blondes Haar lässt manche Frauen tot wirken, nur weiß man das vorher leider nicht. (Hätte es damals dieses Computerprogramm schon gegeben, bei dem man sich virtuell eine andere Frisur auf den Kopf montieren lassen kann, hätte das auch nicht geholfen, denn da sieht jede Frisur einfach nur bescheuert, weil draufmontiert, aus. Das Endergebnis ist genauso unvorhersehbar und ungenau wie die eigene Vorstellungskraft, nur ein bisschen mehr psycho.) Ein Beweis ist Jeanne Moreau in »Die blonde Sünderin« von 1962, ein Schwarz-Weiß-Film, in dem sie so grau wie niemals zuvor oder danach aussah. Ich bekämpfte diesen Effekt also mit der gesamten mir zur Verfügung stehenden Make-up-Palette, sprich Foundation, Puder, Augenbrauenstift, Lidschatten, Kajal, Wimperntusche, Rouge *und* Lippenstift – und weil's die Neunziger waren, auch mit Lippenkonturenstift – und das sah mitnichten dezent aus, war aber unausweichlich: Ich färbte einmal meine Haare und von da an täglich meine Gesichtszüge, damit sie für meine Umwelt noch erkennbar waren. So hatte ich nicht gewettet.

Den unerwarteten, unangenehmen ersten Konsequenzen des Blondseins[*] ging voraus, dass das Färben selbst ein furchtbares Erlebnis war, obwohl ich diese Prozedur normalerweise liebe.

---

[*] Hätte Forman einen Film mit dem Titel »Die Konsequenzen des Blondseins« gedreht, hätte man das auf Filmtiteldeutsch mit »Zwei stahlharte Profis« übersetzen können.

Das Färben hat nämlich ein genau bemessenes Zeitfenster, durch das die pure Lust an der Veränderung in höchster Konzentration hindurchströmen kann. Man weiß nicht, wie es wird, aber man weiß, man verändert sich gerade, circa eineinhalb bis drei Stunden lang, je nach Einwirkzeit. Während der Haarfärbeeinwirkzeit kommen mir die besten Ideen, da ich außer zum Nachdenken sonst zu nichts imstande bin.

Nicht jedoch bei meiner ersten Blondwerdung: Es waren schier unglaubliche Schmerzen, und ich bekam eine Ahnung, was es heißt, skalpiert zu werden. Die Kopfhaut freut sich nämlich nicht gerade, wenn sie für mehrere Stunden mit Wasserstoffperoxyd in Berührung kommt. Kopfhaut wird sonst gerne vernachlässigt, ja, ich weiß nicht wie oft ich in meinem Leben davor an meine Kopfhaut gedacht habe, ich kann es an einem Finger abzählen, denn wenn wir mal ehrlich sind, ist es meist etwas Unangenehmes, wenn man sich mit der Kopfhaut beschäftigen muss. Niemand denkt sich: Hmm, meine Kopfhaut, die mag ich, ich red jetzt mal darüber. Hört man etwa in der Werbung das Wort Kopfhaut, so fliegen einem ganz sicher kurz darauf die Worte *Schuppen, Brennen, Jucken, gereizt, empfindlich* oder *trocken* um die Ohren.

Drei Stunden können sehr lang sein. Oft hört man Menschen, die Katastrophen überlebt haben, hinterher sagen, dies waren »die längsten Stunden ihres Lebens«. Wahrscheinlich ist mein Leben bisher ziemlich katastrophenfrei verlaufen, aber diese drei Stunden, in denen meine Kopfhaut gegen die hübsche, hellblaue Paste ankämpfte, waren die bisher längsten Stunden meines Lebens, in denen der grauenhafte, lähmende Schmerz, irgendwann der Angst wich, dass das Wasserstoffperoxyd sich zum Hirn durchätzen könnte.

»Das passiert schon nicht«, sagte meine Cousine V., mit der

ich damals eine Wohnung im Londoner Stadtteil Notting Hill teilte und die aus ihrer vorherigen Squat-Erfahrung zumindest ein paar Secondhand-Informationen über das Blondieren hatte, da sie einigen Squat-Bewohnern in Brixton beim Bleichen von punkigem Haupthaar assistiert hatte.

»Das tut sooooo weh!«, winselte ich. »Ich wasch das jetzt ab. Das ätzt mir noch das Hirn weg, ich spüre es!«

Cousine V. griff sich ein Stückchen Watte, strich ein bisschen von der Paste von meinem Haar, betrachtete sie prüfend und sagte: »Wenn wir das Haar jetzt auswaschen, bleibst du orange.«

Für eine Brünette, die sich entschließt, blond zu werden, ist der Weg dorthin alternativlos, wie unsere Bundesregierung sagen würde: Dem Haar wird die Pigmentierung entzogen, und das geht in den Stufen hellbraun, ganz lange orange, gelb und hellgelb vonstatten. Auf orange Haare hatte ich noch weniger Lust als auf Hirnätzung, also biss ich die Zähne zusammen, die inzwischen auch schon sehr wehtaten, da das Gift scheinbar bis zu den Zahnwurzeln vordringt. Dabei schwor ich mir, dass ich meine Kopfhaut ab sofort lieb haben würde und auch – jetzt echt! – öfter erwähnen, und zwar nicht nur, wenn sie juckt, und an sie denken und ihr natürlich fortan mit kopfhautfreundlichen Mitteln Gutes tun würde.

Jaja, wird man jetzt von Lüdenscheid bis Wiesbaden sagen, die Tussi lässt sich die Haare blondieren und jammert dann, dass es brennt, dabei weiß man doch: Wer schön sein will, muss leiden oder etwas Ähnliches in dieser Höhö-Tonart. Diese Häme scheint mir allerdings unberechtigt, da ich finde, dass man den spöttischen Volksmund nur zitieren darf, wenn er inhaltlich richtig liegt, und ich wollte ja nicht schön werden, sondern blond. (Das sind zwei verschiedene Paar Schuhe, selberhöhö).

Weiter zu meiner Verteidigung: Der Schmerz war nicht nur tussig-empfindlich, sondern tatsächlich fürchterlich, was man an meiner monatelang verkrusteten Kopfhaut und den über Jahre andauernden Haarbruch nachvollziehen kann. Nachdem ich zehn Jahre später das zweite Mal blondiert wurde, das erste Mal unter professioneller Hand, war es sogar noch schlimmer: Da griff das Gift meine Kopfhaut so an, dass ich sogar einen Hautarzt aufsuchen musste, der mir eine saumäßig brennende Tinktur verschrieb. Das ruinierte Haar quietschte, wenn ich es nach dem Waschen mit einem Handtuch trocknete, und fiel dann in Büscheln aus. Es war so stumpf und leblos und verbrannt wie der australische Outback nach einer Dürreperiode und erholte sich erst nach zwei Jahren.

Dennoch ertappe ich mich heute, fünf Jahre danach, immer wieder dabei, wie ich von platinblondem Haar träume. Wie bei einer lange zurückliegenden Liebe, die ein jähes Ende nahm und an der man in schwachen Momenten wieder Gefallen findet, vergisst man die Tortur und erinnert sich nur an die schönen Dinge. Und Schönes gab's ja auch, allem voran: wie schnell und radikal es mich zu jemand anderem machte.

Mir gefiel es immer schon, wie veränderbar der Mensch ist – wie veränderbar ich bin –, auch an einem scheinbar banalen Tag. Man kann morgens schlechte Laune haben; vielleicht ist man mies gelaunt mit verquollenen Augen und von einem irren Traum belastet aufgewacht, und auf dem Weg in die Arbeit geht der Regenschirm kaputt, und man flucht, zornig und frustriert. Mittags bekommt man dann ein unerwartetes, ehrliches Kompliment und fühlt sich wie ein Honigkuchen, der gerade glasiert wird, und das alles innerhalb von fünf Stunden.

Friedrich von Schiller nannte Veränderung das »Salz des Vergnügens«, und wie ich dem Guten beipflichte! Mich packte in meinen Zwanzigern eine regelrechte Veränderungswut. Kleidungsstile wurden binnen Stunden verworfen, Haare geschnitten, Lippen umrandet und auch wieder nicht, doch kurz nachdem ich Mitte der Neunzigerjahre nach London zog, reichte das alles nicht mehr. London ist ein visueller Zirkus, in dem alles geht, und zu keiner Metropole passt bis auf den Tod gebleichtes Haar besser. London ist platinblond. Mein Wunsch war nicht getrieben von einer stumpfen »Blondinen bevorzugt«-*Titelzeile, wie man sie zuhauf in Frauenmagazinen findet, wenn sie Blond als In-Haarfarbe anpreisen. *More fun?* Wenn ich noch more fun gesucht hätte, als ich damals hatte, wäre das lebensgefährlich gewesen.

Es war 1996, Cool Britannia war auf dem Höhepunkt, und in den sechs ersten Wochen des Jahres beherrschte Oasis' »What's The Story (Morning Glory)?« die britischen Albumcharts. Ich sang und trank »Champagne Supernova«, hatte mich nach Beendigung eines vernünftigen, langweiligen Studiums entschlossen zu schreiben und wurde an einer der wenigen Universitäten Englands, die »Writing« als Studienfach lehren, angenommen.

Derart beflügelt von der endlichen Findung meiner Berufung, beschloss ich, dass nun auch mein Äußeres etwas *crazier* sein müsste. Als die Charts von The Prodigys »Firestarter« übernommen wurden, entschloss ich mich, blond zu werden, so unnatürlich blond, dass man auf den ersten Blick erkennt, dass meine Haare gefärbt sind. Wenig erschien mir damals, mit vierundzwanzig, verlogener und verzweifelter, als den Anschein erwecken zu wollen, man sei hellhaarig, wenn man es gar nicht war.

---

* im englischen Original: Blondes have more fun. Ich sage jetzt gar nichts mehr zum Thema Filmtiteldeutsch.

Platinblond oder weißblond, so hell es geht, das wollte ich, so ein Blond, das von Schwarz-Weiß-Fotos silbrig-weiß leuchtet, wie von den Häuptern von Jean Harlow oder Veronica Lake oder Marylin Monroe – und das zu dunklen Augenbrauen. Ein Blond, das, wenn es herauswuchs, schwarze Ansätze genau wie an Deborah Harry, der Blondie-Leadsängerin, hervorbringen würde. Ich wollte kein von der Sonne geküsstes kalifornisches Beach-Babe-Blond, kein Honigblond, kein Semmelblond, kein Erdbeerblond und vor allem kein Straßenköterblond. Ich wollte ein Rock Babe sein, kein Beach Babe.

Also übernahm ich das Färben selbst. Das war Rock'n'Roll. Ich war pleite, es musste schnell gehen, und meine Cousine V. war ja auch noch da. Das Ergebnis wurde tennisballgelb, denn weder Cousine V. noch ich wussten, dass ich anschließend noch einen zweiten Durchgang hätte auf mich nehmen müssen, damit der bewusste weiß-silbrige Touch entsteht.

Tennisballgelb also. Das machte aber meiner männlichen Umwelt und ihren Unterkiefern nichts aus. Was französische Psychologen der Universität Paris X-Nanterre erst im Jahr 2010 herausfanden, hätte ich ihnen schon vierzehn Jahre früher sagen können. Sie machten Tests, in denen Männern ~~Fotso~~ Fotos von brünetten, schwarzhaarigen und blonden Frauen gezeigt wurden. Im Wissenstest schnitten die Männer schlechter ab, wenn sie zuvor Fotos von blonden Frauen gesehen hatten. Bei Bildern von Brünetten oder Schwarzhaarigen gab es den Effekt nicht. Männer glaubten, so die steile These, dass Blondinen dümmer seien. Männer, die sich zu Blondinen intellektuell herabbeugen wie zu Kindern, rechneten nicht damit, dass sie es mit einer geistreichen Gegnerin zu tun haben könnten, und reduzierten unbewusst ihre Hirnaktivität, um kompatibler zu werden. »Anpassung an das vermutete Niveau ihres Gegenübers« nennt der zuständige Sozialpsychologe das im »Journal of Experimental Psychology«, so ähnlich wie man in Gegenwart älterer Menschen lauter und langsamer spricht.

So viel zur Theorie, doch genau das erlebte ich in der Praxis. Ein schmieriger Typ, der sich als Filmproduzent ausgab, sagte zu mir: »Komm doch mal vorbei, wir sollten unbedingt Probeaufnahmen machen.«

Hmmm, klar. Ich konnte es nicht glauben. So einen Spruch hatte ich als Brünette, Schwarzhaarige und auch als Rothaarige (ich hatte dank der Veränderungswut bis dahin schon alle Haarfarben durch, bis auf Blond) niemals gehört. Wozu Probeaufnahmen? Ich war doch keine Schauspielerin, und die bloße Annahme, dass ich es werden wollte, nur weil mir jemand die Möglichkeit dazu gab, war beleidigend. Die Männer schienen mich nicht ganz für voll zu nehmen, und das Schlimmste war: Ein Verstecken gab es nicht. Ich leuchtete und war für alle unübersehbar, außer für mich selbst; wenn ich an Schaufenstern vorbeiging, erkannte ich mich nicht. Blondblind nennt man das.

Ob meiner neu gewonnen Berufung und weil ich in London die deutsche Sprache vermisste, las ich in dieser Zeit viel Rilke und entdeckte ein Gedicht namens »Mir wird mein helles Haar zur Last«. Es ist das, wenn ich das sagen darf, einzige Gedicht, bei dem Rilke etwas blond klang.

Mir wird mein helles Haar zur Last
Mir wird mein helles Haar zur Last,
als wäre drin verwühlt
ein dunkler Limonenast,
der schon in seinem Blühn verblaßt
und schwerer wird, weil er schon fast
erfüllt den Frühling fühlt.

Nimm du von mir
die bange Zier!
Du bist noch kühl und grün,
weil unter deinen Dornen dir
die Mädchenmyrten blühn.

Nur mal zur Erinnerung, auch das schrieb Rilke:

Schick mich in deine leeren Länder,
durch die die weiten Winde gehn,
wo große Klöster wie Gewänder
um ungelebte Leben stehn.
Dort will ich mich zu Pilgern halten,
von ihren Stimmen und Gestalten
durch keinen Trug mehr abgetrennt,
und hinter einem blinden Alten
des Weges gehn, den keiner kennt.

Das, ein Stück aus »Mach mich zum Wächter deiner Weiten«,
ist so viel unblonder. Nun, die neuen, schlechteren Anmachsprüche kamen mir wie Rilke vor, als ihm sein helles Haar zur
Last wurde. Wenn mir ein schlechter Ball zugespielt wird, dann
passe ich lieber, selbst wenn ich eigentlich nichts gegen klim-
pern, zwinkern und flöten einzuwenden habe, im Gegenteil.
Man könnte den Ball doch auch annehmen und besser zurück-
spielen, nur: Das wurde mir nicht zugetraut, siehe französische
Wissenschaftler. Witzig und blond, das nimmt einem keiner ab.
So erntete ich nur leere Blicke und Unverständnis, als ich einem
Typen in speckiger Lederjacke eine Prise Ironie servierte, während im Hintergrund »Ironic« von Alanis Morissette lief: »Ist
es nicht bemerkenswert, wie Alanis Morissette in ›Ironic‹ nur

über Dinge singt, die ironisch sind und keineswegs unglückliche Zufälle oder einfach nur unter ›beschissen gelaufen‹ abzuheften?«[*]

»Du weißt schon, dass das so gar nicht stimmt?«

»Na klar. Dingdong: *Das* war ironisch gemeint.«

»Ach so.«

Hm, ja, ach so. Wenn man seine ironische Absicht noch einmal klarstellen muss, dann kommt der Witz abhanden. Als Brünette hätte ich gar nichts klarstellen müssen. Als Blondine musste ich ständig etwas klarstellen, vor allem Ironie. Ich war ein wandelnder Zwinkersmiley. Von wegen more fun.

Dann kamen die schwarzen Ansätze, und am Anfang sah es noch cool und recht schnell recht dreckig aus. Doch bis zum nächsten Besuch bei meinen Eltern in München musste das Gestrüpp auf dem Kopf noch unangetastet bleiben, wegen des garantierten Schock-die-Eltern-Effekts, den ich mir auf keinen Fall entgehen lassen wollte. Als ich vier Wochen später in München landete, trug ich einen Leoprint-Mantel, was 1996 noch kein Massentrend war, dazu silberne Turnschuhe mit Plateau, platinblondes Haar mit schwarzen Ansätzen und kirschrote Lippen. Man kann also durchaus sagen, dass ich am Flughafen auffiel. Trotzdem erkannte mich meine eigene Mutter nicht. Die ersten paar Sekunden starrte sie durch mein Gesicht hindurch, und als sie mich erkannte, verzog sie ihr Gesicht zu einer Grimasse, die ihre Freude und ihren Ekel gleichermaßen zum Ausdruck brachten.

»Kind, ach, ich freu mich so! Aber wie siehst du denn aus?«

---

[*] It's a traffic jam when you're already late/It's a no-smoking sign on your cigarette break/It's like ten thousand spoons when all you need is a knife/ It's meeting the man of my dreams/And then meeting his beautiful wife…

Schon im Flugzeug hatte ich mir zurechtgelegt, was ich erwidern würde: dass sie das gar nichts angeht und dass ich mit meinem Leben und meinen Haaren machen kann, was ich will. Ich erwartete, dass sie nun ein Klagelied über mein verlorenes, schönes langes Haar anstimmen würde, doch sie sagte nur: »Deine Haare sind ja ganz verbrannt.«

Das waren sie auch, das musste ich zugeben. Ich sah nicht aus wie ich, was gut war, aber es sah nicht gut aus, was schlecht war. Also färbte ich mir anschließend die Haare Ketchup-Pumuckl-Rot, so wie man es in den Neunzigern von Katalog-Ravern und MTV-Moderatorinnen kannte. Diese Farbe schien weniger aufzufallen als Blond, zumindest wurde ich weniger angestarrt. Das, was es mir einbrachte, war ein ReReReRecall für eine Musiktelevisonsmoderationsstelle, die ich dann doch nicht bekam, und darüber hinaus rosa gefärbte Kissen, denn die Farbe erwies sich nicht gerade als wetterfest und tröpfelte bei Kontakt mit Wasser aus dem Haar heraus, was vor allem draußen im Regen für Belustigung sorgte.

Zehn Jahre später, als ich in München lebte, wagte ich den Schritt erneut und wurde ein zweites Mal blond, als ob ich Folgendes vergessen hätte: fürchterliche Schmerzen, verbrannte Haare, die sofort um zehn Zentimeter gekürzt werden mussten, hirnverbrannte Anmachsprüche. Zehn Jahre Forschung in Haarbleichtechnik hatten null Fortschritt gebracht, wie es schien, ebenso wenig wie zehn Jahre Evolution.

Zum zweiten Mal blond, diesmal platin- statt tennisballgelb, stand ich neben meinem Freund N. an einer Bar, als mir wieder einmal ein Mann dumm kam, und ich mit den Augen rollte. N. stand grinsend daneben.

»Hast du das gehört? Was gibt's denn da zu grinsen?«

»Na, du als Blondine, und die Männer.«

»Das findest du witzig? Ich halte das nicht mehr aus.«

»Du bist doch selber schuld.«

»Wieso das denn?«

»Du siehst aus wie eine ukrainische Nutte.«

»Waaas?«, schrie ich. »Du Penner! Ich dachte, es sieht gut aus!«

»Schon, ja, wie eine… Edelnutte«, versuchte er den Schlag zu dämpfen.

Nach dem ersten Schockschwerenotmoment war ich ihm dankbar. Wofür hat man Freunde, wenn nicht dafür, dass sie auch unangenehme Wahrheiten aussprechen?

»Du bist keine Blondine. Akzeptier das. Wenn du nicht mehr so blöd angesprochen und angeglotzt werden willst, musst du wieder brünett werden. Steht dir eh besser«, sagte N.

Das war die Ankunft der Wahrheit, die im Klischee steckt. In den darauffolgenden Jahren würde sich »blond« unverhofft als pseudowitziges Adjektiv in der deutschen Sprache durchsetzen, das nicht nur hellhaarig, sondern darüber hinaus blöd oder begriffsstutzig bedeutet. Sogar Frauen würden vermeintlich selbstironisch dazu übergehen, in einem Hihi-Ton zu sagen: »Ich kann das nicht, ich bin blond«, als ob sie damit den Männern, die sie für dumm halten, den Wind aus den Segeln nehmen könnten. Ich musste erst einmal blond werden, um zu begreifen, dass ich keine Blondine bin und dass mir helles Haar zur Last wird. Die Lust an der Veränderung veranlasste mich dazu, blinde Kuh mit meinem Äußeren zu spielen. Ich schreibe es für Dr. Weber noch einmal auf: blonde Kuh.

Damit war klar, dass in jedem Klischee auch ein unerwarteter Brocken Wahrheit steckt und dass man das am ehesten versteht, wenn man sich selbst als Klischee verkleidet.

3.

Wie ich zum ersten Mal Anglizismen verteidigte

Oder:
Mit Smugness gegen Bullshit

Auch die Rückkehr in ein vertrautes Land (in diesem Fall Deutschland) birgt unerwartete Brocken Wahrheit in sich, leuchtende Brocken, die, noch bevor die Umzugskartons ausgepackt sind, ein kaltes, klares Licht darauf werfen, was die Nostalgie in vielen Jahren im Ausland (in diesem Fall London) verklärt hat.

Da hat man endlich das vor der eigenen rastlosen Umziehernase, was man jahrelang jammernd vermisst hat, und mit einem Mal winken wieder Leberkässemmel und, ach, das gute deutsche Brot – alle berühmten Deutschen, die im Ausland leben, sagen *schechzhafft* in Interviews: »Ich vermisse das gute deutsche Brot! Mmmh, *Schwarz*brot!«, vermutlich, weil sie das bodenständig wirken lässt – und na ja, ein paar Wochen frisst man sich voll damit, und dann hat man auch schon so eine Kohlenhydratwampe und vermisst Fish 'n' Chips, aber bitte mit Salt 'n' Vinegar. (Das gilt nicht für Butterbrezen, denn die dürfen bis ans Ende aller Zeit als gültiger Grund gelten, zurück nach München zu ziehen.)

Während man sich wieder einlebt und herantastet an das, was man als gerade Heimgekehrte eigentlich kennt, und was sich doch fremd und neu anfühlt, weil es sich genauso wie man selbst verändert hat, und während man sein Nostalgieraster umstellt, treffen einen andere Dinge mit voller Wucht, etwa so unerwartet wie planlos auf deutschen Fahrradwegen touristentorkelnde Menschen in Shorts und aggressive Klingelklingelfahrradfahrer mit hässlichen Helmen. Zu diesen Dingen gehörte, als ich nach sechseinhalb Jahren in London 2001 wieder nach München zog, ein seltsam geschriebenes Deutsch. Es war *strange*.

Ich kam Ende April in München an, nachdem ich mir im vorangegangenen besonders grauen Londoner Sommer geschworen hatte, nie wieder einen Mantel im Juli zu tragen, und wie zur Bestätigung, dass meine Entscheidung richtig war, leuchtete der Münchner Himmel ein paar Tage lang in knalligstem Angeberazurblau, und es waren fast dreißig Grad. Ja servus! Ich schlenderte, die Münchner Wohnungslage noch ignorierend und glücklich, mit meinem Freund B. über den Viktualienmarkt und entdeckte ein mir unbekanntes Geschäft namens Nordsee.

»Ui, das ist neu. Was ist denn das? Nordsee?«

»Das ist doch nicht neu. Das gibt's seit hundert Jahren.«

Tatsächlich existiert das Geschäft Nordsee am Viktualienmarkt seit 1898, also seit hundertdrei Jahren, und so lag B. mit seiner ungenauen Redewendung fast exakt richtig.

Doch für mich war es neu! Das muss man so hervorheben, denn obwohl ich Tausende Male daran vorbeigegangen sein muss, war es mir noch nie aufgefallen: Eigene Stadtblindheit nennt man das. Ich näherte mich Nordsee und entdeckte allerlei frittiertes Fischzeug und versemmelte rosa Fischlappen und dazwischen ein Schild, bei dessen Anblick ich anfangen musste zu kichern.

»Was denn?«, fragte B.

»Guck mal, das hat ein fucking Spongo geschrieben«, sagte ich.

Da B. und ich uns seit den Teenagertagen kannten, verfielen wir oft in eine Lingo, die sonst Münchner Jugendlichen aus den proletenreicheren Vierteln zu eigen war. »Spongo« etwa war eine Mischung aus »Spack« und »Mongo«. Stolz bin ich nicht, so zu reden, doch erklärt werden muss es an dieser Stelle.

»Wasn?«, fragte B., während er eine Fischsemmel anvisierte.

»Na, schau mal da, da steht Majonäse. Mit Jott und Ä.«

»Ja. Aber ich glaub, das schreibt man jetzt so. A Fischsemmel, bittschön.«

»Wie *so*? Seit wann? Wieso?«, rief ich entsetzt.

»Wega der Rechtschreibreform. Aber bitte frag nicht, mehr weiß ich auch nicht. Ich segel so gut an der vorbei, wie es geht. Aber Majonäse war so das abschreckende Beispiel, das alle Zeitungen gebracht haben, deswegen weiß ich das«, sagte B., Fischsemmel schmatzend. »Wieso hab ich eigentlich diese Fischsemmel gekauft? Mmmmh, aber saulecker isse.«

»Mann, sagst du jetzt auch schon lecker? Das darf man nur, bis man fünfeinhalb ist. Wieso sagen denn plötzlich alle lecker?«

»Ja, stimmt schon. Lecker essen, lecker kochen, schön lecker essen gehen … Fuck.«

»Sag mal, und was schreibt man noch anders?«

»Nessessär mit äääääh. Oder drei gleiche Buchstaben gibt's jetzt auch hintereinander, so Brennnessel oder Flussschifffahrt. Und daß mit scharfem schreibt man jetzt mit zwei ss.«

»Wööös? Das ist ja spackig!«

»Ja. Voll strange«, sagte B., während ein Stückchen Fisch in seinem Mundwinkel in der bayrischen Sonne glitzerte.

Ja, strange. Strange ist auch, dass ein Deutscher in Deutschland auf Deutsch strange statt seltsam sagt, doch dazu kommen wir gleich.

Zunächst: Na klar, während meiner kontinentalignoranten Inseljahre hatte in Deutschland eine Rechtschreibreform stattgefunden. Ich hatte mich aus der Ferne fürchterlich darüber aufgeregt, aber auch nur kurz, denn dann ignorierte ich diesen unnötigen Irrsinn erfolgreich. Das gelang mir leicht, denn in England lief die Meldung unter Randnotiz mit kuriosem Charakter. In meiner Aufregung war ich, wie ich nun im Nachhinein erfuhr, nicht alleine. Fast die ganze befragte Bundesrepublik D schien dagegen zu sein, und Schriftsteller, Verleger, Publizisten und Philosophen schlossen sich sogar zusammen und gingen auf die Barrikaden.

Ganz Deutschland war also gegen die Rechtschreibreform. Ganz Deutschland?!? Nein, ein von unbeugsamen »Orthographie-Terroristen« bevölkertes Institut in Mannheim nicht: das Institut für Deutsche Sprache (IDS), das die Rechtschreibreform seit Jahren geplant und schließlich durchgesetzt hatte, obwohl sie sonst niemand für nötig zu halten schien.

Das Volk war wütend. Der Spiegel titelte »Schwachsinn Rechtschreibreform« und nannte sie »lächerlich, überflüssig, zu teuer, verwirrend, unsinnig und einen Amts-Fetisch«. Doch es half nüscht, wie der Berliner schreiben würde, und die Reform wurde trotz allen Protesten eingeführt.

Ich frage mich, wie in einer Demokratie ein ganzes Land gegen eine Sache sein und ein Institut – keine Partei – sie trotzdem durchsetzen kann. Zum Teil hat es sicher damit zu tun, dass es von langer Hand geplant war. 1955 gab es einen gescheiterten Reformversuch, und seitdem hatte der Duden die Sprachhoheit. Der brachte zwar Neuerungen, wenn er erschien, doch das war den Hardlinersöhnen Mannheims zu wenig, also brüteten sie immer neue Reformen aus und setzten sie schließlich durch, auch dank der Unterstützung des CSU-Kultusministers Hans Zehetmair, den ich fortan Cehetmajer zu schreiben gedenke, ob meiner soeben willkürlich eingeführten Namensreform, die aber ausschließlich CSU-Politiker betrifft.

Vielleicht kam die Reform also doch nicht überraschend. Hässlich und majonäsekomisch ist sie dennoch geworden. Es lässt sich argumentieren, dass man sich über Neues und Unbekanntes zunächst immer aufregt und dann doch daran gewöhnt: der alte menschliche Das-haben-wir-immer-schon-so-gemacht-Instinkt. Es ist nicht die erste Rechtschreibreform der Deutschen: Die einheitliche deutsche Orthographie, die von einer Kommission Ende des 19. Jahrhunderts durchgesetzt wurde, brachte auch eine Protestwelle ein. Damals sollte es zum Beispiel statt Noth und Theil Not und Teil, aber weiterhin That, Thor und Unterthan heißen.

Hahaha, Noth und Theil und Unterthan! Das ist doch zum Sich-scheckig-Lachen. Wegschmeißen könnte ich mich, wenn ich für mein Empfinden falsch oder altertümlich Geschriebenes lese. Auch der im Zuge der Rechtschreibreform häufig zitierte Luther-Spruch »Das Wort sie sollen lassen stahn« löst bei mir immer einen Lachreflex aus. Doch recht hatte der guthe Mann damith, und das wäre doch mal ein schönes Motto fürs IDS: Jemand sollte ihnen einen Teppich mit diesem Motto knüpfen lassen und es in ihre fucking Empfangshalle nach Mannheim schicken. Übrigens gibt das IDS auch Pressemitteilungen heraus. Eine aus dem August 2000 titelt:

Die aktuelle öffentliche Diskussion der deutschen Rechtschreibung ist überflüssig

Nein, überflüssig ist etwas, das man nicht braucht. Eine aktuelle öffentliche Diskussion ist, wenn der Gegenstand der

Diskussion den Mehrteil der Bevölkerung betrifft und ärgert, nicht überflüssig, sondern logisch und notwendig, also genau das Gegenteil. Außerdem sollte eine Presseinformation Fakten und keine Meinungen enthalten. Sonst könnten wir noch anfangen, an ihrem Sinn zu zweifeln.

Ich war wütend auf das IDS, und das aus gutem Grund: Als ich zehn Jahre alt war, musste ich die deutsche Rechtschreibung erlernen, was ich brav tat und was ziemlich schwierig war. So, und mit dreißig sollte ich sie noch einmal lernen. Das empfand ich als eine gehörige Zumutung. Außerdem, und das war der schwerwiegendere Grund meiner Verstimmung, fühlte ich mich eines Stückchens Heimat beraubt, denn die neue Schreibweise war nicht nur hässlich, sondern auch fremd. Trotz meiner Pissedness dem IDS gegenüber gebe ich ihnen einen guten Ratschlag: Kümmert euch doch lieber mal um den englischen Brei in der deutschen Sprache, denn »das geht ja wohl *gaaaaar* nicht«, ebenfalls so ein neues Stückchen Bescheuert-Deutsch, dass sich neben lecker durchgesetzt hatte, während ich nicht im Lande war.

Die Rechtschreibreform war aber nicht der größte Schock, sondern das neue gesprochene Deutsch. Ausgerechnet back aus England und Deutsch ist verenglischt: eine einzige Ironie, das Leben.

Die englische Infiltrierung der deutschen Sprache begann nach meiner Schätzung in den späten Achtziger-, frühen Neunzigerjahren, doch das Ausmaß, das sie um die Jahrtausendwende annehmen würde, war nicht abzusehen. Damals sagte man vereinzelt »cool«, vielleicht einige Szene-Hipster, die ein paar Brocken Englisch mit untermischten, um weltmännischer zu wirken. Heute sagen vierjährige Kinder *kuuueeeal*, wenn sie etwas hübsch oder toll finden.

Cool ist ein Wort geworden, dessen echte Bedeutung man nur noch auf Englisch richtig mitteilen kann, und das gilt nicht nur in Deutschland. Das ist so weit in Ordnung, denn Sprachen entwickeln sich weiter, und English als die Sprache der Popkultur prägt andere Sprachen. Doch das, was ich in Deutschland vorfand, war keine normale, nachvollziehbare Veränderung. Plötzlich sprachen Spießer von ihren *Kiddies* und dass sie sich gerne auf einer *Beauty-Farm* im *Wellness*-Bereich *pampern* lassen. Oder wenn man sie fragte, was sie am Wochenende gemacht haben: »Och, nichts Großes, du, nur chillen mit der Fämilli.«

Das verstand ich nicht. Warum wohl sollte man Fämilli sagen, wenn man auch Familie sagen kann, warum Ticket und Counter wenn es doch dafür deutsche Wörter? (Für die Denglisch infizierten: Fahrschein und Schalter.) Why oh why war das so?

»Ja, das ist voll weird«, sagte B., als ich ein paar Wochen nach meiner Ankunft das Thema zur Sprache brachte. Weird war inzwischen angesagter als strange, das man übrigens gerne auch für Menschen verwendete, à la: Die ist vielleicht strange.

»Was ist denn hier passiert? Warum redet ihr alle so?«

»Du musst grad reden. Du redest ja *nur* so.«

»Ja, aber entschuldige mal. Ich bin gerade aus England hergezogen, mir fallen manchmal Wörter nicht ein. *Mein* Mischmasch ist voll legitim.«

»Och, die *feine* Frau Jetsetterin.«

Ja, die feine Frau Jetsetterin: Sie war nicht alleine in ihrer Furcht und Sorge um die deutsche Sprache, die sie in England tatsächlich vermisst und verteidigt hatte, wenn immer jemand anfing, *ze vor ist ovah* in Hitlerintonation von sich zu geben. Übrigens kam mir dabei mein Jugotum zugute, denn so konnte mich niemand Nazi schimpfen. Eine erschreckend große Zahl der Engländer geht nämlich irgendwann (meist nach ein paar Pints) zu Deutschland-Dissing über, und die Deutschen verhunzen als Dank dafür ihre Sprache mit anbiederndem Denglisch.

Anyway: Heute fürchten fünfundsechzig Prozent der Bundesbürger, die deutsche Sprache drohe zu verkommen, bei den über Sechzigjährigen sind es laut einer Allensbach-Umfrage dreiundsiebzig Prozent. Ich fürchte, sie fürchten zu Recht. Als besonders ärgerlich empfand ich folgende Komponenten des Denglischen: das Anbiedernde, das Falsche, das Sinnlose und das, was man in Bayern Gschaftlhuberei nennt. Es warf irgendwie ein schlechtes Licht auf Deutschland, und das will man als gerade soeben Wiederzurückgezogene natürlich nicht sehen.

»Weißt du, was mich fertigmacht?«, sagte ich zu B.

»Dass du keine Wohnung findest? Mann, München, hallo, ich hab's dir ja gesagt«, maulte B. mich an.

»Nein, ich find schon was. Ich meine die ganzen Englisch klingenden, aber von Deutschen erfundenen Wörter: Was soll das mit dem Handy? Showmaster? Hometrainer? Neulich sah ich irgendwo body bag statt Rucksack, dabei sagen sogar Engländer und Amis Rucksack. Und body bag heißt Leichensack. Wörter übernehmen ist eine Sache, aber sie im Englischen neu und falsch zu erfinden ist doch krank. Was habt ihr denn gegen Deutsch?«

»Hm«, sagte B. »Ich hab gar nichts gegen Deutsch, aber ich slip da immer so rein. Aber ich hab hier was für dich. Das wollte ich dir eigentlich immer mal nach London schicken, aber ich kam mit den neuen Adressen nicht hinterher.«

»Ich bin eben oft umgezogen. Zeig mal her.«

Es war ein fotokopierter Zeitungsartikel aus der FAZ von 1997 mit einer unterstrichenen Passage:

»Mein Leben ist eine giving-story. Ich habe verstanden, daß man contemporary sein muß, das future-Denken haben muß. Meine Idee war, die hand-tailored-Geschichte mit neuen Technologien zu verbinden. Und für meinen Erfolg war mein coordinated concept entscheidend, die Idee, daß man viele Teile einer collection combinen kann. Aber die audience hat das alles von Anfang an supported. Der problembewußte Mensch von heute kann diese Sachen, diese refined Qualitäten, eben auch appreciaten. Allerdings geht unser voice auch auf bestimmte Zielgruppen. Wer Ladyisches will, searcht nicht bei Jil Sander. Man muss Sinn haben für das effortless, das magic meines Stils.«

Hätte man eine abgehobene, zickige Designerin persiflieren wollen, hätte man wohl genau diese Aussage verfasst. Die Passage genießt in Deutschland seit ihrer Veröffentlichung eine Art Kultstatus, auch wegen der überraschend gewählten englischen Wörter: searchen, combinen, voice, Ladyisches. Doch erkennt man darin, wenn man sich vom ersten Schock erholt hat, dass Jil Sander, die nach diesem Interview hoffentlich sofort ihre PR-*Pörson* gefired hat, des Englischen mächtig ist: Refined und appreciate waren Wörter, die mir auch nicht sofort einfielen, wenn ich Deutsch sprach. Ich fühlte also sogar mit ihr. Wenn ich mir aber die Masse der Denglisch-Sprechenden ansah, beschlich mich der Verdacht, dass Denglisch eher über Inkompetenz und mangelnden Wortschatz hinwegtäuschen sollte. Diese Denglisch-Sprecher wollten gar nicht verstanden werden, sie wollten kaschieren und imponieren.

Schnell fielen mir zwei Berufsgruppen auf, die das wabbelige deutsche Sprachgefühl noch mehr verunsicherten und hauptverantwortlich für die konstante Vermehrung englischer Wörter im Deutschen schienen: die Manager und die Werber. Der Manager, der nicht researcht, brainstormed, meetet, und noch nicht downgesizet oder outgesourct hat, ist nicht ernst zu nehmen. Der Manager muss halt up-to-date sein, sonst geht sein peer asset flöten. Denglisch ist für Manager zur alltäglichen Ausdrucksform geworden – anders kann man sich eigentlich gar nicht mehr mitteilen in der Businesswelt.

Noch lächerlicher schien mir die deutsche Werbe- und Marketinglandschaft, die ihre Produkte nur noch als sensitive (ausgesprochen: sensitiff) colour pearls und beauty body milk zu benennen in der Lage ist. Bei sogenannten Claims scheint heute der Trend mehr back to German zu sein, aber das war Anfang des Jahrtausends noch anders, nämlich bevor man wusste, dass englische Slogans der Mehrzahl der Deutschen nicht gefallen und auch nicht immer verständlich sind.

Wobei das mit dem Verständnis so eine Sache ist: Den bekanntesten Claim der Parfümeriekette Douglas: »Come in and find out«, verstanden viele befragte Beworbene als: Komm rein und finde wieder heraus. So daneben ist das gar nicht, denn »to find out« heißt tatsächlich herausfinden. Dass man das Herausfinden nicht auf das Produktangebot, sondern auf sich selbst bezieht, hat wohl kaum mit den schlechten Englischkenntnissen der Befragten zu tun – sonst hätten sie find out kaum als herausfinden übersetzt –, sondern schlicht mit Tumbheit, Fantasielosigkeit und allgemein Besorgnis erregendem Sprach- und Weltverständnis.

Wie auch immer: Dass Werber überhaupt Slogans in Deutschland wie selbstverständlich auf Englisch zusammentexten, zeigt das Ausmaß der Misere. Wahrscheinlich gehen sie wirklich davon aus, dass ein englischer Slogan irgendwie lässiger oder weltmännischer wirkt. Selbst wenn er das tut: Das ist nicht der Punkt. Die Hobby-Hemingways sollen Damenbinden und Waschpulver und Autos verkaufen, und zwar in Deutschland.

Etwas neurotisch war natürlich, dass alle, die vom Manager- und Werber-Denglisch genervt schienen, selbst Denglisch sprachen. Jeder sagte inzwischen shoppen und fair und Computer und Baby und E-Mails checken und recyclen und downloaden, und das ist ja schon fast kein Denglisch mehr, sondern Eutsch. Allerdings hörte ich in den Wochen nach meiner Ankunft in Deutschland auch folgende Sätze:

»Never ever macht die das.« (Eine Mutter zu einer anderen an einem Spielplatz an der Münchner Freiheit)

»Das ist nicht so teuer, das hat aber so einen smarten look'n'feel.« (Mobiltelefonverkäufer, Sendlinger Straße)

»Ich muss detoxen, sonst muss ich voll wegen Overdose in Rehab.« (Partyidiot, Club, Glockenbachviertel)

»Yes, so machen wir das.« (PR-Frau, Maximilianstraße)

»Das finde ich jetzt nicht so funny.« (Szeneidiot, Club, Glockenbachviertel)

Am liebsten wäre ich ihnen allen an die Gurgel gesprungen, und heute im Nachhinein, mit der Klarheit, die man nur rückblickend erreichen kann, weiß ich, dass mich die Denglisch-Epidemie aus zwei Gründen ärgerte. Erstens verbaute es mir meine tolle Zeit der Ankunft. Umziehen ist wie eine Droge, und am Anfang wirkt das Zeug einfach am besten: Es gibt kaum aufregendere und dopaminerfülltere Zeiten als just in eine neue Stadt oder gar in ein neues Land übergesiedelt zu sein. (Selbst eine neue Wohnung kann das auslösen.) Man fühlt sich frisch wie Morgentau, alle Empfindungen und Eindrücke sind heftig und bedeutungsvoll, alles ist neu, und dann wird man sich selbst auch noch klarer!

Die olle eingefahrene Normalität, die Gewöhnung, alles wird aufgebrochen mit Geistesblitzen, und es riecht im eigenen Gehirn ständig nach frisch gemähtem Gras und Babypuder und Torten, wie kurz nach dem Fasten. Wie nach einem langen Winterschlaf fühlt man sich wieder besonders lebendig. Diese enthusiastische Zeit der Ankunft wollte sich nie so recht einstellen, weil mir stets das eine oder andere Denglisch-Element einen Downer versetzte.

Das Geplapper, das mich bei meiner Rückkehr erwartete, wirkte nicht kosmopolitisch, weltoffen oder cool, sondern tat nur so, wie ein prolliger kleiner Angeber, der sich weder richtig ausdrücken noch selbständig denken kann. Die Seele eines Volkes drücke sich in der Sprache aus, schrieb Goethe. Und der Philosoph Emile Cioran bemerkte: Wir wohnen nicht in einem Land, sondern in einer Sprache. Genau hierin lag meine Sorge. Was war dieses Deutschland für ein Land geworden, und was sagte der Denglisch-Wahn über den Zustand der deutschen Seele aus?

Die wenigsten Denglisch-Sprechenden verstanden, welch fabelhafte Sprachen Englisch und Deutsch sind. Weil ich mich im Deutschen, wenn auch aus anderen Gründen, englischer Wörter behalf, fühlte ich mich als Teil des Problems, wenn auch aus lauteren Gründen. Englisch ist eine wunderbare Sprache: dicht, frivol, klangvoll, charmant, elegant, spielerisch, effektiv. In keiner anderen Sprache kann man sich so präzise und dabei so kurz fassen. Deshalb ist sie auch besonders geeignet für Titel und Wortspiele. Sogar Akronyme kann man meist zusammenhängend aussprechen. Ich liebe es, dass Englisch ohne Gesieze auskommt – das macht das Leben oftmals einfacher – und die Verlaufsform – zum Beispiel I am smoking »Ich rauche gerade« im Gegensatz zu I smoke »Ich bin Raucher« –, oder wie man »let's agree to disagree« sagen kann oder »smashed to smithereens« oder »brouhaha« oder »topsy turvy« und »jolly good«. Ich mag es, wie »the late Mr Jones« nichts anderes heißt als der verstorbene Herr Jones, sich aber tausendmal besser anhört. Das ever oder never ever ist ein gutes Beispiel der Kürze. »That was your best idea ever« würde man im Deutschen mit »Das war die beste Idee, die du je gehabt hast« übersetzen. Immer öfter hörte man aber: Das war deine beste Idee ever, was ja schon ans Eingemachte, sprich Grammatik und Satzbau ging. Das ever entsprang einer Sehnsucht nach Unkompliziertheit und Kürze, die das Deutsche nicht bietet und nie bieten wird, denn die Seele eines Volkes drückt sich in der Sprache aus. Kurz geht im Deutschen nicht, und einfach ein Wort hinten dranklatschen ist nicht.

Die Vorzüge des Englischen sind natürlich nicht der Grund dafür, dass die deutsche Sprache von ihren über achtzig Millionen Oberhäuptern derart lieblos behandelt wird. Deutsch war zwar nie meine Muttersprache, ist heute aber sehr wohl meine beste Sprache, weshalb ich sie schätze. Mehr noch: Ich empfinde für die deutsche Sprache einen zärtlichen Respekt und eine achtungsvolle Zuneigung. In der Zeit in London vermisste ich sie und verwendete ab und zu deutsche Wörter, wenn mir die englischen dafür nicht einfielen, oder aber wenn es im Englischen keine Wörter für sie gab.

Ich sagte Landpomeranze oder Jein oder auseinanderklamüsern oder etwas anlesen, was im Englischen etwas umständlich »to read a few pages of something« heißt. Sehr oft verwendete ich das Verb überprüfen, am liebsten mit einem rollendem R ausgesprochen. Folglich hat sich »überprüfen« in einigen Londoner Boroughs auch von des Deutschen unmächtigen Londonern durchgesetzt als: »I'll have to überprrrrüf that.«

Ich war nicht alleine mit meiner Angewohnheit, im Englischen deutsche Wörter zu verwenden, doch im Gegensatz zum Denglischen war hier die Motivation des Sprechers (und oftmals auch des Schreibers) keine fantasielose Anbiederung, sondern ein Ausdruck der Intellektualität und auch eine Notwendigkeit, denn genau diese Wörter gab es im Englischen nicht – dafür aber im Deutschen, und das sagte ebenso viel über die Seele aus. Außer dem beliebten Präfix über (as in Über-Model oder überhip, ausgesprochen »uuuuhbaaa«) findet man vor allem die Wörter wie Schadenfreude, Weltschmerz, Zeitgeist und Angst als Ausdruck der gebildeten Sprachgewandtheit ihres Verwenders. Auch Gestalt, Hinterland oder leitmotif kommen vor, in den USA gibt es einwandererbedingt Strudel und Gesundheit, und aus dem Jiddischen to shlepp oder Schmutz. Die New York Times liebt das Wort Mensch, in Überschriften wie »Marathon Mensch – An angst-ridden man encounters his doppelgänger« oder: »Donald Rumsfeld isn't a mensch.«

Während in englischsprachigen Ländern deutsche Begriffe als Angeberschleudern funktionierten, waren die Deutschen sich scheinbar nicht bewusst, was für einen (Wort)-Schatz sie da zu Hause hatten. Und sie konnten es schon sprechen, was für ein Glück. Deutsch ist für jemanden, der es als Fremdsprache lernt, einschüchternd, alleine schon wegen der vielen unglaublich langen Worte. Sobald ich es gelernt hatte, mochte ich Deutsch. Ich mochte es hingegen nicht, wenn man es verschandelte.

Trotzdem behalf ich mich mit englischen Wörtern im Deutschen, wenn mir creepy oder distinguished oder whatever nicht einfiel, und das war mein gutes Recht. Ich zählte nicht zu den dumb fucks, doch wie sollte das jemand wissen, der mich nicht kannte. Und so passierte es, dass ich, obwohl Denglisch-Hasser, meinen eigenen Anglizismus verteidigen musste, schon einige Wochen nach meiner Ankunft.

Auf einer hübschen Straße in München standen draußen vor einer Galerie schick gekleidete Menschen, es wurde geraucht und getrunken und geredet, und manchmal, wenn es drinnen ganz leer war, weil alle draußen standen, und man sich schnell drinnen ein Getränk holen musste, sah man sich auch die Kunst im Vorbeigehen an. Aus irgendeinem Grunde kam ich auf Zigeuner zu sprechen, woraufhin ein Mädchen, das mit in der Gruppe stand und mit einer schwarzen Brille und einem Knödel als Frisur ausgestattet war, zu mir sagte: »Man darf nicht mehr Zigeuner sagen.«

»Man? Wirklich? Was darf man denn sagen?«

»Sinti und Roma.«

»Eben. Ich meine aber beide und noch mehr, deswegen sage ich ja Zigeuner. Es ist nicht abwertend gemeint, sondern bezeichnet die Herkunft…«

»Es ist nicht pc.«

»Oh Gott, pc. Hast du dich schon mal mit Zigeunern unterhalten?«

»Was hat das denn damit zu tun?«

»Naja, sie nennen sich auch Zigeuner.«

»Man sagt es nicht, es ist nicht pc«, beharrte sie.

»Dieser ganze politisch korrekte Scheiß. Als ob ein Wort eine Haltung darlegen kann. Dagegen gibt es schon längst einen Backlash«, entfuhr es mir.

»Einen was?«

»Einen Back… sowas wie eine Gegenbewegung, aber …«

»Warum sagst du dann nicht Gegenbewegung?«

»Weil es nicht genau dasselbe ist, weil Backlash auch das zurück beinhaltet …«

»Backlash«, äffte sie mich zischend nach.

»Was ist denn dein Problem?«, zischte ich zurück. Um uns herum war es still geworden.

»Ach, ich hasse diese angeberischen Anglizismen«, sagte sie.

»Das hat in diesem Fall nichts mit Angeben zu tun«, sagte ich.

»Anglizismen sind doch Bullshit«, sagte sie.

Daraufhin musste ich den Schluck, der sich in meinem Mund befand, leider in einem Satz auf ihre hässliche Bluse prusten. Sie fing an zu kreischen:

»Du Bitch, das hast du absichtlich gemacht«, aber ich krümmte mich noch vor Lachen, und mir lief Cola aus der Nase.

»Bitch? Anglizismen sind Bullshit?«, fragte ich.

Da wurde mir klar: Es war so egal, ob dieses Mädchen wusste, warum ich ab und zu auf englische Wörter auswich. Es war egal, dass sie nie wissen würde, wie ich mich um die deutsche Sprache bemühte und sorgte. Ich konnte nicht jedem alles erklären, und ich war niemandem Rechenschaft schuldig; ich konnte englische Wörter verwenden und mich trotzdem über Denglisch aufregen.

Manchmal sind die eigenen Regeln nicht für die Allgemeinheit verständlich. Das müssen sie auch nicht sein, es ist schwer genug, sie für sich selbst zu definieren. Deshalb ist es in manchen Situationen und manchen Menschen gegenüber erlaubt, das zu sein, was man auf Englisch smug nennt, und was man auf Deutsch mit nicht weniger als eingebildet, selbstgefällig, arrogant, spießig, selbstzufrieden, blasiert, süffisant, engstirnig, dünkelhaft, satt und sogar geschniegelt und gebügelt übersetzen kann. Bedeutet das nun, dass Englisch komplexer und zusammenfassender ist oder Deutsch präziser und engstirniger? Das ist nicht so wichtig, solange man sich verständlich machen kann.

Was smug angeht: Natürlich war ich damals so smug zu wissen, dass der Backlash gegen das Englisch – außer natürlich gegen das von mir willkürlich gesprochene, denn ich »hatte meine Gründe« – bald einsetzen würde. Heute, zehn Jahre nachdem ich nach Deutschland zurückgekehrt bin, ist die Gegenbewegung sogar in die Tat umgesetzt worden, und zwar von Mitstreitern, von denen ich nicht erwartet hätte, dass wir jemals an einem Strang ziehen.

CSU-Bundesverkehrsminister Peter Ramsauer verbot im Februar 2010 Denglisch mit der einleuchtenden Begründung, er wolle, dass in seinem Ministerium mehr Deutsch gesprochen werde, mit der Anordnung, das »travel management« seines Ministerium in Reisestelle umzubenennen, »deadline« in Abgabetermin und »meeting« in Besprechung. Das finde ich gut vom schönen Peter. Leider sagte er selbst, dass er dies nicht als gesamtgesellschaftliche Mission verstanden wissen will: »Ich will ja nicht der Werbung oder der Gesundheitswirtschaft etwas vorschreiben«, sagte Ramsauer auf stern.de.

Auch bei der Deutschen Bahn haben sich die Dinge geändert: Jetzt tauscht man Informationen aus und nicht mehr News, und statt Flyern werden Handzettel gereicht. Der neue Bahnchef will sich von seinem Vorgänger Mehdorn abgrenzen, der für ServicePoint, Counter, McClean und Call-a-Bike vom Verein Deutsche Sprache zum »Sprachpanscher des Jahres« gekürt wurde.

Sprache ist lebendig. Man sollte sie schätzen und schützen, wie einen guten Freund. In meiner eigenen Muttersprache, die ich im Deutschen als Serbokroatisch bezeichne, weil es das ist, was sie ist, und die ich in Serbien Serbisch und in Kroatien Kroatisch nenne, ging die Veränderung in den letzten zwanzig Jahren sogar viel weiter: Sie wurde instrumentalisiert, für die widerlichste Art von Nationalismus missbraucht und entwürdigt. Vor kurzem, im Zuge des Erwachsenwerdens, kaufte ich mir eine Bohrmaschine, ein Gerät, das in seiner durchdringenden Art der Sprache als Instrument nicht unähnlich ist. Darauf stand die Bezeichnung »Akkuschrauber« auf

- Serbisch: akumulatorski odvijac
- Kroatisch: : akumulatorski odvijac
- Bosnisch: akumulatorski odvijac

Das nenne ich mal einen Backlash – gegen die eigene Intelligenz. Mann, sind wir ein dummes Volk. Sorry: Dumme Völker. Aber alle gleich blöd.

Was das deutsche Volk angeht, das sich eher wie ein lasches Pack für den Backlash entschied: Es konnte nicht verhindern, dass das Deutsch, das ich im Jahr 2001 wiederentdeckte, ein ganz anderes ist als jenes, das ich im fernen 1981 in einem neuen Land namens Deutschland vorfand und unter besonderen Umständen erlernen musste.

4.

Wie ich zum ersten Mal
ein Land für ein anderes verließ

Oder:
Wo trägt mich der Wind?

Das Land, das ich für ein anderes verließ, hieß damals Jugoslawien. Das bedeutet wörtlich übersetzt »Land der südlichen Slawen«, und ist das Land, aus dem ich stamme. Das Land, für das ich es verließ, heißt immer noch Bundesrepublik Deutschland, obwohl sich seitdem bei beiden die Grenzen verschoben und verändert haben, bei einem sogar dahingehend, dass es nicht mehr existiert.

Um es gleich vorwegzunehmen: Es soll nicht der Eindruck entstehen, dass ich mein Land freiwillig verließ. Ich war damals neun Jahre alt und musste das tun, was meine Eltern für richtig hielten, ob ich wollte oder nicht. Natürlich wollte ich nicht. Nachdem meine Eltern mir und meinem damals sechsjährigen Bruder verkündet hatten, wir würden nach Deutschland ziehen, heulten wir hysterisch drei Tage lang, was für uns beide ungewöhnlich war. Wir schrien, kreischten und brüllten zwar gerne, aber langes, ernst gemeintes Weinen war nicht unser Ding, also beunruhigte es meine Eltern etwas. Schließlich setzten sie uns auf die asphaltgraue Nachtspeicherheizung und fragten, warum wir so hysterisch wären. Klar würde es uns nicht passen, das würden sie verstehen, aber es sei ja nur vorübergehend, und wir würden in ein paar Jahren wiederkommen: das übliche Blabla eben, das Eltern weltweit ihren Kindern zu hören geben, wenn diese nicht umziehen wollen.

»Wir haben Angst«, sagte ich schließlich.

»Wovor denn? Vor der neuen Schule?«, fragten meine Eltern.

»Nein. Vor den Nazis.«

»Welchen Nazis?«, riefen meine Eltern, plötzlich bleich wie Wachs.

»Jaaaa! Wir wollen nicht zu den Nazis«, sagte mein Bruder und rotzte los.

»Oh. Mein. Gott«, sagten meine Eltern, nachdem sie wieder ihre Kiefer bewegen konnten.

Dann sagte mein Vater: »Hört mir genau zu: In Deutschland gibt es keine Nazis mehr.«

Meine Mutter sah meinen Vater nervös an.

»Und Konzentrationslager?«, hakte ich nach, zur Sicherheit.

»Die gibt's auch nicht mehr. Das war mal und ist lange vorbei. Ganz sicher«, schob meine Mutter hinterher.

»Aber im Fernseher…«, sagte mein Bruder, obwohl er ihnen schon glaubte.

»Das stimmt, aber das ist nur im Fernsehen.«

»Aber es ist doch passiert?«

»Ja. Vor langer Zeit. Das ist alles ganz, ganz lange her. Das spielt nicht im Jetzt. Das sind Filme im Fernsehen, die ihr gesehen habt.«

Mein Bruder und ich hörten schließlich auf zu weinen. Wir glaubten meinen Eltern. Die waren ja auch nicht doof und würden freiwillig zu den Nazis ziehen, das ergibt doch keinen Sinn, flüsterte ich später meinem Bruder zu.

»Ich will trotzdem nicht nach Deutschland«, schniefte er.

»Ich auch nicht. Aber wir können da nichts machen.«

Erst da, als die Furcht wich, setzte die Traurigkeit ein, dass man sein Zuhause verlieren und verlassen würde, die Ungewissheit, wie die neue Welt sein würde, die Sorge, ob man neue Freunde finden würde. Doch darunter, damals schon, mischte sich eine noch unbekannte, zarte Freude auf ein neues Leben.

»Weißt du«, sagte ich zu meinem Bruder, ohne genau zu wissen, was es hieß, doch ich hatte es irgendwo aufgeschnappt und für schön und hoffnungsvoll klingend befunden: »Leben bedeutet Veränderung.«

»Ich kann mich auch hier verändern«, flüsterte er und schlief dann sofort ein.

Ungefähr ein Jahr zuvor, am 4. Mai 1980, begann das Unheil seinen Lauf zu nehmen, doch der Zusammenhang würde mir erst Jahre später bewusst werden. An jenem 4. Mai 1980 schien die Sonne in Split, meiner Geburtsstadt an der dalmatinischen Adriaküste. Das weiß ich noch wie heute, denn an diesem Tag sah ich meine Mutter auf dem Balkon stehen und schreien, umgeben von gleißendem Blau.

An diesem Tag starb Tito. Bis dahin war ich klein und glücklich* gewesen. Wir lebten in einer großen Wohnung im obersten Stock eines weißgetünchten Hauses, vom Balkon aus hatte man einen Blick aufs Meer, und sonst nichts. Ich saß oft stundenlang auf dem Balkon, auf meinem aufblasbaren Löwenthron thronend, und starrte auf das Meer. Wir verließen das Haus ständig, um zu reisen, und das liebte ich, doch nichts liebte ich mehr, als nach Hause zurückzukehren. Als ich an diesem Tag mit meinem Vater nach Hause kam, stand meine Mutter auf

---

* Das ist gar nicht so üblich in Südosteuropa. Es gibt mehrere Versionen eines auf Serbokroatisch gesungenen Liedes, das den Titel trägt: Ich bin von klein auf unglücklich.

dem Balkon, wedelte aufgeregt mit den Armen und schrie etwas, doch wir konnten sie nicht verstehen. Über ihr war nichts, nur der knallblaue Maihimmel, und sie schrie und wedelte und kam mir, so ganz von Himmelblau umrandet, vor wie eine Erscheinung. Auch wenn ich nicht verstehen konnte, was sie rief, spürte ich doch, dass es wichtig war, wichtig und schlimm. Ich sah meinen Vater an, aber auch er verstand nicht. Doch dann, in einer Sekunde, die mein weiteres Leben verändern sollte, verstand er. Er ließ seine Tennisschläger auf den Boden fallen und hielt sich die Hand vor den Mund. Und erst da verstand ich auch, was sie rief:

»Tito ist tot«, sagte er und sah auf den Boden. Er war still wie noch nie zuvor.

»Tito ist tot«, wiederholte ich. Und dann flüsterte ich noch fünfmal: Tito ist tot. Wenn ich Dinge fünfmal hintereinander flüsterte, davon war ich überzeugt, konnte ich sie ändern.

Titos Tod machte mich sehr traurig. Ich mochte Tito und war zwei Jahre zuvor seine Pionierin geworden. Tito, Held, Präsident auf Lebenszeit, war überall gewesen, ein Volksgut, ein Übervater, eine Charismamaschine, reproduziert als Stadtname, als Statue, als Schwarz-Weiß-Foto in jedem Klassenzimmer, als Fernsehfigur im weißen Anzug, als Filmheld. (Aus just jenen Partisanenfilmen hatte ich meine Nazi-Angst. Für Geschichtsunterricht war ich noch zu klein gewesen.)

An dem Tag, an dem ich Titos Pionierin wurde, trug ich eine weiße Bluse und einen dunkelblauen Rock. Meinen Eid hatte ich freudig auswendig gelernt, denn er besagte gute und richtige Dinge, und ich ratterte ihn im Rekordtempo herunter. Ich schwor auf Gleichheit und Brüderlichkeit und auf die Ideen, für die Tito gekämpft hatte. Ich schwor, dass ich die Eltern und ältere und überhaupt alle Menschen, die Freiheit und Frieden wollen, respektieren würde und immer eine treue und ehrliche Freundin sein würde. Das würde ich heute alles wieder unterschreiben – wenn sich in all den Jahren nichts geändert hat, dann das.

Dann bekam ich ein rotes Tuch um den Hals gebunden und eine blaue Kappe mit einem roten fünfzackigen Partisanenstern und einen Pionier-Ausweis, und danach gab's Kuchen und Saft, und es wurden Fotos gemacht. Auf einem dieser Fotos clowne ich herum wie eine wichtige Genossin und tue so, als würde ich eine Rede halten. Auf einem anderen zieht mir mein damals dreijähriger Bruder die Mütze herunter. Er trug eine braune Latzhose aus Kord und zieht auf jedem Foto eine Grimasse. Ich weiß nicht mehr, warum er dabei war. Wahrscheinlich durfte er mit, weil zu Hause das Geschrei groß gewesen wäre. Das war in Ordnung. Aber die Kappe, die von den Pionieren, die war meine allein.

Am Tag, als Tito starb, stand das Land still. Irgendwo im Hintergrund heulten Sirenen, und dann heulten alle. Am nächsten Tag hatten die Lehrer ganz rote Augen vom vielen Weinen. Den ganzen Tag durften wir in der Schule nur mit schwarzer Tinte schreiben. Tito wurde aufgebahrt, das ganze Land war immer noch seltsam, furchtsam geräuschlos. Schließlich wurde er im Haus der Blumen in Belgrad beerdigt. Es war bedrückend und pompös, und das war nicht nur mein Eindruck als Kind: Kein anderes Begräbnis eines Staatspräsidenten im 20. Jahrhundert wurde von so vielen hochrangigen Politikern und gekrönten Häuptern begleitet. Im Nachhinein könnte es einem so vorkommen, als ob sie alle nicht nur einen Menschen, sondern auch ein Land und eine Idee zu Grabe getragen hätten.

Danach ging für mich das Leben wie gewohnt weiter. Ich

ging in die Schule, lernte nach der lateinischen auch die kyrillische Schrift, spielte weiter im Wind, starrte aufs Meer und schloss die Augen, wenn der Jugo kam. Die Winde an der kroatischen Adriaküste sind häufig und heftig und wunderbar. Ich liebte sie als Kind, und auch deshalb liebe ich Berlin, meine vorerst letzte Station in der Umzugsarie, die mein Leben werden würde, weil die Winde auch hier wüten, vor allem »der fotzige Ostwind«, wie mein Freund Z. ihn zu nennen vermag.

An der Adria gibt es den Jugo, der zwar wortwörtlich Süden bedeutet, aber ein warmer, feuchter Ost-Südostwind ist und von schweren Wolken und Regen begleitet wird. Dann gibt es die fiese Bura, einen kalten und trockenen Nordostwind, der klares Wetter bringt, plötzlich beginnt und tagelang andauert. (Dann jammern alle.) Der Jugo kann plötzlich in Bura umschlagen. (Dann drehen alle durch.) Am liebsten war mir der Maestral, der schönes Wetter und weiße Wolken brachte.

Da wir so nah am Meer lebten, spürte ich die Winde besonders heftig. Ich ging mit meinen Freunden an eine Stelle zwischen zwei Hochhäuser, wo der Wind so gewaltig durchschoss, dass man sich als Kind in die entgegengesetzte Richtung fallen lassen konnte und getragen wurde. Würde es in Deutschland auch solche Winde geben? Würde es in Deutschland auch solche Freunde geben?

Warum wollten meine Eltern ausgerechnet nach Deutschland? Sie sprachen Englisch und Italienisch und etwas Französisch, aber kein Deutsch. Sie kannten wesentlich mehr Menschen in Paris und New York als in München. Heute noch frage ich mich: Was wäre gewesen, wenn wir nach Frankreich, Spanien oder in die USA gezogen wären? Oder ganz woanders hin? Ich wäre wahrscheinlich eine ganze andere geworden. Wie wäre mein Leben dann verlaufen? Ich bin mir sicher: Just jene

Kombination aus München und dem Alter, in dem ich dort ankam, machte mich zu der, die ich bin. Um es willkürlich zu präzisieren: Wäre Tito nicht gestorben und meine Eltern nicht nach Deutschland gezogen, gäbe es dieses Buch wohl nicht.

Dass wir nach Deutschland gingen, hatte auch damit zu tun, dass mein Vater das schätzte, was er die »Aufrichtigkeit der Deutschen« nennt. (Außerdem liebte er deutsche Autos.) Trotz ihrer unterschiedlichen politischen Auffassungen – meine serbische Mutter war dem Sozialismus und Kommunismus wesentlicher eher zugetan als mein kroatischer Vater – waren beide große Fans der Aufrichtigkeit. Und wie es der Zufall wollte, bekam mein Vater, dessen aktive Karriere als Tennisspieler sich mit Titos Tod dem Ende zuneigte, einen Auftrag in München, und somit war die Sache geritzt. München also.

Ich weiß nicht, ob meine Eltern damals spürten, was mit unserem Land passieren würde. Selbst wenn sie es taten: Wie schlimm es kommen würde, konnte niemand ahnen. Niemand hätte voraussehen können, dass aus unserem Land sieben Länder werden würden, und schon gar nicht unter welch unvorstellbaren Horrorszenarien das geschehen und mit wie viel Schmerz es verbunden sein würde. Meine Eltern behaupten heute, dass Titos Tod nichts mit unserem Umzug zu tun hatte, aber ich glaube, sie wollen es sich nur nicht eingestehen. Vielleicht erschreckt sie ihre eigene Vision.

Wir reisten mit vier Koffern ab. Von heute auf morgen, ziemlich filmreif, in einem großen, aufrichtigen deutschen Auto. Ich war das gewohnt; ich hatte meine Kindheit auf der Rückbank eines Autos verbracht, auf dem Weg nach Monte Carlo oder Amsterdam, Madrid oder Paris oder wo auch immer mein Vater ein Turnier zu spielen hatte. Fliegen war damals noch nicht so üblich, und wir taten es nur, wenn wir in die USA wollten. Mir machten Autofahrten von mehr als tausend Kilometern nichts aus. So ganz stimmt das nicht: Mir wurde leicht übel, und ich übergab mich häufig, doch ich liebte das Leben *on the road*. Reisen ist die Sehnsucht nach dem Leben, befand Kurt Tucholsky, und ich war damit schon einverstanden, bevor ich lesen konnte. Reisen war das Allerbeste! Kein Wunder, dass ich heute noch reisesüchtig bin. Doch diese Reise war etwas Besonderes – wir wussten, dass wir Split für immer verließen. Es wurde viel geschwiegen; es war eine leise Reise, keine fröhliche. Sie führte in ein neues, fremdes Land, in dem ich niemanden kannte und dessen Sprache ich nicht sprach. Später würde ich oft umziehen, und mich würde jeder Umzug mit Freude und Aufregung erfüllen, über die bevorstehende tabula rasa, über all die neuen Möglichkeiten, aber bei diesem ersten Mal war ich traurig, und wie immer, wenn ich traurig werde, neige ich zur Klugscheißerei. Ich rutschte nach vorne zwischen die Sitze meiner Eltern.

»Sagt mal?«

»Ja?«, sagte mein Vater.

»Ziehen wir eigentlich nach Westdeutschland oder nach Ostdeutschland?«, fragte ich. Ich hatte von beiden Ländern gehört, doch der Unterschied war mir nicht klar.

»Nach Westdeutschland natürlich!«, sagte mein Vater. »Wir sind doch nicht bescheuert.«

»Wieso bescheuert?«, fragte ich. Mein Bruder horchte auf.

»Ostdeutschland ist ja noch schlimmer als Jugoslawien.«

Schlimmer? Wieso schlimmer? Ich verstand nicht. Wo wir herkamen, war es doch nicht schlimm, wir lebten in der Sonne, am Meer, und wir waren glücklich und sicher.

»Habt ihr meine Pionierkappe mitgenommen?«, fragte ich.

»Na klar«, sagte meine Mutter und setzte ihre riesige Filmstar-Sonnenbrille auf. Auf alle »Habt ihr auch soundso mitgenommen?«-Fragen antwortete sie so und setzte dann die Brille auf. Man stelle sich vor: Wir, eine vierköpfige Familie, zogen mit vier Koffern weg, ohne Möbel, nur mit Kleidung. Und obwohl der babyblaue, butterweiche, riesige Samsonite-Koffer einer meiner besten Freunde und auch eines meiner ersten Wörter (»Samfonei«) gewesen war, hatte auch er seine Grenzen.

Wie es ein weiterer Zufall wollte, hatten meine Eltern im Jahr zuvor in der Schweiz einen etwas lügenbaronerischen, doch ebenso humorvollen und großzügigen Münchner Millionär kennengelernt. Da die Wohnung, die meine Eltern gemietet hatten, erst zwei Monate nach unserer Ankunft frei werden würde, bot er – nennen wir ihn Mr. Y – uns an, solange in seinem Penthouse zu wohnen, für umme natürlich. Meine Eltern nahmen dankend an.

Wir kamen an einem sonnigen Tag Anfang September in München an, und ja, München leuchtete tatsächlich. Wir sollten die Schlüssel zur Wohnung in Mr. Ys Büro am Shakespeareplatz abholen. Noch heute, vielleicht deshalb, gehört der Shakespeareplatz mit seinem fast schon englisch-grellen Grasgrün zu meinen Lieblingsplätzen in München. Als wir ankamen, bestand Mr. Y darauf, mit uns zu Mittag zu essen, denn am nächsten Tag schon würde er abreisen. Wir gingen zum Käfer. Ich war gerade mal zehn Minuten in München und schon mitten im Kir Royal. (Darüber war ich natürlich zu diesem Zeitpunkt schimmerlos.) Mr. Y bestellte Kaviar, ich bestellte Pasta, und obwohl sie köstlich war, aß ich nur die halbe Portion, denn es war zu viel. Mr. Y hatte schon drei Gläser Weißwein getrunken, schielte auf meinen Teller und fragte mich, ob er den Rest haben könnte. Natürlich, gerne, sagte ich und dachte mir: Was

63

für ein netter, merkwürdiger Mann. Er ließ seinen Kaviar links liegen und stopfte sich meine Nudeln rein.

Der erste Eindruck von München war also gut, obwohl es genau genommen schon der zweite war. Ein paar Monate zuvor waren wir schon hier gewesen waren und hatten in einem Hotel übernachtet. Am nächsten Morgen saßen im Frühstücksraum die Jacob Sisters mit ihren Pudeln, alle vier, also: alle acht. Das war mein erstes Bild von München: vier winzige blonde Pudelfrauen in lustigen Kostümen und mit ganz viel Rouge. Ging ois scho sauber los.

Mir gefielen Münchens Farben der frühen Achtzigerjahre, potenziert durch das frühe Septemberlicht: München war damals frappant braun-beige-orange. Es gefiel mir gut: eine nicht zu große, saubere, lässige, grüne, schöne Stadt, mit sehr hässlichen Gebäuden zwischendrin.

Das Penthouse war auch Kir Royal, denn Mr. Y besaß sehr teure Kunst. (Außerdem befand sich in der Wohnung noch etwas Interessantes, aber meine Mutter verbot mir, darüber zu schreiben, und ich war immer schon ein braves Kind.) Wegen der Kunst war an der Wendeltreppe ein kleiner, leuchtend roter Knopf angebracht, mit dem man sofort die Polizei benachrichtigen konnte. Mehrmals fanden meine Eltern meinen Bruder und mich vor dem Knopf stehen, unsere kleinen Zeigefinger genau in die Kuhle legend.

»Weg da! Ihr sollt nicht mit dem Knopf spielen«, rief meine Mutter, wenn sie uns dort stehen sah.

»Wir haben ihn doch gar nicht gedrückt!«, schrie ich.

»Weil das dürfen wir nicht«, sagte mein Bruder.

»Ich schwöre dir, die drücken den bald«, flüsterte meine Mutter meinem Vater zu.

Das ging noch ein paar Tage so weiter, in denen unsere Faszination mit dem roten Knopf kontinuierlich stieg. Egal, wie oft uns verboten wurde, damit zu spielen, standen wir immer wieder davor und glotzten ihn an und berührten ihn, aber ganz leicht, bloß nicht aus Versehen draufdrücken! Nach drei Tagen packten die Eltern alles zusammen, und wir zogen in ein Einzimmerappartement im Keller, das als Bedienstetenwohnung fungierte.

»Wieso sind wir denn hier?«, fragte ich.

»Ich will wieder nach oben«, sagte mein Bruder.

»Es ist besser hier«, sagte mein Vater.

»Nein, oben ist es besser!«, sagten wir.

Ähnlich wie beim Umzug halfen auch hier keine Widerworte. Ein paar Tage später wurde ich eingeschult. Damals gab es in München eine jugoslawische Grundschule, in deren vierte Klasse ich kam und folglich relativ normal weitermachte. Es war eine neue Schule mit neuen Kindern und allein schon deshalb nervenaufreibend, doch wenigstens verstand ich, was gesagt wurde, und die anderen Kinder waren nett zu mir. Dann zogen wir in unsere eigene Wohnung, und der erfolgreichen Assimilation stand scheinbar nichts mehr im Wege. Doch der Frieden sollte von kurzer Dauer sein. Der Horror stellte sich ein paar Monate später ein, als meine Eltern mit dem deutschen Schulsystem konfrontiert wurden und schockiert begriffen, dass nun die Weichen für meine Zukunft gestellt werden müssen, im Alter von zehn Jahren.

»Wenn das die Möglichkeiten sind, geht sie natürlich aufs Gymnasium«, sagte mein Vater zu einer Münchner Freundin, die ihn auf das Bildungssystem in Deutschland aufmerksam gemacht hatte.

»So einfach ist das nicht. Dafür müssten ihre Noten von einer deutschen Schule stammen und gut genug sein. Außerdem muss sie Deutsch sprechen«, sagte sie.

»Aber ein Kind wie sie wird doch nicht *nicht* auf die beste Schule gehen, die es gibt. Das kommt nicht in Frage«, sagte mein Vater.

Die Aktion, die dann folgte, und vor allem, dass er damit Erfolg hatte, erstaunt mich noch heute. Eigentlich erstaunt es mich erst, seit ich erwachsen bin, denn damals verstand ich weder, wie stur mein Vater war, noch wie viel Glück er hatte. Er ging mit ebendieser Freundin und mir von Gymnasium zu Gymnasium und erklärte meine Situation: eben nach Deutschland gezogen, deshalb sprachlich noch nicht so gut, aber sehr begabt und gute Schülerin, ob man mich nicht doch aufnehmen könnte? Alle Direktoren verweigerten meine Aufnahme und beriefen sich auf das Regelwerk. Schließlich aber trafen wir auf einen grauhaarigen, streng aussehenden Herren, der sich die Geschichte anhörte und meinen Vater fragte: »Warum sind Sie sich so sicher, dass sie das schaffen wird?«

»Na, sehen Sie sie doch an. Sie ist superintelligent!«, sagte mein Vater. Ich versuchte, superintelligent zu gucken. Bitte, bitte, bitte nimm mich auf dieser Schule an, dachte ich. Ich war gerade zehn geworden, doch ich wusste, dass meine ganze Zukunft von der Güte und Entscheidung dieses Mannes abhing. Vor ein paar Jahren rief ich ihn an – er war schon längst pensioniert –, um ihm zu danken und zu erzählen, was ich so mache. Ich musste mit den Tränen kämpfen und glaube herausgehört zu haben, dass es ihm genauso ging.

Damals überlegte der grauhaarige Herr kurz und schlug dann Folgendes vor: Ich würde in eine besondere Eingangsklasse kommen und am Ende des Jahres eine Prüfung in allen Fächern machen müssen. Die würde ich nicht bestehen, weil es unmöglich ist, in einem Jahr so gut Deutsch zu lernen, aber ich wäre somit auf dem Gymnasium, könnte die fünfte Klasse wiederholen und in diesen zwei Jahren gut genug Deutsch lernen, um weiterzumachen.

Ich kam also auf das Lion-Feuchtwanger-Gymnasium im Norden Münchens und verstand kein Wort. Jeden Nachmittag hatte die eine Hälfte der besonderen Eingangsklasse, die aus Ausländerkindern bestand, eine Extrastunde Deutsch. Das war für die anderen – kleine Italiener, Inder, Türken und Griechen – auch in Ordnung, denn die meisten sprachen schon Deutsch. Für mich war es zu wenig. Doch in dieser einen Stunde fühlte ich mich am wohlsten, denn niemand lachte über mich.

Von vielen der deutschen Mitschüler wurde ich ausgelacht und verspottet. Auch wenn ich sie nicht verstand, merkte ich, dass sie sich über mich lustig machten und gemein zu mir waren, und ich konnte mich nicht wehren. Wie kann man sich denn wehren? Indem man etwas erwidert. Wenn man aber nichts sagen kann? Dann muss man eben lernen, es zu sagen. Meine Aufgabe. Jetzt.

Ich wurde traurig und wütend und dabei so entschlossen, die deutsche Sprache jetzt, sofort, perfekt zu lernen. Ich verlangte von meinen Eltern nach der Schule jeden Tag privaten Nachhilfeunterricht in Deutsch.

»Es muss aber eine strenge Lehrerin sein, die mir alles beibringt, vor allem Grammatik. Und ich will drei bis vier Stunden täglich«, sagte ich zu meinen Eltern, die glücklicherweise die Möglichkeiten und die Einsicht hatten, mir alles zu gewähren. Das würde ihnen später auch von Vorteil sein, denn bald würde ich alle schriftlichen Arbeiten für sie erledigen. (Das wiederum würde auch für mich von Vorteil sein, denn so konnte ich ohne Weiteres Entschuldigungen für die Schule fälschen: Ich war ja die Einzige, die sie schreiben konnte. Gelegenheit macht nicht nur Diebe, sondern auch Fälscher.)

Das Jahr, das folgte, war wahrscheinlich das arbeitsintensivste meines Lebens. Ich ging vormittags in die Schule, nachmittags bekam ich vier Stunden Nachhilfe in Deutsch, und abends lernte ich. Meine einzige Option war, die Sprache innerhalb einiger Monate zu beherrschen, und es fügte sich alles: Die Wut über die Ungerechtigkeit ließ es mich durchhalten, eine erhebliche Portion Sprachtalent war von Vorteil, und die strenge Nachhilfelehrerin war genau das, was ich benötigte, um mir die Grammatik reinzupeitschen. Sie verstand genau, wie viel ich verstand und wie sie vorgehen musste. Ich lernte wie besessen. Ich lernte Deutsch, wie ich es jetzt spreche, innerhalb dieses einen Schuljahres.

Ich verstand sehr wohl, was mir von meinen Eltern, der Nachhilfelehrerin, meinem Schuldirektor und den anderen Lehrern ermöglicht wurde, doch der Wille und die Entschlossenheit, die Sprache zu meistern, kam von mir. Das hatte mitunter mit den vielen Reisen als Kind zu tun: Nirgendwo auf der Welt spricht man Serbokroatisch. Ich kam nicht mit Weltsprachenarroganz auf die Welt, und mir wurde schnell klar, dass ich Sprachen lernen müssen würde, um erfolgreich weiterreisen zu können. Schon als kleines Kind hatte es mir nicht gefallen, mich nicht ausdrücken zu können. Folglich war eines der ersten Dinge, die ich im Leben begriffen hatte: Sprache ist Macht. Ich wollte den Zustand, eine Sprache nicht verstehen oder sprechen zu können, immer sofort ändern. Mein Wille hatte inzwischen aber auch damit zu tun, dass ich diesen kleinen fiesen Zicken verbal ordentlich eine mitgeben wollte.

Am Ende dieses unglücklichen, einsamen Schuljahres, in dem mir eine rasende Portion Wind mehr als je in meinem Leben gefehlt hatte, bestand ich alle Prüfungen mit Spitzennoten und wurde für die nächste Klasse zugelassen. Damit war ich so etwas wie das Wunderkind der Schule. Der strenge, grauhaarige Herr war ebenso überrascht wie gerührt und beeindruckt und ließ mir in den folgenden Jahren der Pubertät, Aufsässigkeit und Pausenclownerei so einiges durchgehen. Man sollte hier keinen Fehler machen: Jetzt, da ich sprechen und widersprechen konnte, tat ich es mit aller Wucht und Wonne und allen Wörtern, die mir bisher verwehrt geblieben waren und nun zur Verfügung standen. Die kichernden Zicken, die mich ausgelacht hatten, bekamen jetzt mehr als ihre Retourkutsche. Rache wird am besten kalt serviert: Das konnte ich damals noch nicht wissen, aber das Schicksal und die deutsche Syntax gaben vor, dass ich monatelang darüber brüten musste, was ich wie und wann sagen würde.

Als Kind hatte mich immer die Geschichte fasziniert, die mein Großvater von einem Freund erzählte, der »von einem Tag auf den anderen Haar so weiß wie Schnee« bekommen hatte. Eine so plötzliche Veränderung erschien mir als sehr gesund und viel einleuchtender als ein schleichender Prozess wie das Altern. Was mit mir geschah, lag zwischen plötzlich und schleichend: Bevor ich nach Deutschland kam, war ich ein eher schüchternes, verträumtes und braves Kind gewesen. Hier wurde ich vorlaut und aufmüpfig und wehrhaft. Vielleicht hätte dieser Wandel auch ohne den Umzug stattgefunden, vielleicht auch nicht.

Wie wird man zu dem, was man ist? Zu wie vielen Teilen ist man unausweichlich programmierte DNA und zu wie vielen das, was einem im Leben passiert, Erfahrung also? »Erfahrung ist nicht das, was einem widerfährt. Erfahrung ist das, was man aus dem macht, was einem widerfährt«, schrieb Aldous Huxley.

Was mir in diesem ersten Jahr auf einer deutschen Schule widerfuhr und was ich daraus machte, machte mich zu einem großen Teil zu dem, was und wie ich bin. Ich habe damals beschlossen, mich nicht zu ärgern, wenn ich schlecht behandelt werde, nicht darauf zu achten, was andere – vor allem solche, die mich nicht kennen und mir nichts bedeuten – über mich sagen oder denken. Ich habe gelernt, mich zu wehren, wenn ich muss. Ich wurde in meiner kindlichen Annahme bestätigt, dass derjenige, der sich nicht ausdrücken kann, auch nicht gehört wird. Ich erfuhr, dass es Menschen gibt, die einem nichts Gutes wollen und sich besser fühlen, wenn sie andere schlecht behandeln. Ich lernte, dass je mehr Sprachen man spricht, es umso einfacher wird, neue zu lernen. (Das ist übrigens inzwischen erwiesen: Wer von klein auf zwei- oder mehrsprachig aufwächst, tut seinem Gehirn Gutes, verbessert sein Denkvermögen und schützt sich sogar vor Alzheimer, wie die Neurowissenschaftlerin Ellen Bialystok 2010 herausfand.) Ich lernte, dankbar dafür zu sein, in einem Land zu leben, in dem man eine gute Bildung – denn, wenn man sich etwas anstrengt und etwas daraus macht, ist sie das, Pisa-Studien hin oder her – umsonst erhält.

In den folgenden Jahren wurde ich auch deshalb nicht oft als Ausländerin blöd angemacht, weil ich mich nicht wie eine anhörte. Und doch bekam ich immer wieder Ausländerfeindlichkeit zu spüren. Das tat mir nie weh. Eher tat mir der andere leid – ich schämte mich für diese Menschen, denn sie waren es ja, die dumm waren. Die Armen! Auch das lernte ich: Wenn man aufgrund seiner Herkunft beleidigt wird, sagt das nur etwas über die andere Person aus, nichts über einen selbst.

Was die Herkunft anging, wurde es Ende der Achtzigerjahre mit einer serbischen Mutter und einem kroatischen Vater immer komplizierter. Das geschah nicht etwa, weil ihre nun scheinbar problematisch zu vereinbarenden Wurzeln tatsächlich problematisch zu vereinbaren gewesen wären – wieso sollte das nach zwanzig Jahren Ehe plötzlich zum Problem werden? –, sondern weil dies der Großteil der Umwelt zu erwarten schien. Meine Eltern lebten und leben immer noch nach den Prinzipien, die sie meinem Bruder und mir beigebracht haben, nämlich Menschen aller Nationalitäten zu respektieren. (Ich hatte dies sogar als Eid geschworen, vor langer Zeit, gegenüber Tito, dessen Grabumdrehungsrate während der Jugoslawien-Kriege zu den höchsten der Menschheitsgeschichte gehört haben muss.) Allgemein wurde aber verlangt, dass man sich doch nun bitte zu entscheiden hätte: Serben? Kroaten? Watdennu? Doch nicht Jugoslawen, das sagt man nicht mehr, das *gibt* es doch gar nicht mehr.

Dabei war die Entscheidung schon längst gefallen: sich nicht vom dem kriegstreiberischen Nationalismus irre machen zu lassen, sich standhaft dagegen zu wehren, wie furchtbar auch immer das sein würde, was in der Heimat, die nun weit weg war, geschehen würde. Das wurde mit den Kriegen, die folgen sollten, nicht unbedingt einfacher. Die Kriege wurden schrecklicher als alles, was man sich hätte vorstellen können: Sie forderten mehr als hunderttausend Tote und Millionen von Flüchtlingen.

Mehr als eine Million Exjugoslawen flüchteten nach Deutschland, die meisten mit mehreren Identitäten im Gepäck, so wie wir. (Hätte ich an Gott geglaubt, hätte ich ihm dafür gedankt, dass wir rechtzeitig im Ausland angekommen waren und nicht während des Kriegs fliehen mussten.) Die Flüchtlinge mussten sich nun in der Fremde entscheiden, wer sie waren, auf welcher Seite sie standen, so wie wir. Ich weigerte mich, eine Seite zu wählen, und das tue ich bis heute noch. Ich komme aus Jugoslawien, dem Land der südlichen Slawen. Das ist und war meine Herkunft, und die wurde zu einem Standpunkt, ohne dass ich es je gewollt hätte. Was ich noch weniger wollte, war, mich zu einer Seite zu bekennen: All das auf CNN waren meine Länder, das alles waren meine Wurzeln, wie sollte ich mich entscheiden? Es war besonders schwer für meine Eltern, weil von allen Seiten erwartet wurde, dass sie sich nun zu bekriegen hätten. Mein Vater, der im ehemaligen Jugoslawien ein sehr bekannter Mann ist, wollte sich während der Kriege niemals zu dem Thema äußern und sagte immer wieder, er wäre Sportler und kein Politiker. Mit seiner beständigen, ruhigen Art handelte er lieber als zu reden: Nach dem Krieg gewann er zunächst mit Kroatien den Davis Cup, und fünf Jahre später mit Serbien.[*]

Ich stamme aus Jugoslawien, dem Land der Südslawen. Das ist keine politische Nostalgie; vielleicht ist es eine philosophische. Es ist eher die Sehnsucht nach einer vergangenen Geborgenheit als nach einem politischen System. Das, was man heute als *Jugonostalgija* bezeichnet, ist die Reaktion darauf, sein Fundament unter den Füßen weggezogen zu bekommen, ein Heimweh nach den eigenen Wurzeln, nach einer verlorenen Sicherheit, nach dem ersten und einzigen Land, aus dem ich stamme, nach dem ersten, das ich verlassen hatte, nach dem einzigen, das mal wirklich meins war. »Wir waren die einzigen Europäer, die mit einem roten Pass in jedes Land Europas ohne Visum einreisen konnten, in den Osten und in den Westen, auf beide Seiten der Berliner Mauer. Wir waren das Loch in der Wand des Eisernen Vorhangs, und als der Kalte Krieg zu Ende ging, fiel uns die Berliner Mauer auf den Kopf«, erklärt der bosnische Regisseur Haris Pašović, wer wir einst waren.

---

[*] Davor gewann er ihn mit Deutschland, dreimal sogar.

Vor dem Krieg fuhren wir in den Sommerferien immer nach Split. In den ersten Jahren war es noch, als führen wir nach Hause, doch dann irgendwann, unmerklich, wurde die Rückfahrt nach München zur Heimfahrt, und wir drängten meine Eltern schon lange nicht mehr, wann wir denn endlich zurückkehren würden. Deutschland war nun unser Zuhause. Unsere Heimat war es natürlich nicht. Als dann der Krieg in Jugoslawien begann, brachte ich es nicht über das Herz, mir live anzusehen, was dort geschah, wo man als Kind zu Hause war. Ich fuhr zwölf Jahre lang nicht zurück; ich blieb im Westen und Norden Europas und reiste durch die ganze Welt, immer mit einem latenten Gefühl der Schuld, weil ich in Sicherheit war und Luxusprobleme hatte, während mein Land – meine Länder – zerschossen und zerbombt wurden und sich selbst zerstörten.

Das Umziehen aber blieb mir, bis heute, wie eine Sucht, die man nicht loswerden will. Ich habe in den letzten zwanzig Jahren, also seit ich derartiges alleine entscheiden kann, in achtzehn Wohnungen gelebt. Ich lebte lange Zeit in London und kurze Zeit in Paris und in Madrid. Ich zog von München nach Hamburg und wieder zurück nach München und von dort nach Berlin. Hier lebe ich nun seit drei Jahren, gleich an der Mauer, die mir damals auf den Kopf gefallen ist. Mir gefällt es hier: der fotzige Ostwind, das motzige Gekeife, dieser Melting Pot der Armen und Rastlosen erinnert mich an die Blaupause meiner Wurzeln. Mir gefällt es in Berlin, aber vielleicht verlasse ich bald den Kontinent, wer weiß das schon. Wenn ich zu lange irgendwo bleibe und spüre, dass ich Wurzeln schlagen könnte, muss ich weg.

Je mehr Jahre vergehen, umso reicher wird die Summe der Erfahrungen, die man gesammelt hat und auch der Einflüsse, denen man sich hingegeben hat. Gleichzeitig erkennt man umso klarer, welche Dinge sich nie ändern können. Die eigenen Wurzeln zählen immer stärker, auch wenn sie nicht immer greifen.

»Ich bin Slawe mit all den Widersprüchen, dem Sinn für Humor, der Tendenz zum schwarz-weißen Weltbild, den schnellen Launenwechseln – genau wie mit dem Verständnis für Geschichte. Ich wurde an dieser sehr schmerzhaften Grenze zwischen Ost und West geboren, und ich trage den Herzschlag meiner Vorfahren in mir«, sagte der Regisseur Emir Kusturica, als er nach seinen Wurzeln gefragt wurde. So ist es auch bei mir. Ich habe viele deutsche Züge angenommen, und auch einige englische, doch das Fundament ist und bleibt aus dem Land der Südslawen. Ich fahre einwandfrei im Westen, doch der Motor ist der eines Jugos. Ich repariere Maschinen, indem ich mehrere Male draufklopfe. Das funktioniert meistens, erstaunlich oft. Ich spreche zuerst und denke später. Ich fluche leidenschaftlich gerne. Ich fuchtele mit meinen Händen. Ich suche in der traurigsten Situation den Humor, ich trage den Herzschlag meiner Vorfahren in mir. Ich könnte mich auch besinnen, wie es bei uns so schön heißt, doch dann würde ich meine nationale Identität verlieren. Doch was würde das bedeuten? Ich bin inzwischen in sehr vielen Belangen sehr deutsch, und in einigen wenigen recht englisch. Ich betrieb Integration, dieses so beliebte Wort deutscher Politiker, immer andersherum: Ich gewährte jedem neuen Land einen Platz in meiner Seele.

Einer der unerwarteten Vorteile des ersten Umzugs, den ich nicht gewollt hatte, ist, dass ich »Stufen« im Original lesen kann:

[...]
Es muß das Herz bei jedem Lebensrufe
bereit zum Abschied sein und Neubeginne
um sich in Tapferkeit und ohne Trauern
in andre, neue Bindungen zu geben
und jedem Anfang wohnt ein Zauber inne
der uns beschützt und der uns hilft zu leben
wir wollen heiter Raum um Raum durchschreiten
an keinem wie an einer Heimat hängen
der Weltgeist will nicht fesseln uns und engen
er will Stuf' um Stuf' uns heben, weiten
kaum sind wir heimisch einem Lebenskreise
und traulich eingewohnt, so droht Erschlaffen
nur wer bereit zu Aufbruch ist und Reise
mag lähmender Gewöhnung sich entraffen
Es wird vielleicht auch noch die Todesstunde
uns neuen Räumen jung entgegensenden
des Lebens Ruf an uns wird niemals enden
Wohlan denn, Herz, nimm Abschied und gesunde.[*]

Der gute Hermann Hesse! Der wusste sich lähmender Gewöhnung zu entraffen. Wenn das Herz und der Weltgeist nicht gefesselt bleiben wollen und man wieder einmal heiter Land für Land durchschreiten will, gehen einem aber unweigerlich Dinge verloren. An Dingen sollte man nicht hängen, denn *omnia mea*

---

[*] »Stufen«, aus: Hermann Hesse, Sämtliche Werke in 20 Bänden. Herausgegeben von Volker Michels. Band 10: Die Gedichte. © Suhrkamp Verlag Frankfurt am Main 2002. Alle Rechte bei und vorbehalten durch Suhrkamp Verlag Berlin.

mecum porto*, aber einen Gegenstand, den ich bei einem der Umzüge verloren haben muss, womöglich sogar beim ersten, vermisse ich doch: die Pionierkappe mit dem fünfzackigen Stern.

Doch manchmal bekommt man das, was man verloren hat, auf unerwartete Weise wieder.

---

* »All meinen Besitz trage ich bei mir.« Cicero sprach diesen Satz dem griechischen Philosophen Bias von Priene, einem der sieben Weisen, zu. Bias soll dies auf der Flucht aus seiner Heimatstadt gesagt haben.

5.

Wie ich mich zum ersten Mal tätowieren ließ

Oder:
Von der einzigartigen Geduld in Ätzfragen

Manchmal bekommt man etwas, das man verloren hat, auf unerwartete Weise wieder, nicht weil man danach sucht, sondern weil man es aufgegeben, fast schon vergessen und sich damit abgefunden hat, dass es nie wiederkommen wird.

Ich habe jahrelang überlegt. Ungefähr zehn Jahre lang, vielleicht sogar zwölf. Kontinuierliche Denkarbeit und geduldiges, kluges Abwarten und Abwägen sehen mir gar nicht ähnlich und nehmen allein schon ob ihrer Kaumvorgekommenheit einen besonderen, fast heiligen Stellenwert in meinem Leben ein, denn normalerweise, das sagt die Charakter-DNA, kann ich nicht nicht impulsiv sein.

Ich bin genau die Kandidatin, die sich am Ende einer betrunkenen Nacht ein peinliches Tattoo stechen lässt, das sie vielleicht schon zur nächsten Happy Hour bereut, sicher aber spätestens dann, wenn das erste ernsthafte Jobinterview, ein Strandbesuch mit den Schwiegereltern oder ein Ball in einer Robe mit tiefem Rückenausschnitt ansteht.

Mein bedachtes, kühles Abwarten war aber nicht nur einem Aussetzer meines Charakters zu verdanken, sondern hatte mit Glück zu tun, denn so viele Freunde haben sich jung und unüberlegt ein Tattoo stechen lassen, dass ich über die Jahre hinweg mit einem abschreckenden Beispiel nach dem anderen konfrontiert wurde. Mein Freund B. hat einen kitschigen, selbst entworfenen Delfin auf dem rechten Schulterblatt, umrandet von Wassertropfen, gestochen mit neunzehn in Miami. Meine Freundin T. hat eine kleine Blaxploitation-Comicfigur, mit Afro und Schlaghosen, auf der linken Schulter, gestochen in einem Thailandurlaub mit Anfang zwanzig. Meine Freundinnen A., B. und C. (doch, wirklich!) haben einen Pamela-Anderson-Gedächtnis-Stacheldraht auf dem Bizeps. Meine Freundin L. hat eine Kette um die Fussfessel, die in einem Kreuz endet, Stephanie-Seymour-Style. Meine Freundin S. hat ein Superman-Logo auf dem Bauch, fünf Zentimeter über ihrer linken Hüfte. (Als sie mit Zwillingen schwanger wurde, ungefähr zwölf Jahre nachdem sie sich das Tattoo stechen ließ, blies es sich ballonartig auf und »hängt jetzt supermäßig schlaff«, wie sie selbst berichtet. Zeigen will sie es mir nicht.)

Alle genannten würden heute ausnahmslos die peinlichen Jugendsünden, die sie unter der Haut tragen, wieder rückgängig machen, wenn sie könnten. Das geht inzwischen auch, doch die Prozedur ist teuer und schmerzhaft und das Resultat selten perfekt; oft sieht es danach wie ein weißes Tattoo aus. Nur meine Freundin K. (Arschgeweih, Tribal, frühe Neunziger) ließ es sich weglasern und hat nun an dieser Stelle leicht hellere Haut, für die sie große Schmerzen hat erleiden müssen. Manche haben sich ein größeres Motiv über die Pein und Schande stechen lassen. Von all diesen Menschen habe ich, obwohl es nicht meine Absicht gewesen war, gelernt, dass man mit der Auswahl eines Tattoos warten sollte, bis man dreißig ist, und, wenn man zur Unreife und ewigem Kindischsein neigt wie ich, vielleicht noch länger und beim Akt selbst unbedingt nüchtern sein sollte.

Ich wollte mich seit den frühen Neunzigerjahren tätowieren lassen, doch während ich wartete und überlegte, wurde das Tattoo in der deutschen Gesellschaft immer geläufiger und gewöhnlicher. Rebellion durch Tätowieren war schon lange nicht mehr möglich, denn plötzlich hatten alle Tattoos. Heute hat, wie Peter Fox so richtig singt, »jede Oma in Berlin 'n Arschgeweih«, und Sachbearbeiterinnen in Übergangsparkas tragen chinesische Schriftzeichen im Nacken, wie ich neulich beim Bäcker entdeckte.

In den Neunzigern war es noch nicht jede Oma, dafür aber so ziemlich alle in meinem Alter, die ich kannte. In Deutschland stieg, wie Forscher der Universität Leipzig herausgefunden haben, der Anteil der tätowierten Männer im Alter zwischen fünfundzwanzig und vierunddreißig Jahren von 22,4 Prozent (2003) auf 26 Prozent (2009), der der tätowierten Frauen zwischen fünfundzwanzig und vierunddreißig Jahren verdoppelte sich sogar beinahe von 13,7 Prozent (2003) auf 25,5 Prozent (2009). Es kommt natürlich wie immer auch darauf an, wo man unterwegs ist. Ich glaube ja, die einzige Möglichkeit, an einem Strand auf Ibiza aufzufallen, ist es, *kein* Tattoo zu haben. Ibizenkische Strände, Raves, Modeschauen, Szeneviertel: Die Mehrheit dürfte hier tätowiert sein. Anderssein geht anders.

Ich wartete also und überlegte, vielleicht auch mit der leisen Hoffnung, dass ich aus dem Wunsch herauswachsen würde. Ich wäre gerne eine der wenigen Tattoolosen in meinem Umfeld geblieben. Außerdem fehlte mir zum Stechen immer das Entscheidende: das richtige Motiv. Doch der Wunsch nach etwas dauerhaft Getuschtem unter meiner Haut, das für immer meins sein würde, ließ in all den Jahren nicht nach, und es war fast so, als ob ich diese Geduld und Bedächtigkeit, die mir sonst so schwerfiel, durch den Akt, um den es ging, belohnen müsste.

Einmal, Mitte der Neunzigerjahre in London, versuchte ich sogar, mir stümperhaft selbst eins zu stechen. Mein Wiener Freund C. war zugegen. Vielleicht war es auch seine Schuld, denn immer wenn C. zugegen war, gab es »a Remasuri«. C. sah aus wie Barney Geröllheimer und schrie gerne in Bars: »Ich will leben! Ich will ... Ich will ... mit Frauen schlafen!« Nicht, weil er ein lüsterner Widerling war, sondern weil es der Wahrheit entsprach. Was ich damals nicht wusste, nicht wissen konnte, war, dass C. seine liebenswürdige Absonderlichkeit nie verlieren würde und dass sie ihm in der Zukunft eine recht legere Akzeptanz auch des übelsten Schicksalsschlages bescheren würde. Er würde viel Pech haben, dies aber mit der größtmöglichen Contenance tragen. Mir persönlich ist das allemal lieber als Arschlöcher, die ständig Glück haben und immer nur jammern.

Jahre nach diesem Abend in London traf ich C. in Wien. Ich fragte ihn, wie es ihm ginge.

»Oiso, i hob letzte Woche maan Tschopp verloan, und des Auto ist jetzt aaa weg, weil des woar a Dienstwagen. Und meine Freundin hat Schluss gemacht, und jetzt muss ich mir aaa neua Wohnung suchen. Aber ja, mir geht's leiwand.«

Ähnlich gutmütig und fatalistisch blickte C. auf meinen Tätowier-Selbstversuch. Er beobachtete, wie ich einen Bleistift nahm, eine Nadel mit einem Faden fest um die Spitze band, sodass diese einen Millimeter höher saß als die Bleistiftspitze, und wie ich anschließend schwarze Tinte suchte, aber nur blaue fand.

»Ist eh okay«, sagte C. und füllte Drinks nach. In der nächsten halben Stunde würde ihm immer ein »Wosmochstn*jetz*?« entfahren, das sich eher amüsiert als vorwurfsvoll anhörte. Ich begann loszustechen, auf die Innenseite meines Fußes, aber auch nur, weil ich diese Stelle am besten sehen und festhalten konnte.

»Was wuistn übahaupt für a Motiv stechan? Was solln des wean, heast?«, fragte C. heiter.

Das hatte ich mir gar nicht überlegt, so schnell musste es gehen. Wir tranken Cider, und das knallte bei mir immer schräg rein.

»Ääääh … ein Herz!«, sagte ich, weil mir nichts anderes einfiel.

»Und moanst, des funktioniert?«

»Au! Siehst du doch«, sagte ich und tunkte und stach und tunkte und stach. Es sollten schnelle, präzise schnelle Stiche sein, hatte ich irgendwo gelesen. Nun ja: Weh tat es auf jeden Fall. Es tat sich auch etwas, aber dass das nicht dauerhaft war, entdeckte ich am nächsten Tag, in Form eines kleinen Hämatoms in Herzform. Gottlob war ich zu unfähig gewesen, mich selbst zu tätowieren, denn ein selbst gestochenes Tattoo darf man nur haben, wenn man hauptberuflicher Tätowierer ist oder längere Zeit im Knast verbracht hat. Es ist nämlich so: Ein gutes Tattoo ist nicht billig, und billige Tattoos sind nicht gut.

Ungefähr ein Jahr nachdem ich das mit dem Herz versucht hatte, sah ich das perfekte Tattoo, das erste unter einer anderen Haut, das *mir* unter die Haut ging. Sobald ich es erblickte, auf dem Rücken eines Mannes in Costa Rica, setzte ich mich aufrecht hin, als hätte ich eine mir bis dahin unbekannte Tierart erblickt. In Costa Rica gewöhnt man sich allerdings recht schnell daran, dass irgendetwas vorbeifliegt oder -kriecht, das man so noch nie gesehen hat, und nach einer Weile richtet man sich nicht mehr jedes Mal auf, vor allem nicht, wenn man in der Sonne am Strand liegt, denn das kann benommen machen. Doch als ich dieses Tattoo mit Mann-Anhang sah – zweifellos ein Europäer, wie seine hellblonden Haare vermuten ließen –, schoss ich hoch mit dem Gedanken: »Ufffff. Puh. Boah. Hammer. Wow. Perfekt. Das ist es!«

Sein Tattoo war eine in seine Einzelteile auseinandergenommene Zielscheibe, deren Elemente, unterschiedlich große, leere und volle Kreise, untereinander entlang der Wirbelsäule aufgezeichnet waren. Das Ganze war nicht nur im buchstäblichen Sinne rund wie noch kein Tattoo, das ich davor gesehen hatte: Es schien, als gehörte es dahin. Natürlich war mein erster Gedanke, es zu übernehmen, doch etwas so einzigartig Persönliches – denn dass es das war, das ließ sich schon im ersten Augenblick erkennen – durfte man nicht einfach so schamlos kopieren.

Ich schämte mich meines Copycat-Anflugs und winselte innerlich und kindisch: Wääääääh, so was will ich auch, genau das! Ich wollte mehr über dieses Tattoo wissen, und ich wusste, meine Chancen standen gut, den Typen kennenzulernen, denn eine der Hauptregeln des Rucksacktourismus besagt: Wen du tags am Strand gesehen / wirst du auch abends erspähen. Sei der Ort noch so klein und unentdeckt, die »Träwellahs«, die sich tagsüber am Strand /Wasserfall/Tempel begegnet sind, treffen sich unweigerlich abends in der einzigen Bar, die im Lonely Planet empfohlen wird, oder wieder am Strand auf der Suche nach Kiffzeugs.

Den Zielscheibentypen lernte ich noch am selben Abend kennen. Er war Deutscher, und mein Freund und ich kamen mit ihm und seinem Reisekompagnon, einem Österreicher, in einem Restaurant ins Gespräch. Bald darauf waren wir in unserem Bungalow und tranken gemeinsam Rum. Der Augenblick schien geeignet, ihn anzusprechen: »Sag mal, habe ich dich nicht vorhin am Strand gesehen?«

»Kann sein«, sagte er. »Hattest du so einen lila Bikini an?«

»Ja. Und hast du nicht so ein krasses Tattoo? Ich habe so was noch nie gesehen«, sagte ich.

»Ich glaube, das gibt's auch nur einmal.«

»Wieso? Wo hast du es denn her?«

»Es hört sich komisch an, aber ich hab's geträumt.«

»Ach komm.«

»Doch, echt. Ich sah es im Traum auf meinem Rücken, und als ich aufwachte, sprang ich aus dem Bett, schnell, schnell, Stift und Zettel, wüäh, und weil ich keine fand, lief ich ins Bad und malte es mit dem Kajalstift meiner Freundin auf den Spiegel. Ich musste das festhalten, weil ich schon im Traum wusste: Das ist es, das ist meins.«

»Und dann?«

»Sofort einen *Tä*ttu-Termin gemacht und stechen lassen«, sagte er. Eigentlich hasste ich es, wenn man *Tä*ttu sagte, doch er war mein *Tä*ttu-Vorbild, also ging das in Ordnung.

»Und nie bereut?«

»Nein. Ich meine, ich wollte schon ewig eins haben, aber ich wusste, das Motiv muss perfekt passen.«

Das Motiv muss perfekt passen, aber an seinem Beispiel sah ich, dass auch die Stelle nicht unwesentlich war: vielleicht eine, die man nicht die ganze Zeit sehen kann, also eignete sich die Rückseite des Körpers. Außerdem sollte die Stelle knochig, sprich fettfrei sein, denn das, was mal als Schmetterling angefangen hat, kann durch die Jahre und die Schwerkraft zu einem Adler werden. Der Rücken stand also fest; jetzt ging die Suche nach dem Motiv weiter.

Einige Monate nachdem ich aus Costa Rica nach London zurückkehrte, zog ich in das letzte Haus, das ich in dieser Stadt bewohnen würde. Es war das großartigste Haus, das ich jemals bewohnt habe, und voller Zimmer und Widersprüche: Es stand in einer gefährlichen Gegend und hatte ein sehr schickes Interieur, und ich teilte es mit einer Ägypterin, einem Iren, einem Franzosen und einem Norweger. Weil es sich in der Walford Road befand, tauften wir es »The Waldorf Residency« mit dem Untertitel: »The Centre of Talent-Wastage and Self-Sabotage*«. Letzteres leitete sich von dem ganzen studentischen Rumgelungere- und -gelounge ab, das dort vonstattenging. Was soll ich sagen? Wir waren jung und brauchten die Zeit.

An einem dieser Nachmittage döste ich auf dem Sofa weg, und als ich aufwachte, saß mein Freund R., der Norweger, neben mir. Ich richtete mich auf.

»Ich glaube, ich weiß es«, sagte ich.

»Äääääh, was denn?«, fragte er, einige Minuten später.

»Mein Tattoo.«

»Hast du es gerade geträumt?«, fragte R., denn er wusste von meiner Überzeugung, dass mir das einzig wahre Motiv nicht in einem Katalog, sondern in einem Traum oder einer Vision erscheinen würde.

»Hmm, ja. Ich bin mir nicht sicher. Aber es sollen Flügel sein. Ein paar Flügel, die meinen ganzen Rücken bedecken.«

R. war ausgesprochen kreativ und zeichnete, malte und tuschte den ganzen Tag lang, wahrscheinlich als Kompensation für die nicht eingereichten Entwürfe seines sträflich vernachlässigten Designstudiums. Mit ihm entwickelte ich eine eigene Sprache, der wir uns bis heute bedienen. Sein einmaliges Sprachverständnis fiel mir auf, als er das in England übliche Konsumangebot »Buy one, get one free« als »Buy one two one three« aussprach. Seine Sätze waren stets durch lange

---

* Zentrum der Talentverschwendung und Selbstsabotage

Äääääääääähs und Aaaaaaaaaahs unterbrochen, eine Angewohnheit, die ich bei vielen anderen Norwegern beobachtet hatte, die
bei R. aber dadurch, dass er meist bekifft war, etwas ausartete,
in etwa so:

»Aaaaaaaaaaaaahh. Flügel. Aaaaaaah. Ich entwerfe dir welche.
Ich äääääääh zeichne sie dir.«

»Wow, echt?«

»Yup. You think it, I ink it.*«

Das tat er auch, mit großer Freude und Elan. Wie alle in der
Waldorf Residency aus Erfahrung wussten, fühlt man sich stets
um einiges besser, wenn man während des Schwänzens und
der Prokrastination etwas Kreatives unternahm, das aber auf
keinen Fall direkt mit der eigentlich zu erledigenden Aufgabe
zu tun hat. R. entwarf in den darauf folgenden Tagen mehrere
wunderbare Flügel, wie ich sie noch nie, vor allem nicht als Tat-
too-Motiv, gesehen hatte. Er zeichnete sie mit Tusche auf dickes
Papier, und es macht dieses schöne kratzende Geräusch dabei.
Dann reichte er sie mir, noch nicht ganz getrocknet.

»Ist das schön! Aber es ist auch ääääääääääääh ...«, sagte ich
nach dem fünften Entwurf.

»Riesig?«, erwiderte R. »Ja, wolltest du doch so. Über den
ganzen ääääääääh Rücken hast du gesagt.«

»Schon, aber ...«

»Es wird wehtun, das denkst du, oder?«, fragte unser ge-
meinsamer Freund A., ein schöner, großer Norweger mit einem schönen, großen Tattoo auf seinem schönen, großen
Rücken. A. war mit der schönen, großen Norwegerin E. zusammen, und sein Tattoo war Teil ihrer Liebesgeschichte. So hatte
es sich zugetragen: A. hatte sich das Tattoo auf einem Musik-

---

* Du denkst es dir aus, ich tusche es.

festival stechen lassen, ein Vorgang, den ein Kamerateam des norwegischen Fernsehens einfing. E. ging daran vorbei, blieb wie magisch angezogen stehen und beobachtete es. Sie hoffte, der Rücken würde sich auch mal umdrehen, doch dies geschah nicht, und irgendwann ging sie weiter. Das Tattoo ging ihr aber nicht mehr aus dem Kopf. Einige Wochen später lernte sie A. kennen, und sie verliebten sich auf der Stelle ineinander, sodass sie kurz darauf herausfand, dass der Rücken ihm gehörte. A.s Tattoo fand ich auch wegen dieser Geschichte besonders schön.

»Ja, wird es denn wehtun?«, frage ich ihn. Meine Freundin K. zum Beispiel ist dabei fast ohnmächtig geworden, andere tätowierte Freunde von mir winkten in »Ach, halb so schlimm«-Manier ab.

»Ja, sicher wird es wehtun. Sehr sogar«, sagte A.

»Aber nicht so sehr wie das da, oder?«, sagte ich und zeigte auf den Franzosen und die Ägypterin, die im Nebenraum Bongos spielten, und zwar zermürbend schlecht. Immer wenn die beiden nicht da waren, versteckten wir anderen die Bongos, in der Hoffnung sie würden sie vergessen, doch sobald der nächste Joint an war, erinnerten sie sich wieder daran. Es war grausam.

»Nichts tut so weh wie das da«, sagte A.

»Ich glaube, mit den Schmerzen habe ich nicht so ein Problem.«

»Gefallen dir die Flügel nicht?«, fragte R.

»Doch, ich finde sie sehr schön. Alle. Ganz einzigartig. Den Standards der Exzellenz entsprechend«, sagte ich, denn das Motto der Waldorf Residency waren *standards of excellence that shall be maintained*[*].

***

[*] Standards der Exzellenz, die gewahrt werden müssen

»Ich weiß, was das Problem ist«, sagte E. plötzlich. »Der BH!«

»Wieso? Was meinst du mit BH?«, fragte ich.

»Na ja, sich den ganzen Rücken zu tätowieren ist bei dir Quatsch, da er fast immer von BH-Trägern bedeckt sein wird«, sagte E., die nicht nur eine wunderschöne, sondern auch eine praktisch denkende Frau war. »Ich wollte mir auch den ganzen Rücken vollstechen lassen und hab's genau aus diesem Grund nicht gemacht. Jetzt reicht's aber mit dem schlechten Hippiegetrommel, das ist ja nicht zum Aushalten«, schrie sie ins Nebenzimmer.

Etwa zehn Jahre später würde mir dieser Nachmittag wieder im Gedächtnis erscheinen, an einem heißen Julitag auf einem Friedhof in Oslo. R. und ich suchten A.s Grab. In all den Jahren seit seinem viel zu frühen Tod hatte mich A. begleitet, mit seiner flatterhaften Geistigkeit, seiner Empfindlichkeit, seiner Großzügigkeit, seiner rohen Schönheit. Als A. und ich uns kennen gelernt hatten, schrieb er mir am nächsten Tag ein Fax – es waren die Neunzigerjahre – in dem stand, dass wir bis ans Ende unseres Lebens befreundet sein würden, er wisse das ganz genau. Natürlich war es so, obwohl keiner von uns ahnen konnte, wie nah das Ende seines Lebens war; natürlich wäre es auch so gewesen, wenn wir beide achtzig geworden wären. A., der mir aus der Ferne kleine, seltsam tiefe Jenseits-Post-Its schickte und der mir, als er noch am Leben war, schrieb, dass ich schreiben müsste, »kiddo«, so nannte er mich, »bitte, du musst schreiben, denn das, was ich tue, ist nur Worte aneinanderreihen, während du Magie spinnst.«

R. und ich gingen den ganzen Friedhof ab, bis ich ihn erschöpft fragte:

»Will we find where he rests in peace?«
»No. But we will find where he rests in pieces.«*

Mitten auf dem Friedhof bekamen R. und ich einen Lachanfall, den A. sicherlich gutgeheißen hätte, doch bis zum nächsten Tränenschwall war es nicht lange hin.

Als wir schließlich A.s Grabstein fanden, war darauf sein Tattoo eingemeißelt, das Tattoo auf seinem Rücken, und darunter eine Inschrift auf Norwegisch, zweifellos von E.

»Was steht da?«, fragte ich R. mit einem Kloß im Hals.

»Ich werde dich für immer lieben«, sagte R. und wir standen ein paar Minuten nur da, und unsere Tränen tropften auf sein Grab.

Das ist das Seltsame an Tattoos und an Friedhöfen – während alles an der Menschheit auf Veränderung beruht, sind diese beiden auf Dauerhaftigkeit aufgebaut. A.s Grab verband beide ineinander, so wunderbar einzigartig wie nur er auf dieser Welt war. Ich weinte nach dem Friedhofbesuch vier Tage lang, und dann fand ich einen seiner Briefe wieder und fing an zu lachen, weil man sich an manche Veränderungen nie gewöhnt, weil manche Wunden nur zuwachsen und Narben bilden, aber nie verheilen, und weil ich mich glücklich zu schätzen wusste, ihn gekannt zu haben und ihn bis ans Ende seines Lebens und darüber hinaus als Freund gehabt zu haben.

R. malte nach der gescheiterten Flügelidee noch eine Weile melancholisch sein Notizbuch mit Flügeln voll. Manchmal

---

* »Werden wir finden, wo er in Frieden ruht?« »Nein. Aber wir werden finden, wo er in Stücken ruht.«

sah ich es aufgeschlagen auf dem Wohnzimmertisch liegen, und es brach mir das Herz. Wenn die bescheuerte BH-Träger-Problematik nicht gewesen wäre, wäre es sicher eins davon geworden.

Ich musste weiter auf die Eingebung des Motivs warten und hoffen. Aber warum eigentlich, fragte ich mich, warum diese Versessenheit aufs Tattoo, trotz des Beigeschmacks des Gewöhnlichen, das es inzwischen hatte? R. hatte mir ein Sprichwort des Iban-Stammes aus Borneo unter ein besonders exquisites Flügelpaar gezeichnet, das besagte: *Ein Mann ohne Tattoo ist für die Götter unsichtbar.* Das Christentum sieht das anders (nachzulesen in 3. Mose 19, 28, Altes Testament): »Und einen Einschnitt wegen eines Toten sollt ihr an eurem Fleisch nicht machen; und *geätzte Schrift sollt ihr an euch nicht machen.* Ich bin der Herr.« Der Herr! Was hatte er mit mir und meinem Wunsch zu tun? Nun, so gesehen schien die geätzte Schrift das einzig Übriggebliebene, das wirklich gegen die Schnelllebigkeit steht, das dauerhaft ist, eine Entscheidung, die unter die Haut geht und zu der man ewig stehen muss. Man kann heute alles bestellen und wieder abbestellen, wollen und canceln, leasen und wieder kündigen, heiraten und sich scheiden lassen, Atheist sein und wiedergeboren werden, ein Haus kaufen und wieder verkaufen. Alleine zu seinem Tattoo muss man ewig stehen. Ein Tattoo bleibt, für immer.

Das ist besonders schmerzhaft, wenn das Tattoo an einen Expartner erinnert, dessen Namen man sich im Rausch der Liebesblödigkeit hat stechen lassen. Sehr schön und gütig von verschiedenen Prominenten, die mir da mit schlechtem Beispiel vorangingen und mich davon abhielten, mir auch im schwanzgesteuertsten aller Zustände einen Namen unter die Haut stechen zu lassen, den man in diesem Moment für sein Leben ewig wähnt. Johnny Depp ließ sich in seiner zugegeben langjährigen Beziehung mit Winona Ryder den Schriftzug Winona Forever (ausgerechnet!) stechen, doch als das »forever« vorbei war, ließ er, statt den ganzen Schriftzug weglasern zu lassen, nur die letzten beiden Buchstaben von Winona entfernen, sodass er nun Wino Forever (Für immer ein Saufkopf) auf dem Oberarm trägt. Das ist genau der richtige Umgang damit, doch natürlich hatte er Glück mit der Buchstabenkombination, die sich ihm da eröffnete. Sonst bleibt einem nur lasern oder sich erklären, denn nur weil die Tinte ewig hält, muss das noch lange nicht für die Beziehung gelten.

Die Sache ist die: Bei nicht liebesbezogenen Tattoos, die man später nicht mag, wird man nicht an eine Person erinnert, sondern an eine Zeit in seinem Leben, die vergangen ist, zu der man aber stehen können muss. Wenn man das Tattoo stechen lässt, muss es ein Zugeständnis an seine Zukunft sein, dass man auch in zehn, zwanzig, dreißig Jahren immer noch das akzeptieren können wird, was man einst ausgesucht hat, auch wenn dies aus Jugenddummheit geschehen sein mag. Es ist eine Art liebevolles Verständnis für sein junges Selbst: Einfach ist das nicht.

Das richtige, einzige, wahre Motiv kam mir dann wirklich im Schlaf, in der Nacht vom 18. auf den 19. April des Jahres 2003. Wie jeden April träumte ich davon umzuziehen, denn in der Wirklichkeit zog ich tatsächlich fast immer im April um. (Das hat keinen tieferen Sinn, keine Frühlings- bzw. Neubeginn-Deutung sollte hier angestellt werden; es hat sich einfach so ergeben.) Ich kann mich erinnern, dass ich kurz vor dem Zubettgehen noch Sades »Like a Tattoo« im Radio hörte, sie sang mit ihrer besonderen, dunklen Samtstimme: : *Like the scar of age / Written all over my face / The war is still raging inside of*

*me / I still feel the chill / As I reveal my shame to you / I wear it like
a tattoo / I wear it like a tattoo.* [*]

In meinem Traum sah ich dann die alte jugoslawische
Flagge, blau-weiß-rot mit einem roten fünfzackigen Stern in
der Mitte. Zack! Der Stern löste sich aus der Flagge, als wäre er
aus Plastilin, und flog umher, immer über meinen Kopf hinweg,
und ich versuchte ihn einzufangen, was mir nicht gelang, da ich
zwischendrin auch schrumpfte und sehr klein wurde. Plötzlich,
wie so oft in meinen Träumen, gab es Terminstress. Oft verpasse ich Flugzeuge oder vergesse den Termin einer Prüfung,
vergesse sogar, dass ich überhaupt an einer Uni eingeschrie-
ben bin, doch in diesem Unterbewusstseins-Schmierentheater
standen Umzugsleute vor der Tür. Und ich hatte natürlich noch
nicht gepackt, Hilfe! Also schmiss ich, was ging, in Kisten, auch
meinen Pass, allerdings mit einem schlechten Gefühl. (Dieses
Traumdetail hat einen wahren Hintergrund, denn ich habe tatsächlich bei einem Umzug meinen Pass verloren, weil ich ihn
in der Hektik in eine Kiste geschmissen hatte. Keine Ahnung –
vielleicht kam er mir im Umzugsstress sperrig vor.)

Ich schmiss also planlos alles um mich herum in Kisten, was
mir in die Hände kam, und der fünfzackige Stern schwebte dabei immer noch über mir. Da fiel mir plötzlich ein, dass ich
meine Pionierkappe mit dem roten Stern suchen musste. Wo
war die nur? Hatte ich die überhaupt noch? Die Umzugstypen
(einer davon war plötzlich Kevin Costner) drängten schon:
»Los, los, wir müssen jetzt losfahren, sonst kannst du's verges-

---

[*] Wie eine Narbe des Alters / Über mein ganzes Gesicht geschrieben / wütet
der Krieg immer noch in mir / fühle ich immer noch die Kälte / Als ich dir
meine Schande beichte / Ich trage es wie ein Tattoo / Ich trage es wie ein
Tattoo.

sen, so kommst du nie nach Auckland.« Auckland. Ich mochte immer, wie das klang. »Wir wollen ja nicht, dass unsere Exzellenzstandards wegen deiner Planlosigkeit leiden müssen!« Und in diesem Moment wusste ich, dass es ein Traum ist, denn kein Umzugstyp würde so geschwollen daherreden, auch nicht Kevin Costner.

Die Erleichterung, als ich aufwachte und ganz sicher war, dass es nur ein Traum war! Nur ein Traum. Wie oft ist man denn erleichtert, dass alles nur ein Traum war? Wieso sagte all dieses menschliche Fallobst bei Castingshows ständig: »Das ist mein Traum, ich will meinen Traum leben!«, als würde eifriges, unüberlegtes Nachgeplappere von Eso-angehauchtem Emporkömmlingsblabla rechtfertigen, dass sie sich vor der Nation zum Deppen machen und sich jegliche Chance auf eine echte Karriere verbauen.

Ich jedenfalls war meist glücklich, dass ich meinen Traum nicht leben musste, im Gegenteil, dass der Traum ein Traum war und ich mein Leben leben durfte. Man stelle sich vor, ich hätte wirklich, mal wieder, Kisten gegen die laufende Uhr packen müssen – etwas Schlimmeres gibt es doch kaum. Ich war wirklich nicht gut darin, und ich wurde bei jedem Umzug immer schlechter. »Erfahrung heißt gar nichts. Man kann seine Sache auch 35 Jahre lang schlecht machen«, schrieb Kurt Tucholsky so richtig. Man denkt ja, man wird durch die Erfahrung besser und versucht, die Kisten organisiert und systematisch zu packen und zu beschriften, und eine halbe Stunde bevor die Umzugstypen klingeln, schmeißt man Stifte und einzelne Schuhe und Kleingeld und Haargummis und Töpfe und Reisepässe in Kisten und möchte nur noch schreien und tut es auch.

Doch zurück zum Tattoo: Mir war nicht sofort nach dem Aufwachen klar, dass es ein fünfzackiger Stern werden würde.

Ich machte mich zunächst daran, meine Pionierkappe mit dem roten Stern zu suchen – die hatte ich doch irgendwo beim letzten Umzug gesehen, oder nicht? – und warf im Zuge dessen alles aus den Kisten in meiner Wohnung auf den Boden. Mein Mitbewohner B. kam nach Hause, sah mich im Chaos wühlen und fragte:

»Suchst du was?«

»Hm? Nee, Frühjahrsputz.«

»Das sieht schon mal gut aus.«

»Das wird schon noch. Ehrlich gesagt: Ich suche meinen Stern.«

Und da wusste ich es.

»Ich hab's!«, rief ich.

»Was denn? Den Stern? Welchen Stern überhaupt? Was ist denn …«, wedelte B. mit den Händen und lief in die Küche, um sich ein Bier aufzumachen.

Ich lief hinterher:

»Ich hab's. Mein Tattoo!«

»Endlich. Was ist es denn?«

»Ein Stern.«

»Aber nicht der, den du gesucht hast?«

»Nicht ganz. Ich … Wie findest du es denn?«

»Wohin?«

»Rücken, also Steißbein.«

»Wie groß?«

»Ich weiß nicht. Muss schon größer sein, sonst sieht's aus wie ein Leberfleck.«

B. trank aus der Flasche, machte mir auch eine auf, schlug die beiden aneinander und sagte: »Ich find's gut. Vor allem: originell. Hab ich noch nicht gesehen. Ein Stern.«

Dann ging es schnell. Ich holte mir die Nummer des Studios von einem meiner besten und am heftigsten tätowierten Freunde, M., und nahm den erstmöglichen Termin. Er fiel auf den 9. Mai 2003, einen Freitag, an dem ich mir eigens frei genommen hatte.

Ich arbeitete damals als Redakteurin in einer der stressigsten Redaktionen der Republik. Sie wird von den eigenen Mitarbeitern als »das einzige Irrenhaus, das auch nachts geöffnet hat« bezeichnet. Der Heftinhalt änderte sich stündlich. Meist bedeutete das, dass die eigene Geschichte gestrichen oder so lange gekürzt wurde, bis davon nichts mehr übrig blieb, oder aber »geschoben« wurde.

In der Woche der angesetzten Hautätzung geschah aber etwas noch nie Dagewesenes: Meine Geschichte wurde immer länger und prominenter – aus einer einzelnen Seite wurde zunächst eine Doppelseite und schließlich zwei Doppelseiten. (Ich muss noch einmal darauf bestehen: Jeder, der schon einmal in einer Redaktion gearbeitet hat, wird wissen und bestätigen können, dass so etwas äußerst selten vorkommt.) Das bedeutete, dass die Geschichte statt am Mittwoch am Freitag fertig geschrieben werden musste und ich an meinem jahrelang erwarteten Tätowiertag in die Redaktion kommen musste, mit dem Wissen, dass ich vor Mitternacht unmöglich wieder entlassen werden würde. Ich vertraute mich einer Redaktionsfreundin an.

»Echt? Heute ist das?«, fragte sie.

In dem Augenblick bog die zentnerschwere und dennoch geräuschlose Ressortleiterin um die Ecke und fragte: »Was ist heute?«

»Mein wichtiger, äh, Arzttermin«, sagte ich.

Sie sah mich missmutig an: »Sie wissen schon, dass Sie diese Geschichte heute … Sie wollen doch nicht etwa weg? Wo wollen

Sie denn hin? Sie müssen noch die Geschichte fertig schreiben, das wissen Sie schon?«

»Ja, ich weiß. Der Text steht schon. Das Layout ist noch nicht fertig, und eigentlich hatte ich mir heute freigenommen, weil ich ja den Termin, diesen wichtigen Arzttermin, habe ...«

»Na klar, fahren Sie schon«, sagte sie plötzlich gnädig.

Also fuhr ich mich tätowieren lassen, in der Mittagspause. Das Studio sah genauso aus, wie man sich ein Tattoo-Studio vorstellt: dunkel, überall Fotos von Tattoos und herumliegende Tattoo-Bücher. Die meisten Kunden suchen sich nämlich etwas aus dem Katalog aus, wie ich erfuhr.

»Also, du willst einen fünfzackigen Stern auf'n Steiß, ja?«, fragte der Tätowierer. Er machte mir ein bisschen Angst.

»Ja. So dunkel und so groß wie möglich, genau in die Mitte vom Steiß, wo diese kleine Kuhle ist. Bloß keinen kleinen! Ich will nicht, dass es von Weitem wie ein Leberfleck aussieht.«

»Okay, ich mal ihn dir auf.«

Das tat er, es sah gut aus, also ging es gleich los. Ich hatte natürlich gefragt, ob es wehtun würde, und der Tattoomeister sagte: »Ist bei jedem anders. Wenn du denkst, es geht gar nicht mehr, sag Bescheid.«

Das Gerät fing an zu brummen, nicht unähnlich einer der tieferen Lagen des Zahnarztbohrers, und der erste Stich war getan. Bescheid sagen musste ich in der nächsten Stunde nicht, denn obwohl der Schmerz teils eklatant heftig war, kam und ging er in Wellen und war nie so stark, dass ich die Ohnmacht befürchtete. Die feuchten Augen konnte ich ertragen. Vielleicht bin ich auch hart im Nehmen, keine Ahnung, jedenfalls kam mit jeder abklingenden Schmerzwelle sinusartig eine Welle des Stolzes in mir hoch. Ja, ich tat es endlich! Und ich fiel nicht in Ohnmacht! Hier entstand Körperkunst, auf mir, unter meiner

Haut! Kurz vor dem Ende kam eine Kollegin des Tätowierers vorbei, sah mir aufs Steißbein und sagte:

»Das ist ja cool. Wo hast'n das her?«

»Ist mir so…eingefallen.« Das mit dem Träumen musste nicht jeder wissen, ich wollte ja nicht wie ein baumumarmender Eso-Hippie klingen.

Im Nachhinein glaube ich, dass die Tätowiererin mir damals nicht schmeicheln wollte, sondern den Stern wirklich für cool, weil einzigartig, hielt. Damals hatte niemand einen Stern als Tattoo. Niemand, der die wunde Stelle in den nächsten Wochen bewunderte, hatte je so etwas gesehen. Heute wissen wir, dass der Stern für die Nullerjahre das war, was die Delfine für die Achtziger und die Tribals für die Neunziger waren. Ich weiß nicht, was passiert ist auf der Welt, aber heute hat jedes Model, jede Musiktelevisionsmoderatorin, Sängerin und Schauspielerin einen oder mehrere Sterne. Mein vieltätowierter Freund M. zum Beispiel hat vier: zwei auf der Brust und zwei auf den Ellenbogen. Sterne-Tattoos sind heute inflationär und unoriginell. Jetzt kann ich mich natürlich hinstellen und schreien: Aber, aber meiner! Meiner war zuerst da. Doch mir genügt es zu wissen, wofür meiner steht: für meine verlorene Pionierkappe, die wiederum für ein verlorenes Land steht, das ich auf diese Weise immer bei mir trage, und außerdem für die recht eigenwilligen *standards of excellence that shall be maintained*. Ich trage sie wie ein Tattoo. Ich habe den Stern keine Sekunde bereut, was vielleicht auch daran liegen mag, dass ich manchmal wochenlang vergesse, dass er überhaupt da ist. Man bekommt ja seinen eigenen Steiß eher selten zu Gesicht. Doch immer wenn ich ihn sehe, freue ich mich.

Schon in der Sekunde, in der ich mit Pflaster über dem Stern das Tattoo-Studio mit einem der breitesten Lächeln aller Zeiten verließ, fing ich an, darüber nachzudenken, welches ich mir als Nächstes wohin stechen lassen würde. Ich hing, wie vermutlich 84 Prozent der Tätowierten, sofort an der Nadel und wollte mehr. Doch zunächst musste ich zurück in die Redaktion fahren und meine Arbeit erledigen. Schöner wäre es gewesen, sich auszuruhen, denn der Schmerz hält noch stundenlang an. Doch wie heißt es so schön? Wer sich tätowieren lassen kann, kann auch arbeiten.

Wieder in der Redaktion zeigte ich meinen Freundinnen das Werk, als natürlich prompt die stets geräuschlose Ressortleiterin ins Zimmer platzte.

»Und, wie war's beim Arzt?«

»Total schön«, sagte ich, zog schnell meine Bluse herunter und strahlte sie an. Die Ressortleitein konnte ihre aufgemalten Augenbrauen ganz exquisit in Verachtung hochziehen, doch das machte nichts, denn sie hielt mich wahrscheinlich schon seit Längerem für nicht ganz sauber.

Die nächsten Wochen muss man mit dem Tattoo vorsichtig umgehen, es richtig waschen und einsalben und aufpassen, dass nichts daran reibt: eine Art Anfreundungsprozess. Nach ungefähr einer Woche verwandelte sich meins aus einer angeschwollenen Kruste in das, was ich wollte: einen Stern, der für all das stand, was ich verloren hatte, für mein Land und meine Schwüre, und mich daran erinnerte, die Exzellenzstandards hochzuhalten.

Seitdem überlege ich, was ich mir als Nächstes stechen lasse, aber ich weiß trotz der verloren gegangenen Originalität des Motivs nicht, ob jemals etwas an den Stern herankommen wird. Ich weiß aber, dass sich Geduld in Ätzfragen lohnt, und wenn es nur eine Sache auf der Welt gibt, für die ich Geduld aufbringen kann, dann ist es diese.

6.

Wie ich zum ersten Mal
meine Mutter zitierte

Oder:
Der größte Krass überhaupt

»Geduld ist eine große Sache, aber auch sie wird dem Hahn nicht helfen, ein Ei zu legen«, sagt meine Mutter, wenn ich mich so sehr über meine eigene Ungeduld ärgere, dass ich anfange, an meinen Haaren zu kauen. »Nimm die Haare aus dem Mund! Und setz dich gerade hin.« Auch das sagt meine Mutter, ständig, einfach so, seit ich denken kann. Der Spruch mit dem Hahn kommt selten zum Einsatz; meist sagt sie mir, wie wichtig Geduld ist und dass man sie erlernen kann und dass mir das Schicksal doch nun schon genug Hinweise darauf gegeben hätte, mich darin zu üben. Das ist besonders lustig, weil ich meine Ungeduld von ihr geerbt habe.

* * *

»Was macht deine Traurigkeit, während du schläfst? Sie ist wach und wartet. Und wenn sie die Geduld verliert, weckt sie dich«, sagt meine Mutter, wenn sie am Telefon hören kann, dass ich von Albträumen geplagt aufgewacht bin. Das ist ein Zitat von Ivo Andrić, einer ihrer Lieblingsschriftsteller. Meine Mutter zitiert gerne ihre Lieblingsschriftsteller. Wo ich das herhabe, hätten wir auch geklärt. Was das Heraushören von Stimmungen am Telefon angeht, vor allem dann, wenn man versucht, sich zu verstellen, ist sie die ungeschlagene Weltmeisterin. Die Traurigkeit, die die Geduld verloren und einen geweckt hat, nimmt sie in einem Wort wahr. Ob Stimme und Stimmung stimmig sind, erkenne auch ich ganz gut, denn die Veranlagung habe ich von ihr, auch wenn ich noch viel üben mus.

* * *

»Auf dem Hund eine Wunde, auf dem Hund auch wieder zugewachsen«, sagt meine Mutter, wenn sie tröstend andeuten will, dass jede Wunde wieder heilen wird und vermutet, mein Herz wäre wieder einmal gebrochen worden. Genau kann sie es nicht wissen, so etwas erzähle ich ihr nicht, zumindest nicht ausführlich. Meine Mutter ist nämlich nicht meine beste Freundin. Manchmal versucht sie mir die Idee aufzudrücken, dass wir Freundinnen sind, weil sie es irgendwo gelesen hat und es sich gut und zeitgemäß anhört. Es ist aber nicht wahr. Ich habe viele Freundinnen. Ich habe aber nur eine Mutter, und sie ist es, die mir auch die Dinge sagt, die ich nicht hören will.

* * *

> *They fuck you up, your mum and dad*
> *They may not mean to, but they do*
> *They fill you with the faults they had*
> *And add some extra, just for you.*

Das ist die erste Strophe des Gedichts »This Be The Verse« von Philip Larkin, des Poet Laureate Großbritanniens. Es gibt leider keine deutsche Übersetzung davon. Ich weiß auch nicht, warum, denn diese Zeilen sind in Großbritannien genau so gültig wie in Deutschland und allen anderen Ländern der Welt und universell und zeitlos. Natürlich wurde auch ich abgefuckt, aber auf die bestmögliche Art und Weise, wie ich finde, und dafür bin ich meinen Eltern dankbar. Jetzt. Früher nicht. Als die latente Genervtheit der Dankbarkeit wich, als sich das änderte: Dies war ziemlich genau der Zeitpunkt, ab dem ich mich erwachsen nennen durfte. Ich sage erwachsen, aber eigentlich meine ich: alt.

Ich stelle nicht gerne Behauptungen über meine Generation auf, bis auf die folgende: Wir sind die Generation, die sich bisher am erfolgreichsten weigert, erwachsen zu werden. Das tun wir, weil wir Erwachsensein mit dem Verlust der Jugend gleichsetzen, und Jugend war nie wertvoller und angesehener als heute. Wir haben iPads und kaufen enge Jeans in den gleichen Läden wie Teenager. Wir kaufen sogar die gleichen Jeans. Wir lassen uns keine »flotten« Kurzhaarschnitte machen, nur weil wir vierzig geworden sind, wir legen uns nicht gerne auf nur einen Beruf fest, wir gehen noch zu Cluberöffnungen, und warum auch nicht, wenn der Clubbesitzer zehn Jahre älter ist als man selbst? Wir sind sicher nicht so festgelegt in unserem Lebensweg, wie unsere Eltern es waren, und dennoch gibt es Dinge, denen wir nicht entkommen können. Wir mögen zwar jünger aussehen als unsere Eltern in unserem Alter und lauter jugendliche Dinge tun, doch in unserem Inneren rührt sich eine Stimme, die einigen kaum hörbaren, oft wiederholten Sätzen plötzlich einen Sinn abringen kann.

Auch für uns gelten die drei Stufen, in die man ein Menschenleben einteilen kann. Die gehen so:

1. »Meine Mama ist schöner als deine.«
2. »Ach Mama, das verstehst du nicht.«
3. »Meine Mutter hat immer gesagt …«

Irgendwo zwischen dem zweiten und dem dritten Punkt steckt das Erwachsenwerden. Nur weil wir versuchen, es immer weiter nach hinten zu verschieben, bedeutet dies nicht, dass wir länger jung bleiben. Es bedeutet nur, dass wir länger blöd bleiben.

* * *

»Hallo, Schatz.«

»Hallo, Mama.«

»Sag mal, isst du auch genügend Brokkoli? Du weißt doch, wie gesund Brokkoli ist.«

»Ja, Mama, weiß ich.«

»Gut. Tschühuss.«

Man kennt ja diese blödsinnigen Statistiken, die die Zeit bündeln, zum Beispiel: Der Mensch verbringt 4,1 Jahre seiner Lebens mit Körperpflege und acht Monate damit, Spam-Mails in den Papierkorb zu werfen. Nun, ich schätze, ich habe 2,8 Jahre meines Lebens mit Gemüse-Telefonaten verbracht. Ein anderes, ähnliches, ähnlich oft geführtes Telefonat mit meiner Mutter geht so:

»Du hast Spinat gemacht? Den darfst du nicht aufwärmen, hörst du? Eine vierköpfige Familie ist in Italien neulich daran gestorben. Wenn man Spinat wieder aufwärmt, dann wird er giftig. Auf keinen Fall den Spinat wieder aufwärmen, hörst du!«

»Mama, das hast du mir schon *hundertmal* erzählt. Die Familie ist, glaube ich, in den Achtzigern gestorben. Ich würde Spinat *nie* aufwärmen.«

»Na, Gott sei Dank. Bei dir weiß man ja nie. Manchmal habe ich das Gefühl, du hörst mir gar nicht zu.«

Meine Mutter ruft mich ständig an. Wirklich: ständig. Es wird keine mentale Liste dessen gemacht, was sie mir mitzuteilen hat, damit es gebündelt kommuniziert und erledigt werden kann. Fällt ihr spontan ein, dass mein Kalium- oder Eisenhaushalt niedrig sein könnte, wird angerufen. Befällt sie die plötzliche Sorge, dass ich Spinat wieder aufwärmen könnte, wird angerufen. Früher, als ich noch jung war, hat mich das genervt. Jetzt gehe ich (fast) immer ran, wenn sie anruft, denn wenn sie es so will und es sie glücklich macht, soll es so sein und macht mich auch glücklich. Außerdem ist es schon schön zu wissen, dass sich jemand Gedanken über meinen Vitamin- und Mineralhaushalt macht. Und: Ich bin noch nicht an Spinatvergiftung gestorben.

* * *

»Je größer der Kopf, umso größer die Kopfschmerzen«, sagt meine Mutter, wenn ich mir zu viele Gedanken über Dinge mache, die ich nicht ändern kann. Dazu gehört natürlich, das weiß ich, seitdem große schwarze sonderbare Vögel durch meine Träume gleiten, dass es unausweichlich war, dass ich so werden würde wie sie.

* * *

Einer Studie zufolge ist zweiunddreißig das Alter, ab dem wir Mutters Einfluss zulassen. In diesem Alter fangen Frauen an, Sätze zu sagen, die sie ihr ganzes Leben lang gehört haben und bei denen sie bis dahin immer schön Augen-Gymnastik betrieben haben, nämlich so: Augen gegen die Decke rollen – zurück – wiederholen. Zwei Drittel der befragten Frauen – aber nur ein Drittel der Männer – sagten aus, dass sie nun wie ihre Mutter seien.

* * *

»Alle Frauen werden wie ihre Mütter, das ist ihre Tragödie.
Kein Mann wird wie seine Mutter. Das ist seine«, schrieb Oscar
Wilde 1895 in »Ernst sein ist alles«. Nur dieses eine Mal muss
ich ihm widersprechen. Eine Tragödie wäre es, wenn ich immer
noch denken würde, dass es eine Tragödie ist, wie meine Mutter
zu werden. Dann wäre ich keine Frau, sondern eine Göre, und
das wäre eine Tragödie.

* * *

Dennoch muss ein Mann, der eine Frau zum Ausflippen bringen möchte, nur folgenden Satz sagen: »Du hörst dich schon an
wie deine Mutter.« Alternativ geht auch: »Du wirst immer mehr
wie deine Mutter.« Dann wird er ein Weib erleben, das gefähr-
licher ist als ein freigelassener Schimpanse mit einer Rasier-
klinge. Das ist, glaube ich, im Uterus so mit eingebaut, da kann
man nichts machen. Der Gedanke, wie seine eigene Mutter zu
werden, ruft in jungen Frauen einen derartigen Horror hervor,
dass sie jahrzehntelang alles Mögliche unternehmen, um es zu
verhindern: Gut gemeinte Ratschläge werden nicht nur ignoriert, sondern ins Gegenteil verkehrt, Erbschmuck wird ausge-
schlagen, und es wird sich extra nicht gerade hingesetzt.

Man versucht sein ganzes Leben lang, dem zu entkommen,
was unausweichlich ist. Natürlich weiß man nicht, dass es unausweichlich ist, sonst könnte man sich die ganze Mühe und ein
paar echt beknackte Haarschnitte sparen. »Deine schöööönen
Haare!« Alleine für diesen entsetzten Ausruf meiner Mutter
habe ich so manchen Heckenscherenschnitt auf mich genommen. Doch spätestens, wenn der Abnabelungsprozess erfolgreich stattgefunden hat und man sich einigermaßen selbst gefunden hat, muss man sich die Frage stellen: Warum sollte man
eigentlich nicht wie seine Mutter werden?

Heute kann ich sagen: Ich bin froh, wenn ich wie meine Mutter werde. Vielleicht hole ich die jahrelange Unreife jetzt umso schneller auf, wie ein Pfirsich der vor zwei Stunden einen kleinen weichen Fleck hatte und plötzlich von einer blassblauen Schimmelschicht belegt ist. Aber wirklich: Wieso sollte ich nicht wie diese charmante, wortgewandte, großzügige, kluge, belesene, liebevolle, warmherzige und wunderschöne Frau werden, die mich auch noch über alles liebt?

Aber wie gesagt: Ich bin alt.

* * *

Ich begriff relativ spät, dass ich genau wie meine Mutter bin. Nicht ganz genau – in vielen Dingen sind wir unterschiedlich –, doch insgesamt sehr ähnlich. Das Äußerliche ist frappierend ähnlich. Das wird mir ständig gesagt. Ich werde von Menschen angesprochen, die meine Mutter kennen und mich nicht, und gefragt, ob ich ihre Tochter bin. Ich habe nicht nur ihre Hände, ihre Beine, ihre Wangenknochen, ihre Zähne, ihre Augen, sondern auch ihre Gesten, ihre Stimme und ihr Lachen. Ich fange an, eine Sache zu erzählen, und ende beim Hunderttausendsten. Ich niese ohne Grund zehnmal hintereinander. Ich mache immer mehr Kaffee, als ich trinken kann: alles ihre Schuld.

Vor ein paar Jahren, vielleicht war ich da zweiunddreißig, fiel mir eine Haarbürste in die Toilette, und ich musste sie herausfischen. Als ich sie in der Hand hatte, fiel mein Blick in den Spiegel, und ich hatte den exakt gleichen Gesichtsausdruck wie meine Mutter, wenn sie angeekelt guckt. Das war's, dachte ich: Du bist genau wie deine Mutter. Gott sei Dank lebte ich zu der Zeit alleine, denn wenn mir das ein Mann gesagt hätte, hätte er die Koffer packen können.

»Das ist *ääääkelchhhaft*«, sagt meine Mutter, wenn sie etwas ekelhaft findet, und verzieht dabei theaterschauspielerinnenmäßig das Gesicht. Es passiert sehr häufig, dass sie etwas *ääääkelchhhaft* findet: Bundestagsdebatten im Fernsehen, stumpfe Gläser, niedrig sitzende Hüfthosen, Weißbier zum Frühstück, Filme mit Tom Cruise und noch viel mehr. Meist rede ich mit meiner Mutter Serbokroatisch, denn zum Glück haben meine Eltern immer darauf bestanden, dass zu Hause die Muttersprache gesprochen wird, sonst hätte ich sie womöglich verlernt.

Manchmal verlangen es Situationen aber, dass wir Deutsch miteinander reden, zum Beispiel wenn wir in Gesellschaft von Deutschen sind. Meine Mutter spricht relativ gut Deutsch, wenn man bedenkt, dass sie über vierzig war, als sie hierherzog, doch ihr Akzent ist ebenso tiefslawisch wie ihr Satzbau. Über die Jahre hinweg hat sie stetig immer mehr Jugendlingo angenommen, weil sie meinem Bruder und mir beim Reden zugehört hat. Das ist großartig, denn nicht nur rede ich jetzt wie meine Mutter, sondern auch meine Mutter wie ich. Es resultierte in Aussagen wie folgenden:

»Kinder, das war fett der größte Krass überhaupts!«

Der größte Krass und *ääääkelchhhaft* haben sich in meinem Freundeskreis auch schon deshalb durchgesetzt, weil sie beides in der Gegenwart von Freunden von mir gesagt hat und es sowohl ein breites Grinsen ausgelöst als auch einen bleibenden Eindruck hinterlassen hat. Insofern rede nicht nur ich wie meine Mutter, sondern auch einige meiner Freunde.

Sie sagt auch *Haarbrüste* statt Haarbürste und *Sonderböck* statt Sündenbock und *Achterbahn von Gefühl*. Wenn sie etwas nicht glauben kann, sagt sie:

»Kinder, das gibt nichts.«

Soll heißen: Das gibt's nicht.

Oder: »So was macht man.«

Soll heißen: So macht man das.

Wer würde ihr widersprechen wollen?

* * *

»Woher soll ich wissen, welches das richtige ist?«, sagt meine Mutter, wenn ich sie frage, warum sie sowohl katholische als auch orthodoxe Weihnachten feiert. Dabei ist sie noch nicht einmal gläubig.

* * *

»Aber die Leute brauchen Mindestenslohn!«, sagt meine Mutter, wenn sie sich über soziale Ungerechtigkeit aufregt.

* * *

Eines Abends vor vielen Jahren saßen wir in Italien in einer großen Runde zusammen. Das Gespräch drehte sich aus irgendeinem Grund um Geburten, und so begann meine Mutter, die Geschichte meiner Geburt zu erzählen. Ich war drei Wochen überfällig, und sie war froh, endlich in den Wehen zu liegen. Im Kreißsaal hing eine Uhr an der Wand, und sie spürte, dass ich um kurz vor fünf Uhr nachmittags auf die Welt kommen würde. Da sie noch bis in die Schwangerschaft hinein Theater in Belgrad gespielt hatte, unter anderem in einem Stück von Federico Garcia Lorca, hatte sie sein gesamtes Werk gelesen. Zwischen zwei Wehen fiel ihr plötzlich Garcia Lorcas berühmtes Gedicht ein, das den Tod eines Stierkämpfers zu just dieser Stunde, »A las cinco de la tarde«, um fünf Uhr nachmittags, beklagt.

Sie starrte auf die Uhr und sagte in ihrem Kopf das Gedicht auf, in dem jede zweite Zeile »um fünf Uhr nachmittags« heißt.

In dem Gedicht geht es um Stierkampf und Blut und Tod und Mut und den Kampf zwischen Herz und Verstand. A las cinco de la tarde, um fünf Uhr nachmittags, immer wieder. Um 16.45 Uhr kam ich auf die Welt. Als sie die Geschichte zu Ende erzählt hatte, hatte die gesamte Runde Tränen der Rührung in den Augen, ich eingeschlossen.

»Aber... das wusste ich ja gar nicht!«, rief ich, entsetzt und gerührt zugleich.

»Wieso denn nicht?«, fragte sie.

»Weil du es mir nie erzählt hast.«

»Ach was, das weißt du doch.«

»Nein. Das höre ich zum ersten Mal.«

»Papperlapapp, das habe ich dir schon hundertmal erzählt.«

»Das wüsste ich noch. Meine eigene Geburt!«

Es stand Aussage gegen Aussage, doch natürlich hatte ich recht. Mir fiel ein, wie oft ich meine Mutter und ihre Mutter das gleiche Gespräch habe führen hören. Meine Großmutter erzählte etwas nebenbei, das meine Mutter als wichtig empfand, und meine Mutter beschwerte sich entrüstet, dass sie davon nichts wusste.

»Ach, das weißt du doch!«, sagte meine Großmutter und machte dabei diese Wegwerfgeste.

»Nein. Das hast du mir noch nie erzählt«, sagte meine Mutter.

»Du hörst mir einfach nicht zu.«

Manche Dinge sind unausweichlich.

Dazu gehört, dass man, wenn man selbst Kinder hat, mit extraschnellem Turbospeed der Megaunabwendbarkeit zu seinen Eltern wird. Ich beobachte das an jedem meiner Freunde, der Kinder hat. Sie selbst erzählen mir, dass sie Dinge sagen, von denen sie sich aktiv geschworen haben, sie niemals-nie-nie-niemals zu sagen.

»Ich habe meiner Tochter gesagt, dass sie viereckige Augen bekommt, wenn sie zu viel fernsieht«, sagt mein Freund K. und winselt dabei wieder ein wenig. »*Ääääckelchhhaft.*«

»Wieso, ist doch süß«, sage ich.

»Ist es nicht. Es ist ätzend. Ich habe mir geschworen, dass nie-nie-niemals zu sagen, weil das meine Eltern immer zu mir gesagt haben.«

»Und wieso sagst du's dann?«

»Weil es das Einzige ist, das bei ihr funktioniert.«

* * *

»Was machst du morgen?«, fragte meine Mutter einmal vor einigen Jahren.

»Morgen fliege ich nach Indonesien«, sagte ich.

»Waaaaaaaaaaas?«

»Ja.«

»Wieso weiß ich das nicht? Warum hast du mir das nicht erzählt?«

Und da zitierte ich meine Mutter zum ersten Mal.

»Das habe ich dir doch erzählt.«

»Hast du nicht!«

»Doch, natürlich. Du hörst mir einfach nie zu.«

»Jetzt hör aber auf. Das wüsste ich noch. Oh Gott, Indonesien! Du spinnst doch.«

Das war gemein von mir, doch so hatte sie weniger Zeit, sich schon im Voraus Sorgen zu machen. Meine Eltern beklagen mein Fernweh, als ob ich ihnen damit körperlich wehtun würde, dabei waren sie es, die mich als Kind von Land zu Land geschleppt haben und mich mit dem Reisevirus infiziert haben.

»Warum fährst du nicht mal nach Venedig? Immer diese Länder am Arsch der Welt! Du musst doch mal zur Ruhe kommen«, sagen sie, während ich ihre noch nicht ausgepackten Koffer im Hintergrund sehen kann.

* * *

In manchen Dingen werden wir nie einer Meinung sein. Das macht nichts. Mein Vater und meine Mutter haben mir beigebracht, dass ich Städte mit meinen Schritten messen kann und dass sich die Avenidas und Boulevards dieser Welt an den Rhythmus meiner Füße erinnern werden. Sie haben mir beigebracht, anständig zu sein und keine Angst zu haben, mich nicht zu beschweren, mich nicht selbst zu loben, zu arbeiten, bis ich umfalle, mich gerade hinzusetzen, mich zu bedanken, auch wenn ich es nicht müsste, offen auf Menschen zuzugehen, vor allem auf die, denen es schwerfällt, den Mund aufzumachen und Traurigkeit genauso wie Glück zu genießen.

They fuck you up, your mum and dad. Danke dafür. Während ich das schreibe, sitze ich übrigens besonders gerade und kaue auch nicht an meinen Haaren.

7.

Wie ich zum ersten Mal Online-Dating in Betracht zog

Oder:
Das rote Band, der rote Faden

Als ich ungefähr fünf Jahre alt war, fragte ich meine Mutter: »Wie kommt es, dass sich zwei Menschen genau ineinander verlieben?«

Genau kann ich mich nicht mehr an ihre Antwort erinnern, aber etwas von Herz und Gefühl und Seelenverwandtschaft und Füreinanderbestimmtsein war sicher Teil davon. Ich erinnere mich eher an das Gefühl einer angenehmen Überraschung, dass sie mir überhaupt antwortete, denn meine Eltern fuhren gut mit der Maxime, die sie dann so aussprachen: »Das verstehst du, wenn du es verstehen sollst«, vor allem dann, vermutete ich, wenn sie sich etwas selbst nicht so gut erklären konnten.

Ich wartete also geduldig und dankbar, bis meine Mutter sich erklärt hatte und sagte dann: »Du verstehst meine Frage nicht. Ich meine nicht, warum sich Menschen verlieben. Ich meine, wie kann es sein, dass sich zwei genau ineinander verlieben? Warum ist das so? Wie kommt das?«

»Ach Kindchen«, sagte sie und küsste mich. »Das ist nicht immer so. Manchmal verliebt sich nur einer, und der andere nicht.«

»Aber das ist schrecklich! Was passiert, wenn sich nur einer verliebt und der andere nicht?«

»Dann ist der andere sehr traurig, und wenn er Talent hat, schreibt er schöne Lieder oder Bücher.«

»Was ist Talent?«

»Ein Geschenk, auf das man gut aufpassen muss und das manchmal wehtut.«

»Das will ich nicht als Geschenk.«

»Ich glaube nicht, dass du dir das noch aussuchen kannst«, murmelte sie.

Dass man unerwiderte Liebe für einen Teil des geschriebenen, gedichteten und komponierten Weltkulturerbes verantwortlich machen kann, wusste ich also seit den Siebzigerjahren des letzten Jahrhunderts. Dass es gar nicht um Liebe oder fehlende Liebe gehen muss, wenn zwei nicht zusammenkommen, würde mir erst im nächsten Jahrhundert bewusst werden.

Kurz nachdem ich meine Mutter mit den ersten Liebesfragen gelöchert hatte, bekam ich ein wunderbares Märchenbuch. Es hieß »365 Märchen«, und an dem Abend, an dem ich es von Freunden meiner Eltern geschenkt bekam, war ich so glücklich, dass ich es mit ins Bett nahm. Ich ging damit schlafen und hielt es im Arm wie einen Stoffhasen. Es gibt Fotos davon, meine Eltern und ihre Freunde müssen in mein Zimmer gekommen sein, beruhigt durch das Wissen, dass mich nichts aus meinem Schlaf reißen konnte, das Licht angeknipst und mich mit dem Buch in meinen Armen fotografiert haben, in meinem Frotteeschlafanzug, auf dem kleine rote Autos aufgedruckt waren. Das ist bis heute eines meiner Lieblingsfotos.

Am nächsten Tag betrachtete ich den Titel des Buches genau. Mir kam an der Zahl dreihundertfünfundsechzig etwas ungewöhnlich bekannt vor, als ob ich sie schon einmal gehört hätte. Meine Mutter erklärte mir daraufhin, dass ein Jahr dreihundertfünfundsechzig Tage hätte.

»Dann kann ich jeden Tag ein Märchen lesen, ein Jahr lang!«

»Genau.«

In einer Woche hatte ich das Buch durch und kehrte danach immer wieder zu einem Märchen zurück, das mich am meisten beeindruckt hatte. Es war ein chinesisches Märchen, in dem ein junger Mann namens Wei Gu auf einen alten Mann trifft, der auf der Erde unter dem Mond sitzt. Der Alte blättert in einem Buch, neben ihm liegt ein Stoffsack voller roter Bänder. Wei Gu fragt den Alten, was für ein Buch er da lesen würde. »Ein Buch über die Ehe zwischen Männern und Frauen auf der Erde«, antwortete der alte Mann, der eigentlich die Kupplergottheit Yue Xia Lao Ren ist, was auf Mandarin »der Alte unter dem Mond« bedeutet. Wei Gu fragt nach den roten Bändern. Der Alte sagt: »Ich verbinde damit die Füße der Ehepaare. Selbst wenn sich Mann und Frau uneinig sind oder sehr weit voneinander entfernt, werden sie Ehepaare, solange ich die roten Bänder um ihre Füße binde.« Wei Gu glaubt das nicht, und als ihm der Alte ein dreijähriges Mädchen zeigt, das als seine Ehefrau vorbestimmt sein soll, glaubt er das noch weniger. Wütend trägt er seinen Leibeigenen auf, das Mädchen zu töten, doch sie verletzten es nur im Gesicht, an der Augenbraue. Vierzehn Jahre später heiratet Wei Gu. In der Hochzeitsnacht nimmt die Braut ihren Schleier vom Gesicht, und der junge Mann ist begeistert, denn sie ist eine Schönheit. Allerdings trägt sie ein Stirnband, und als er sie nach dem Grund fragt, erzählt sie, dass sie als kleines Mädchen mit einem Stein beworfen wurde und eine Narbe davongetragen hat. Sie ist das Mädchen, das ihm Yue Xia Lao Ren damals gezeigt hat.

Als ich das Märchenbuch zuschlug, stellte ich mir die Erde als blauen Ball vor, unter dessen Oberfläche ein Liebesgewusel aus roten Bändern abging, als hätte man eine Ladung Kätzchen in einer Wollfabrik losgelassen. Die ganzen Verstrickungen und Verhedderungen! Kein Wunder, dass diese Liebessache kompliziert war. Doch sie war vorherbestimmt. Dem roten Band konnte niemand entkommen.

Das Märchen basiert, wie ich heute weiß, auf einem alten chinesischen Glauben, dass ein unsichtbares rotes Band all die miteinander verbindet, deren Schicksal es ist, zusammen zu sein. Der Mythos des roten Schicksalbandes besagt, dass die Götter damit zwei Menschen verbinden, deren Schicksal es ist, Seelenverwandte zu sein und einander zu heiraten. Diese zwei Menschen sind Liebende, unabhängig von Ort, Zeit oder Umständen. Manchmal verwirrt sich das rote Band oder es dehnt sich aus, doch es kann nicht reißen. Diese Erklärung habe ich damals nicht gebraucht, denn ich verstand gleich, worum es ging. All die anderen Typen, die zweifellos auftauchen würden, mit denen es nicht für immer klappen würde, die man liebte, aber sie einen nicht so sehr, oder die einen liebten, aber man sie nicht so sehr: Das würden eben nicht die mit dem roten Band sein. Das Ding war vorherbestimmt, was schon mal gut war. Doch mir schwante schon damals, dass Vorbestimmung Leid und Schwierigkeiten mit sich bringt – sonst wäre es zu einfach und zu gut, um wahr zu sein.

Ungefähr zu dieser Zeit hörte ich auch zum ersten Mal ein Lied, das meine Oma, die Mutter meiner Mutter, liebte und mit geschlossenen Augen mitsang. Wenn diese ganz einmalige Frau dann die Augen öffnete, kullerte manchmal eine Träne hinter ihrer lila Brille hervor. Das Lied war das, was man im Serbokroatischen eine »starogradska pesma« nennt, also zu Deutsch ein altes Stadtlied. Es hatte eine schöne monotone Melodie und handelte davon, dass man vor Liebe krank ist, ungefähr so: Ich bin krank, du bist krank, wir sind krank vor Liebe, denn niemanden küsse ich, außer dir, meine Seele.

»Warum ist die Liebe so schlimm, bako?«, fragte ich sie.

»Das ist sie nicht. Sie ist das Schönste auf der ganzen Welt«, sagte Oma verschmitzt.

»Aber warum ist man krank vor Liebe?«

»Das ist ja das Schöne. Es gibt kein schöneres Leid als das der Liebe. Und weißt du, merke dir das: Alle wahren Lieben sind traurig.«

Von klein auf erwartete ich also, dass die Sache mit der Liebe nicht einfach werden würde. Es schien aber außer Frage, dass sie es wert war, dafür zu leiden. Eigentlich lief alles auf das hinaus, was Puschkin einst sinngemäß so beschrieb: Es ist schwer zu lieben, noch schwieriger, nicht zu lieben, und am schwierigsten, jemand Geliebten zu finden, der einen liebt.

Zunächst aber war es gar nicht schwierig, und ich musste nicht leiden, im Gegenteil. Zwischen siebzehn und siebenundzwanzig hatte ich drei Beziehungen, die jeweils drei Jahre dauerten. Jedes Mal verabschiedete ich mich ohne allzu großes Drama, zumindest für mich. Die nächste ernsthafte Beziehung ging ich mit achtundzwanzig ein. Sie dauerte über zwei Jahre, die viel zu stürmisch waren und in denen ich unendliche Male versuchte, ihn zu verlassen, was er nicht zuließ und ich nicht durchsetzen konnte. Nach viel Herzschmerz und Drama fiel die letzte Klappe. Ich war einunddreißig, Single und, wie man leider hinzufügen muss, »glücklich«.

Single und glücklich, nö? Das hört sich an, als ob man zu sehr protestieren würde. Warum geht man davon aus, dass Menschen, die gerade nicht in einer Beziehung stecken, unglücklich darüber sind und lieber in einer Beziehung wären? Warum müssen die, die nicht unglücklich darüber sind, das

»glücklich« hinzufügen, und warum glaubt man ihnen trotzdem nicht ganz? Vor allem bei alleinstehenden Frauen über dreißig, die ab und zu auch alleine liegen, nimmt man ja an, dass sie alle tagsüber so tough und toll und mit fliegenden Haaren selbstbestimmt alles erledigen, Job und Haushalt und Katzenklo wuppen und sich nachts in den Schlaf heulen auf ihren Katzenkissen, in ihrer Singlewohnung mit zu viel Weibernippes und zu vielen leeren Chianti-Flaschen.

Auch fünfhundert Jahre nach Shakespeare scheint man zu glauben, dass unverheirateten Frauen nichts anderes übrigbleibt, als Affen in die Hölle zu führen[*]. Nur: Als ich mit Anfang dreißig Single wurde, war ich tatsächlich glücklich und wollte alles, nur keine Beziehung. Ich fühlte mich befreit wie immer, wenn ich aus einer Beziehung kam, ich spürte mich endlich wieder selbst, als wäre mein ganzes Ich wie ein eingeschlafener Fuß gewesen. Wenn der Fuß aufwacht und anfängt zu kribbeln, tut das ein bisschen weh, so wie das Ende einer Beziehung, doch der Fuß lebt und ist wieder wach, ganz wie man selbst! Neues Leben pulsiert durch einen hindurch, alle Möglichkeiten stehen einem offen, man ist nur für sich selbst verantwortlich, man ist niemandem Rechenschaft schuldig, man ist vögelfrei. Man wird endlich nicht mehr auf einen Doppelnamen reduziert, so à la AlexundMaria oder UweundTina. Man hat seine Freiheit, ein Gefühl seines Selbst und das Wissen, dass die Möglichkeit der Liebe um die Ecke ist.

Vor dieser großen Freiheit fand aber die erste längere, ernsthafte Beziehung in meinem Leben statt, die von Anfang an

---

[*] Sowohl in »Der Widerspenstigen Zähmung« als auch in »Viel Lärm um nichts« heißt es, dass unverheiratete Frauen Affen in die Hölle führen. Ja, doch.

nicht gut war und mit mehr als einem Schuss von possessivem Wahnsinn stattfand. (Stattfand ist hier nicht ganz richtig: Ich ließ sie nicht nur geschehen, sondern nahm sogar aktiv daran teil. So ist das, wenn man in einer schlechten Beziehung steckenbleibt: Man ist mindestens genauso schuld daran wie der andere.)

Relativ spät im Leben, mit Ende zwanzig, lernte ich erst, dass Beziehungen auch schwierig bis beschissen verlaufen können. Die Entfremdung, das Generve, die Tatsache, dass ich gerne stundenlang alleine bin, all das kannte ich schon davor und habe schließlich irgendwann daraufhin gehandelt. Diese Beziehung zwang mich aber, von London nach München zu ziehen. (Sie war nicht der einzige Grund für den Umzug: Ich hatte die Schnauze voll von London wie von einem Lover, der mich langweilt, und damit wir Freunde bleiben können, musste ich gehen. Ehrlich gesagt hat mich ein Jahr lang der olle Samuel Johnson mit seinem kecken Spruch »He who is tired of London is tired of life« davon abgehalten, doch das hätte auch er sicher nicht behauptet, wenn er im London des späten 20. Jahrhunderts gelebt hätte.)

Ich war so müde von London wie von dieser Beziehung, bei der ich schon zu Anfang den Ausgang hätte suchen sollen, denn wie ich heute weiß, kann man Männern beibringen, ihre Socken wegzuräumen oder versiffte Turnschuhe wegzuschmeißen und vielleicht sogar die Zahnpastatube zuzuschrauben, aber man kann niemandem beibringen, vertrauensvoll und souverän und großzügig zu sein.

Niemanden trifft die Schuld, all dies nicht zu sein, außer einen selbst: Wenn man das nicht mag, sollte man sich verabschieden, denn ändern wird es sich nicht. Das geht mit zunehmendem Alter immer besser, das Aussieben fällt leichter, und man kann sich ehrlicher die Frage beantworten, ob das Geschmatze einen in sechs Monaten so nerven wird, dass man ihm die Gabel in die Hand rammen möchte.

Ich sah in dieser Beziehung recht schnell, dass das nichts für die Dauer werden würde, doch aus einer Mischung aus Helfersyndrom, jugendlichem Optimismus, Trotz und Liebe wollte ich es trotzdem versuchen, was mich für eine lange Zeit abfucken würde. Zu meiner Verteidigung muss ich vorbringen, dass ich einige Male versucht hatte, den Mann zu verlassen, doch er akzeptierte es nicht, und was danach geschah, würde ich nicht ganz genau mit Stalking umschreiben, aber es kam dem schon nah. Ich kehrte also nach München zurück, müde von London und der Liebe, aber glücklich über die neue Freiheit.

Ich war frei wie ein Albatros und wollte sorglos und wild und ach-so-ungestüm ins Singleleben schweben, doch mit einer Sache hatte ich nicht gerechnet: Ich konnte nicht landen. Hatte ich etwas verlernt? Irgendwie schien ich bei der Männerwelt nicht anzukommen. Die Wochen gingen ins Land, und ich zwinkerte und flirtete, was das Zeug hielt, doch es geschah nichts. Vielleicht musste ich mich an den deutschen Markt anpassen, vielleicht ging Flirten auf die englische Art anders? Vielleicht war ich auch etwas aus der Übung. Jedenfalls gefiel mir der Zustand nicht. Als ich nach drei Monaten immer noch erfolglos blieb, ging ich mit meinem Freund M. etwas trinken, um die Problematik analytisch zu besprechen.

»Nicht mal der Vollpfosten gestern hat meine Signale gelesen. Ich weiß nicht mehr weiter.«

»Hast du auch schön brav mit dem Arsch gewackelt?«

»Das volle Programm! Hat nix gebracht.«

»Hm, da weiß ich auch nicht weiter. Vielleicht willst du es zu sehr.«

»Hey. Ich bin eine Frau. Sosehr ich es auch will, es sollte immer einen Mann in einem Umkreis von fünf Metern geben, der es mehr will als ich.«

»Das stimmt allerdings.«

Wir schwiegen. Dann schlug ich mit der Faust auf den Tisch und rief: »Ich will jetzt endlich irgendjemanden vögeln. Ist mir scheißegal, wen!«

Die ganze Bar sah zu mir hin. Ich sagte das nämlich in einer Lautstärke, die zwar als normaler Standard in lauten Bars mit hysterisch plärrender Musik gilt, doch just in diesem Moment muss es einen CD- oder Liederwechsel gegeben haben, denn die Bar war plötzlich musiklos, und aus der Geräuschkulisse und dem Stimmengewirr übertönte meine Stimme alle anderen.

»Pfff. Auch egal. Prost.«

Oh, Herr im Himmel.

Doch genau in dieser Nacht änderte sich mein Glück, soweit ich mich richtig entsinne, mit einem Augenzeugen meiner Bekundung in der Bar. Der Albatros flog endlich wieder! Einige Tage danach sah ich zufällig eine Tierdoku über Albatrosse. Alles, was ich angenommen hatte, stimmte, wie mir eine typisch sonore Tierdokustimme raunend bestätigte: dass dieser Vogel mit bis zu dreieinhalb Meter Spannweite über die längsten Flügel der Erde verfügt, dass sein Körper einen gespannten Bogen bildet, dass er mehrere Hundert Kilometer gleiten kann, ohne einmal mit den Flügeln zu schlagen, dass er ohne einen Mucks Ozeane überquert. Doch dann sah ich, wie ein Albatros Anlauf nehmen muss, um abzuheben. Er ist ziemlich schwer, und einfach so losfliegen kann er nicht. Der Albatros, den ich sah, musste sich von einem Felsen stürzen, und das sah so rührend plumpsig und gar nicht nach großer Freiheit aus, dass ich wusste: Ich war ein Dating-Albatros.

Doch nun flog ich, haha, und es lief so gut, dass ich nur alle paar Männer mit den Flügeln schlagen musste. Ich weiß gar nicht, was ich falsch oder anders gemacht hatte, warum es nun lief, doch es lief. Und es lief gut. Wie meine Oma zu sagen pflegte: Man kann jede Menge Spaß mit den Falschen haben, während man auf den Richtigen wartet. Den Richtigen, mit dem ich zweifellos durch ein rotes Band verbunden war. Ich zweifelte nicht daran, dass ich ihn erkennen würde. Nein, wenn der auftauchte, würde ich es wissen, doch bis dahin hieß der rote Faden: Spaß. Warum sollte ich mich auf einen Mann einlassen und ihn unglücklich machen, wenn ich Single bleiben und tausend Männer unglücklich machen konnte?

Ungefähr zur selben Zeit, auf der anderen Seite des Atlantischen Ozeans, entwickelte sich die inzwischen recht komplexe Lage von Single-Frauen über dreißig zu einem popkulturellen Phänomen, das in einer TV-Serie namens »Sex and the City« zu einem lustigen Potpourri aus Dating-Erkenntnissen und Schuhfetischismus vermanscht wurde. In »Sex and the City« suchen vier New Yorkerinnen nach der Liebe oder so etwas Ähnlichem, und nach schicken Schuhen, und zwar mit vier unterschiedlichen Attitüden: Eine war entspannt, eine zynisch, eine wollte unbedingt heiraten, und eine wollte nur Sex, aber bloß keine Beziehung. Das war interessant anzusehen und top von Vorteil für die mentale Gesundheit der Charaktere, denn sie wussten, was sie wollten.

Wenn ich meine Single-Freundinnen und mich selbst ansah, dann hatten wir mindestens diese vier Attitüden in uns vereint, und abhängig von Tages- und Nachtform kam die eine oder andere stärker zum Vorschein. Was will man als Single-Frau genau, wenn der erste Albatros-Flugspaß ein bisschen abflacht? Wer soll das schon wissen? Dafür ist man selbst und auch die Männerwelt und das ganze Leben zu kompliziert. Ich empfand Frauen, die in Liebesdingen »immer schon genau wussten, was sie wollten«, eher als erschreckend und nicht ganz geheuer.

Als Single muss man aber auf jeden Fall die Frage beantworten können, *warum* man Single ist, und jeder darf einem diese Frage stellen, auch entfernte Verwandte, die man einmal alle fünf Jahre sieht, denn: Es muss doch einen *Grund* geben! Die Antwort darauf ist eigentlich ganz einfach, nur glaubt einem das keiner: Wenn es einen Mann gäbe, den man lieben würde und der einen auch lieben würde, dann wäre man nicht Single. Da diese Situation aber gerade nicht im eigenen Leben gegeben ist, ist man Single. Aber versuchen Sie das mal so ab Mitte dreißig den Eltern, der besorgten verheirateten Freundin, der neidischen Freundin in einer Sackgassenbeziehung, den Kollegen, die es ja nur gut meinen, der Verwandtschaft und selbst der Supermarktkassiererin, die mitleidig Ihr Dinner-for-One-Risotto über den Piiiep zieht, zu erklären. Was ist der Grund? Warum bist du Single? Was stimmt denn mit dir nicht? Es muss doch einen Grund geben. Eine Frau wie du! Und die Zeit läuft dir davon.

»Du verprellst doch jeden, der sich dir nähert. Und wenn er gut ist, dann findest du schon das Haar in der Suppe«, sagte meine besorgte, verheiratete Freundin N., nachdem sie ihren Mann H. unwirsch aus der Küche gescheucht hatte, mit den Worten: »Maaaann, wir wollen hier reden, okay?«

»Du findest also: den Kellner anschnauzen, das Essen zurückgehen lassen – zwei Mal! – und dann ein Trinkgeld von fünfundsiebzig Cent geben ein Haar in der Suppe? Ich finde es Charakterschweinerei. Außerdem trug er ein Schwuchtelparfüm, ich musste fast würgen.« Es ging um mein letztes Date, ein Abend, von dem ich mehr gehabt hätte, wenn ich trockene Cornflakes direkt aus der Schachtel gegessen und dabei »Frauentausch« geguckt hätte.

»Ja gut, der war vielleicht ein Arsch. Aber was war mit dem davor? Was hat an dem nicht gestimmt?«

»Der hat die Gabel so komisch gehalten.«

»Oh Mann.«

»Und geschmatzt hat er!«

»Ja, aber irgendwo muss man Abstriche machen.«

»Irgendwo schon. Und wenn ich ihn lieben würde, würde mich die Gabel und das Geschmatze nicht abturnen. Aber echt, der hat die Gabel gehalten, als wäre sie eine Schaufel!«

»Jetzt triff dich doch endlich mal mit Peter. Der fragt schon nach dir und ist soooo toll. Und außerdem ist er jetzt Partner geworden bei seiner Kanzlei, das ist mal kein Loser, der nur rumhängt und Kunst oder Musik macht, oder was deine bad boys sonst so machen.«

»Bitte hör jetzt auf mit deinen Blind-Date-Ideen, da kann ich ja gleich eine Kleinanzeige aufgeben. Und was heißt schon bad boys, ich ...«

H. schlurfte in die Küche, um sich ein Bier zu holen und fragte: »Welche bad boys?«

»Das geht dich überhaupt nichts an, Mann, kann man hier nicht mal *in Ruhe* reden?«, raunzte N. ihn an, woraufhin H. die Augen Richtung Decke verdrehte und an der Bierflasche nuckelnd aus der Küche schlurfte.

Manchmal war ich froh, Single zu sein, zum Beispiel, wenn ich in einem Restaurant ein Paar sah, das sich drei Gänge lang anschwieg, es sich dabei aber nicht um eine dieser bequemen, schönen Schweigsamkeiten handelte, und sie sich nur in einer Mischung aus Ekel und tödlicher Genervtheit ansahen, als würden sie an einer verfaulten Zitrone lutschen. Oder aber wenn mich meine Freundin O. mal wieder weinend anrief, weil sie sich mit ihrem Freund so schlimm gestritten hatte, soooo schluchz-kann-ich-heute-Nacht bei-dir-schlafen-schlimm. Oder wenn ich, wie gerade, unfreiwillig in eine unangenehme Paardynamik hineingezogen wurde. Ich wusste nämlich eines ganz genau: Niemals würde ich mich einsamer fühlen als neben dem falschen Mann.

Was ich nicht wusste, war, dass irgendwann der Zeitpunkt kommen würde, an dem niemand mehr würde wissen wollen, warum ich Single bin. (Außer meiner Mutter natürlich.) Irgendwann, nach ein paar Jahren, gilt man nämlich als Dauer-Single und verlorener Fall. Dauer-Singles sind die niedrigste, schlimmste Stufe der Singles in den Augen der verpaarten Gesellschaft, weil »irgendwas stimmt doch da nicht«. Doch, bis die Umwelt einen nicht als Dauer-Single einstuft, wird man gelöchert, auch von der neidischen Freundin D., die in einer Sackgassenbeziehung mit Kind und Hypothek, dafür ohne Liebe und Sex steckt.

D. ist eine gute Freundin und nicht neidisch per se, sondern nur auf das, was sie für ein geiles, wildes Cocktail-Party-Sex-Single-Leben hält. Sie ist neidisch auf die fabelhaft unpraktisch eingerichtete Single-Wohnung, in deren Eingang man nicht über kaputtes Spielzeug stolpert, und auf das weiße Sofa, auf dem keine Kakao-Kotzflecken von einem Zweijährigen zu sehen sind, und sogar auf den Single-Kühlschrank, in dem nur Champagner, Senf und Gurken zu finden sind. D. stellt sich vor, dass man, weil man ja frei und unabhängig ist, ständig spontan nach New York fliegt, um zu shoppen, Rockstars kennenlernt und sofort mit ihnen mitreist und sich den Kopf zermartert, wie man drei Dates auf einen Abend legen kann. Sie projiziert, was das Zeug hält, doch es amüsiert sie eigentlich nur, solange sie einen verplant und unglücklich wähnt.

»Das musst du mir jetzt alles ganz genau erzählen«, sagt D.

»Ach, eigentlich gibt's nicht viel zu erzählen. War gar nicht so wild.«

»Wie, nicht wild? Bist du oder bist du nicht mit auf sein Hotelzimmer gegangen? Ich will es ganz genau wissen!« Dass man das Wochenende damit verbracht hat, seinen Schrank zu sortieren und das Regal im Flur – alleine – zu reparieren, passt nicht in D.s Vorstellung meines »Sex and the City«-Lebens. Für sie ist das Single-Leben lustig und spannend, und das ist es ja manchmal auch, genauso wie es manchmal einsam und traurig und langweilig ist. Wenigstens gehört D. zu den Wenigen, die nicht ständig nachfragt, wann man sich denn jetzt binden wird, denn sie weiß: So scheiße ihr Leben auch ist, meins ist als Single-Frau Mitte dreißig offiziell noch beschissener.

Bis fünfunddreißig ist alles in Ordnung, doch dann wird es mühsam, sich zu wehren, denn ab dann tickt die Uhr, und alle blöden Fragen, die einem zum Single-Dasein gestellt werden, setzen sich doch irgendwo im Hinterkopf fest und werden kurz vor dem Einschlafen durchgewälzt: Die nagenden Zweifel finden in den fast abgelaufenen Eierstöcken einen besonders fruchtbaren Boden. Man fragt sich unweigerlich, je älter man wird: Wo soll das eigentlich enden? Werde ich immer alleine sein?

Die Ungewissheit macht einen fertig, die Zukunftsangst, und auch die Angst vor falschen Entscheidungen der Vergangenheit. Hat man vielleicht ein paar gute Gelegenheiten in den Wind geschossen? War F. vielleicht doch der Richtige? War das

Timing schlecht, wie viele gerne behaupten? Daran habe ich nie geglaubt: Das Timing kann nicht schlecht sein – das sagt das rote Band. Die Zweifel werden auch von Mutters Vorwürfen und Fragen genährt. Sie will doch das Beste für einen, das weiß man. Wenn sie auf das Thema zu sprechen kommt, ahnt man es schon Minuten zuvor; man kennt den Blick und weiß, was ansteht, weshalb man auch wie eine pubertierende Sechzehnjährige antwortet, voll genervt und so, ey.

»Kind, was macht eigentlich die Liebe?«

»Mama, bitte, nicht schon wieder! Wenn die Liebe was macht, sag ich dir sofort Bescheid, versprochen.«

»Aber ich will doch nur, dass du glücklich bist. Dass du nicht alleine bist.«

»Ich bin alleine, weil niemand da ist, in den ich verliebt bin. Oder der in mich verliebt ist. So einfach ist das. Ich habe mir das nicht ausgesucht.«

»Finde doch mal einen Freund. Die Zeit rennt dir doch davon, mein Herz.«

»Sag mal, hörst du mir überhaupt zu? Und dann immer dieser leicht vorwurfsvolle Ton, als ob es meine Schuld wäre. Ich habe mir das so nicht ausgesucht.«

»Kindchen, bitte, du wirst immer so böse, wenn man dich darauf anspricht. Ich meine ja nur. Vielleicht solltest du deine Ansprüche runterschrauben?«

»Wieso sollte ich? So hast du mich nicht erzogen.«

»Man muss auch in der Liebe Kompromisse machen«, sagte sie sanft.

»Wenn ein Kleid zu eng ist, würdest du mir raten, es zu kaufen, weil es vielleicht das letzte Kleid ist, das mir in die Finger kommt? Oder ein Schuh, der mich zwickt? Hä?«

»Nein, aber ...«

»Dir wäre es also lieber, wenn ich mit einem Schwachmaten zusammen wäre als mit niemandem?«

»Mit dir kann man wirklich nicht reden.«

»Mama, hör zu. Ich würde mich ja gerne verlieben. Ich hätte es auch gerne, wenn mir jemand hilft, die Einkäufe nach Hause zu schleppen, wenn ich nicht meinen Waschmaschinenschlauch selbst austauschen müsste …«

»Das kannst du?«

»Vorgestern gelernt.«

»Na so was! Ach Kind. Ich will doch nur, dass du glücklich bist.«

»Ich doch auch. Und meistens bin ich glücklich. Jedenfalls bin ich alleine glücklicher als mit jemandem, den ich nicht liebe.«

»Da hast du Recht.«

»Weißt du was? Ich, nein, wir haben es viel schwerer als deine Generation. Bei euch war man mit Mitte zwanzig verheiratet, oder der Zug war abgefahren, aber wenigstens war die Sache klar. Heute kannst du zweiundvierzig sein, wie achtundzwanzig aussehen und musst mit zweiundzwanzigjährigen Models auf dem Markt konkurrieren.«

Dieses wöchentlich wiederkehrende Gespräch mit meiner Mutter löste in mir eine Defensivtaktik aus, doch es stimmte, was ich sagte: Ich war glücklicher alleine als in einer schlechten Beziehung. Trotzdem war ich nun nach Jahren des Single-Seins immer öfter unglücklich, weil mir das Gefühl des Verliebtseins fehlte. Dafür – nicht für einen Mann an meiner Seite – hätte ich viel gegeben. Doch genau das kann man nicht bestellen und nicht erreichen, auch nicht, wenn man seine Ansprüche herunterschraubt.

Was meine Mutter anging: Sie war seit unfassbaren vierzig

Jahren mit demselben Mann, meinem Vater, glücklich. Sie lebten nicht nur nebeneinander her, sondern liebten sich offensichtlich und tatsächlich. Auch wenn ich dafür inzwischen blind war oder es nicht anders kannte, erzählte mir zum Beispiel ein Freund von mir mit vor Rührung feuchten Augen, wie mein Vater meiner Mutter auf einem Konzert seine Jacke über die Schultern gelegt hatte, weil er merkte, wie sie fröstelte, und wie verliebt sie ihn daraufhin ansah. Wie abgefuckt ist das denn? Kann man mit höheren Ansprüchen aufwachsen? Und dann sagte ausgerechnet meine Mutter, ich stellte zu hohe Ansprüche. Ich wollte doch nur jemandem, der bemerkt, wenn ich anfange zu frieren, und dem das nicht egal ist.

Natürlich gab es immer wieder Affären, doch etwas Dauerhaftes, das länger als ein paar Monate ging, war nicht dabei. Vielen Singles rät man ja, mal was Neues zu probieren, außerhalb des immergleichen Rahmens zu suchen, rauszugehen, sich zu trauen! Ich traute mich raus. Beim Zeus, ich traute mich ständig und raus! Mein Problem war nicht, dass ich keine Männer kennenlernte. Ich war schon immer sehr gut im Kennenlernen von Menschen aller Arten, weshalb ich vor Jahren den Spitznamen »Miss Außenminister« bekam. Ich quatsche jeden an, egal ob Mann oder Frau, ob gut angezogen oder nicht. Meine Devise ist: Wenn sich jemand als blöd herausstellt, kann man immer noch gehen. Doch irgendwann wird man vom Kennenlernen, das zu Dates und Affären führt, auch müde. Das, was als jede Menge Spaß mit den Falschen anfing, entwickelte sich zu jeder Menge Arbeit mit den Falschen. Um Charlotte (Die Romantische) aus »Sex and the City« zu zitieren: »Wo ist er? Ich meine, wirklich, wo ist er? Ich date, seit ich fünfzehn bin. Ich bin erschöpft!«

Ich war auch erschöpft, was kein Wunder war. Doch nicht

nur ich war erschöpft, irgendwie war auch der Pool der zur Verfügung stehenden Männer erschöpft. Und so kam es, wie es kommen musste: Mir wurde Online-Dating vorgeschlagen. Meine umtriebige Single-Freundin I. sprach es als Erste an: »Warum versucht du's nicht mal mit Online-Dating?«

»Gott, nee. Also wirklich nicht. So verzweifelt bin ich noch nicht.«

»Hm.«

»Was denn?«

»Also, ich mache es«, sagte I. verschämt.

»Nein!«

»Doch.«

»Entschuldige bitte, ich …«

»Schon gut. Ich dachte davor genauso wie du. Aber ich muss einfach besser aussieben, effizienter werden, verstehst du?«

»Aber … wie kommst du denn plötzlich drauf? Warum findest du es nicht mehr schlimm?«

»Meine Freundin S., weißt du, die kleine Rothaarige, die hat so ihren Mann kennengelernt. Ich habe mich zuerst gewehrt, aber S. bearbeitete mich immer wieder, und als ich wieder mal alleine Wasserkisten hochschleppte, dachte ich mir, was habe ich schon zu verlieren?«

»Wasser kannst du dir liefern lassen«, warf ich ein, doch I. war nicht aufzuhalten.

»Das Ding ist, du triffst dich mit jemandem, der eine Beziehung will. Die ganzen anderen Möglichkeiten, die, die auf der Suche nach One-Night-Stands oder einer Nanny oder einer Mami oder sich selbst sind, die fallen schon mal weg. Jetzt überleg mal, wie viele Dates du sonst brauchst, um herauszufinden, ob ein Typ eine Beziehung will. Ach, was heißt Dates? Du kannst schon mitten in der Beziehung stecken, und der Typ will dann doch nur eine Affäre, und du bist dann schuld, weil du alles falsch verstanden hast.«

»Bitte versuch nicht, mich zu überreden, sondern erzähl lieber, wie es läuft«, sagte ich.

»Durchmischt. Aber viel effektiver als das, was ich vorher so getrieben habe. Neulich hatte ich einen Vielversprechenden, das wäre fast was geworden.«

»Aber?«

»Kam dann doch raus, dass er beziehungsunfähig ist. Sagt er aber auch selber und macht jetzt eine Therapie.«

»Ich weiß nicht … Fühlst du dich nicht wie auf dem Fleischmarkt? Ich will, nein, ich kann mich nicht anbieten als das beste Stück.«

»Aber wenn du abends ausgeht, machst du ja auch nichts anderes!«

»Ja, aber das steht mir nicht auf der Stirn geschrieben.«

»Das steht dir aber im Dekolleté geschrieben.«

»Weißt du, was mir fehlen würde, I.?«

»Hm?«

»Die Kennenlerngeschichte. Alle guten Paare haben eine gute Kennenlerngeschichte. Die ist ganz wichtig, auf der baut, glaube ich, ganz viel auf. Ich will meinen Enkeln nicht erzählen, Oma und Opa haben sich online im Chat-Flirt-Room kennengelernt. Das kann ich mir nicht vorstellen, das widerstrebt mir so. Aber erzähl, wie läuft das dann ab, wenn du den Klicktypen triffst?«

»Eigentlich ganz angenehm. Ich treffe mich immer in derselben Bar mit denen, damit ich sie gut miteinander vergleichen kann…«

»Und dann?«

»Ehrlich gesagt weiß man schon in den ersten fünf Minuten, ach, zwei Minuten, ob man den Abend fortsetzen möchte oder nicht. Das ist schon cool, diese Ehrlichkeit, die man an den Tag …«

»Und wenn man den Abend nicht fortsetzen möchte?«

»Dann sage ich einfach, du, ich glaube das bringt nichts. Wir bestellen jetzt nichts mehr, oder?«

»Und der Typ?«

»Der Typ war bisher immer derselben Meinung. Der ist dann aber froh, dass ich es ausgesprochen habe und er nicht der Arsch sein muss. Überleg's dir wenigstens mal.«

»Nein.«

»Es kommt echt darauf an, bei welchem Portal du bist.«

»Vielleicht, aber eins haben sie alle gemeinsam, das Entscheidende: Sie machen Partner*vermittlung*. Ich will aber nicht vermittelt werden«, sagte ich und machte eine pubertäre Würgegeste dazu. »Üärks.«

I. pflanzte dennoch, wie ihre Freundin S. zuvor bei ihr, einen ersten zarten Online-Dating-Samen in mein nach Liebe dürstendes Herz.

Wenn man lange nicht mehr verliebt war, fragt man sich, ob man das überhaupt noch kann, ob man zu solchen fast vergessenen Gefühlen noch fähig ist, ob man jemals wieder ein Liebesalbatros sein wird. Wenn die Liebe nicht da ist, ergibt nichts im Leben so sehr einen Sinn wie sie. Wie kann man etwas vermissen, das in der Zukunft liegt? Kein Wunder, dass man kirre wird.

Währenddessen bekommt man, oft ungefragt, Einsichten und Analysen von Freunden. Vielleicht will man ja unglücklich sein? Oder alleine? Das Problem sei meine eigene fantastische Unglaublichkeit, wie soll da jemals jemand herankommen? »Welcher Typ soll dir schon ebenbürtig sein? Ich weiß noch nicht einmal, ob du dir selbst ebenbürtig bist«, sagte eine Freundin einmal zu mir, und das war sicher nett gemeint. Viel Hoffnung gab mir meine eigene nicht zu toppende Fabelhaftigkeit nicht. Und dann gibt es immer wieder Geschichten, die einen hoffen lassen, dass das rote Band doch irgendwo wartet und sich nur verheddert hat, wie die meines norwegischen Freundes R., mit dem ich einmal die Woche telefoniere. R. war zehn Jahre lang Single gewesen und ungefähr neuneinhalb Jahre davon unglücklich darüber. Stets fragte er mich, damals noch in London, immer wieder: »*Where is the sweet loving that everyone's talking about?*« – Wo ist sie denn nun, die süße Liebe, von der alle reden?

»*The sweet loving will come your way, don't worry, the sweet loving will come your way*«, antwortete ich immer. Dann lernte R. die wunderbare M. kennen, und alles änderte sich. Als wir telefonierten, erzählte er mir, dass M. schwanger sei, und ich erzählte ihm, dass ich ernsthaft Online-Dating in Betracht zog.

»Nein. Verboten«, sagte er.

»Aber R.! *The sweet loving!* Ich will es endlich«, rief ich.

»It will come your way, das verspreche ich dir. Aber nicht online. Das ist so durchdacht und durchgeplant und berechnend und kühl. Das passt nicht zu dir«, sagte er.

Gott und dir sei Dank, lieber R. Manchmal sagen Freunde nicht nur das, was man hören will, sondern das, was man hören sollte. Doch es war noch nicht vorbei, denn irgendwann erlebt jeder Dauer-Single eine bestimmte Situation, die ihn singlemäßig mitnimmt, in seinem Alleinsein härter trifft als alles andere zuvor und wegen der er in Selbstmitleid zerfließt. Ich konnte alles wunderbar selbst, sogar Waschmaschinenschläuche austauschen, nur das eine blaue Kleid mit den Knöpfen auf dem Rücken konnte ich nicht alleine zumachen.

Als weiblicher Single bekommt man erstaunlich biegsame Arme, und Reißverschlüsse auf dem Rücken sind kein Problem: Hoch bis zum Schulterblatt und ab da von oben, zack. Nur mit Knöpfen ging das leider nicht. Eines Abends zog ich ein blaues Kleid an, um damit auf eine Party zu gehen und musste bei der Ankunft die Gastgeberin bitten, das Kleid ganz zuzuknöpfen. Nie habe ich mich als Single erniedrigter gefühlt.

Dann passierte noch etwas, das mich Online-Dating doch wieder in Betracht ziehen ließ. Ich war zu Besuch in Berlin und übernachtete bei meiner Freundin K., die mit dem schlimmen Arschgeweih-Tattoo. K. betrieb seit einiger Zeit Online-Dating und erzählte mir von den Männern, die sie traf, und wie das alles ablief. Wir quatschten, tranken ein bisschen Wein und entschlossen uns, früh ins Bett zu gehen. Während ich im Wohnzimmer war, kam K. in ihrem Pyjama ins Zimmer, eine Zahnbürste im Mund, den Mund voller Schaum. In ihren Augen sah ich Tränen.

»Mi me mi mem moim mam«, sagte sie.

»Was sagst du?«

»Mi me mi …«

»Ich verstehe dich nicht.«

Sie ging ins Bad, spuckte die Zahnpasta ins Waschbecken und kam zurück.

»Ich werde nie einen Freund haben. Nie! Ich bin jetzt seit acht Jahren Single. Das wird sich nie ändern, nie!«, sagte sie und fing an zu weinen, einfach so.

»Ach, Schatzi. Das stimmt nicht«, sagte ich, aber überzeugt klang ich nicht. Ich wusste genau, wie sie sich fühlte.

Zwei Tage später hatte K. ein online ausgemachtes Date, das

sie in ihrer Bringt-ja-nüscht-Stimmung fast abgesagt hätte. Zum Glück ging sie hin. Sie verliebte sich und fand ihr rotes Band. Inzwischen ist sie mit ihm verheiratet.

Daraufhin loggte ich mich schließlich ein und, um es kurz zu machen, sofort wieder aus. Es wird immer auf die Gefahr hingewiesen, dass sich Menschen in ihren Online-Dating-Profilen besser darstellen, als sie sind, doch für mich galt das nicht: Ich konnte mich einfach nicht verkaufen. Das ging gegen jeden einzelnen Strichcode meiner DNA. Nein, lieber würde ich einsam sterben und von sieben Katzen aufgefressen werden als ein Online-Formular ausfüllen, in dem steht, wie toll und liebenswürdig ich bin und was für einen guten Sinn für Humor ich habe.

Ich sprach mit Cousine V. am Telefon und erzählte ihr davon.

»Vielleicht werde ich nie jemanden finden, der mich liebt, aber mich online so anzubieten ist noch schlimmer«, sagte ich.

»Wer dich nicht liebt, ist selber schuld«, sagte sie.

Gott und Cousine V. sei Dank! Ich entspannte mich schließlich und ließ mir nicht reinreden und versuchte, mich nicht davon stressen zu lassen, dass das weibliche Singletum für alle so ein Problem zu sein schien. Wenn die Liebe kommen soll, wird sie kommen, dachte ich mir. Wer ihr nachhelfen will, soll das tun. Ich konnte das nicht. Dass ich es überhaupt in Betracht gezogen hatte, zeigte mir, wie viel ich dafür zu tun bereit war. Aber das Schicksal foppen, das wollte ich nicht. Bis das rote Band zu mir fand, würde ich die Zeit genießen, in der ich stundenlang allein zu Hause sein und die ich mit mir selbst verbringen konnte, denn die schlechteste Gesellschaft ist das nicht.

Von dem einmaligen Einloggen bleibt mir übrig, dass ich immer noch E-Mails von der Partnerschaftsvermittlung bekomme, obwohl ich inzwischen verheiratet bin. »Frau Pilic, Ihr Traumpartner wartet, er ist nur einen Klick entfernt«, heißt es da. Garantiert werden mir »gezielte Partnervorschläge, unbegrenztes Kommunizieren mit Kontaktgarantie, sicheres Kennenlernen (TÜV-geprüft), gezielte Fotofreigabe und gebildete Mitglieder mit Persönlichkeit.« Sexy geht irgendwie anders.

Inzwischen weiß ich, warum es so lange dauerte, bis ich mein rotes Band finden konnte: Es war zwölftausend Kilometer weit gespannt, bis ans andere Ende der Welt, nach Argentinien.

8.

Wie ich mich zum ersten Mal darüber freute, keinen Müll trennen zu müssen

Oder:
Von far away bis Paraguay

Man ist ja ein bisschen daneben, wenn man dreißig Stunden lang auf Reisen war, und so fielen mir nicht die neunspurigen Avenidas oder die heißen Chicas mit ihren geilen Pferdehaaren auf und auch nicht die unfassbar langen Straßen in Buenos Aires, sondern die schön glitzernden schwarzen Müllsäcke, die zärtlich aneinandergelehnt an den Straßenecken standen und ein bisschen aussahen wie angesagte Sackkleider an Filmschauspielerinnen, die wegen der Untreue des Ehemannes zu viele Kekse gefuttert haben.

Doch spulen wir zunächst etwas zurück, nicht, dass ich hier ohne bombige Einleitung nicht ernst genommen werde. Also: Beim Ankommen auf einem bis dahin unbekannten Kontinent, wahlweise auch in einer fremden Stadt, findet ein körperlich spürbarer Energiewechsel statt. Es ist ein ganz famoser Moment: Das innere Bild von der Ferne, nach der man sich gesehnt hat, wird mit einem Mal durch die Realität ausgetauscht, die auch nur subjektiv wahrgenommen wird. Das ergibt das entscheidende, faszinierende Moment der Ankunft. Klick, austausch, staun: Sehnsuchtsbilder durch Wirklichkeit ersetzt, die immer nur noch schöner sein kann.

Buenos Aires hatte ich mir aus dem Klang des Namens, aus Erzählungen von Freuden, angelesenen Reisereportagen und vor allem aus den Worten von Jorge Luis Borges vor meinem inneren Diaprojektorauge zusammengesetzt. Schon auf der Fahrt vom Flughafen in die Stadt sah ich zwei Arten von Menschen, die in meiner Fantasie nicht vorgekommen waren, dafür sofort in der Realität auftauchten und die, wie sich in den nächsten Wochen herausstellen würde, keine Einzelfälle waren, sondern tatsächlich das Stadtbild prägen. Es handelte sich um professionelle Hundeausführer, die riesige Rudel spazieren führen, bis zu zwölf an der Zahl, und stille, dreckige Männer, die baumhohe Mengen Papier und anderen Müll auf Holzwägen hinter sich herschleppen, die sogenannten *cartoneros*.

Ich verliebte mich auf der Stelle in Buenos Aires. Daran änderten auch die nächsten achtundvierzig Stunden nichts, obwohl ich mitten in einen Schusswechsel auf offener Straße geriet und in einen Autounfall verwickelt wurde, der so bizarr war und so glücklich ausging, dass ich lachen musste.

Wenn man sich richtig verknallt, hat man keine Angst, und zwischen Buenos Aires und mir war es auf der Stelle *amor*.

Es war Mitte Januar 2010, als ich in Buenos Aires landete. Manch einer mag sich noch an das endlose Grauen des Winters 2009/2010 erinnern, andere mögen ihn schon erfolgreich verdrängt haben. Es war mein zweiter Winter in Berlin; ich kannte aus Münchner Wintern die strenge Kälte, die durch regelmäßige Himmelsbläue erträglich gemacht wird. Die weißgraue Betonwand, die sich in Berlin Himmel nennt, zeigte wochenlang keinerlei Struktur und hing stumpf, leblos und ziemlich dicht über mir. Dabei mag ich schlechtes Wetter sogar. Genauer gesagt weiß ich, dass es nichts bringt, sich über schlechtes Wetter aufzuregen – vor allem im nordeuropäischen Winter nicht –, denn man sollte sich nur über Dinge aufregen, die sich auch aus eigener Kraft ändern lassen.

Doch dieser Winter kratzte an Verstand und Lebenswillen. Ich hatte Angst vor dem, was passieren würde, sollte die Sonne tatsächlich jemals wieder erscheinen – würde ich erblinden? Doch ein Gutes hatte meine Situation als freie Latte-macchiato-Laber-Bio-Rhabarber-schlürfende Kreative in Hartz-IV-City: So viele Unsicherheiten und Zweifel die freie Arbeit auch in sich birgt, so erlaubt sie einem auch, sich für ein paar Wochen lang spontan in die Sonne zu verpissen und von dort aus zu arbeiten, dem Internet sei Dank.

Ich wollte in eine Megacity mit einem hübschen Doppelnamen, in der gleißender Sommer herrschte; ich wollte außerdem schon immer nach Südamerika, insbesondere nach Buenos Aires. Ich wäre auch alleine hingereist, doch schön, dass ich noch mehr frei arbeitende Freunde habe, und so schloss sich meine Münchner Freundin I. mir an. Da I., die wie eine typische Argentinierin aussieht, aber eine typische Münchnerin ist, es gerne hübsch und schick mag, mieteten wir uns eine hübsche, schicke Duplex-Wohnung mit Balkon und Pool auf dem Dach in Palermo, heute dem hippsten Viertel von Buenos Aires. Palermo, hörte ich von Freunden, die die Stadt kannten, sei Atem anhaltend schön. Palermo war auch das Viertel, in dem Jorge Luis Borges aufwuchs, als es noch ein armes Arbeiterviertel war, und in dem er, an der Ecke von Guatemala und Serrano, die mythische Grundlage dieser Stadt sah, über die er in seinem Notizheft San Martín schrieb: »Ich halte es für ein Märchen, dass Buenos Aires einen Anfang hat. Ich finde es so ewig wie das Wasser und die Luft.«

Ich informiere mich willkürlich und wenig über Städte, die ich bald besuchen werde, denn zu viel Information vorab verzerrt nur das Sehnsuchtsbild. Ich erfuhr durch ein bisschen aufmerksamkeitsgestörtes Internet-Surfen, dass es in Buenos Aires gemessen an der Einwohnerzahl weltweit die meisten Irrenärzte[*] auf der Welt gibt, sogar mehr als in New York, und dass es deshalb auch Villa Freud genannt wird. Ein anderer einzigartiger Rekord der Porteños[**]: der höchste Pro-Kopf-Verbrauch von Seife und Deodorant. Außerdem gefiel mir der Name, den Buenos Aires bei seiner Taufe 1536 erhalten hatte: *Puerto de Nuestra Señora Santa María del Buen Ayre.* Das hörte sich ganz nach meiner Art von Stadt an.

Palermo erwies sich als das schönste Stadtviertel der Welt: eine Mischung aus lächerlich hübschen Straßen, polierten Hochhäusern, bröckelnden Villen, schicken Cafés, Boutiquen und Designerläden genauso wie alten, merkwürdigen Geschäften mit morbide anmutenden Puppen in Schaufenstern hinter Gitterstäben. I. und ich blieben alle paar Meter stehen, erschlagen und übermannt von so viel Schönheit und sengender Hitze.

Unsere Wohnung erwies sich als genauso adrett wie auf den Fotos: erstaunlich. Zwei Tage nach der Ankunft fiel uns auf, dass wir gar nicht wussten, wohin mit dem Müll, den I. und ich wie selbstverständlich und fast erleichtert in einen einzigen Eimer geschmissen hatten, der sich am deutschesten aller Orte befand: unter der Spüle. Allein die Plastik- und Glasflaschen

---

[*] Entschuldigung: Psychologen, Psychoanalytiker und Psychotherapeuten
[**] So heißen die Einwohner von Buenos Aires, wörtlich: die Menschen vom Hafen

reihten wir am Boden nebeneinander auf, denn man kriegt zwar die umweltbewussten deutschen Mädchen im grauenvollen deutschen Winter leicht aus Deutschland, aber die deutsche Mülltrennung nicht so leicht aus den umweltbewussten deutschen Mädchen.

Ich schrieb eine E-Mail an unseren Vermieter: Wohin denn bitte mit dem Müll? Mit südamerikanischer Eifrigkeit antwortete er mir, nämlich gar nicht. Also schrieb ich noch eine E-Mail und fragte auch unseren bezaubernden Doorman, der mir zwar äußerst engagiert antwortete, aber einen dermaßen nuscheligen Porteño-Slang draufhatte, dass ich trotz meines recht akzeptablen Spanisch nichts verstand, aus Höflichkeit natürlich trotzdem nickte.

Der Müll fing schon an zu stinken, es war ja Hochsommer, und im Fernsehen liefen Nachrichten über die *ola de calor*, die Hitzewelle. Das konnte ich sofort sagen wie eine Einheimische: *Ay, que calorrrrr!* Ich schrieb eine dritte E-Mail und orientierte mich diesmal an der Boshaftigkeit einer garstigen Telenovela-Bitch. Prompt kam eine Antwort: Ich sollte den Müll ins Treppenhaus werfen.

»Wie, ins Treppenhaus?«, quiekte I.

»Was weiß ich? Komm, wir schauen mal ins Treppenhaus.«

»Au ja, da waren wir noch nie«, sagte I.

Das stimmte, denn wir wuschten immer mit unserem Superaufzug in unserem slicken Hochhaus direkt in unser Superduplex hoch, und manchmal sogar, wusch, sofort aufs Dach zum Pool. Pffff, Treppenhaus. Wir drückten also die Stahltür auf, die ins Treppenhaus führte, und da stand ein großer Eimer, in dem schon mehrere Mülltüten steckten. Mehr musste man nicht tun, kein Schatz-bringst-du-mal-den-Müll-runter-aber-ich-bring-ihn-immer-runter-stimmt-gar-nicht-Stress konnte hier aufkommen. Einfach von der Küche ins Treppenhaus sieben Schritte tun und zack, weg, entsorgt.

»Und das hängt dann da eine Woche drin?«, fragte I. näschenrümpfend.

»Weiß nicht. Kann das sein? Würde das Treppenhaus dann nicht stinken?«, sagte ich, denn besagter Eimer besaß keinen Deckel.

»Ach, was weiß ich. Komm, wir gehen zum Pool.«

»Und was machen wir mit den Flaschen?«

»Also ich kann unmöglich dem Typen noch eine E-Mail schreiben. Die schmeißen wir da jetzt auch rein.«

»Aber es sind Flaschen!«

»Ja, und das hier ist Argentinien, und es sieht so aus, als ob man hier keinen Müll trennt.«

»Okay. Pool?«

»Si. Ay, que calorrrrr!« Wie gut ich das sagen konnte, so jammernd und fächelnd! Ich faszinierte mich selbst damit.

In dieser Nacht wurde ich gegen halb eins von einem phänomenalen Lärm geweckt, der von der Straße kam. In ihrem Zimmer, das zur Straßenseite zeigte, jammerte I. leise, denn sie musste den Lärm noch lauter wahrnehmen als ich. Was wir zu diesem Zeitpunkt nicht wussten war, dass dieser Lärm uns in jeder weiteren Nacht wecken würde, immer um dieselbe Zeit, und dass wir ihn in den zwei Nächten davor einfach jetlagmäßig verdöst haben mussten.

Immer jammern alle über den Jetlag, weil es nicht nur eine Superausrede ist, verpeilt zu sein, sondern auch gleichzeitig die eigene Internationalität und Jetsetterei hübsch ins Licht rückt. Dabei wird dem Jetlag etwas Unrecht getan, denn er ist auch für etwas gut: Wenn man dann mal schlafen kann, ist man so ausgeknockt, dass man nicht mal argentinische Mülllaster hört, und die sind dezibelmäßig knapp unter einem landenden Jumbo anzusiedeln.

I. und ich sahen durch das Fenster auf das große Hochhaus schräg gegenüber an der Straßenecke Nicaragua und Dorrego. Wie hätte ich ahnen können, dass ich mich dort genau neun Monate später auf meine Hochzeit vorbereiten würde? Das konnte ich schon deshalb nicht wissen, weil ich den Mann dazu noch nicht kennengelernt hatte. Damals aber, in jener heißen Januarnacht in Buenos Aires, schielte ich müde auf den riesigen, tosenden flaschengrünen Müllwagen, den ich von da an jede Nacht hören würde, an viel mehr Nächten, als ich es für möglich hätte halten können.

So ist das in Buenos Aires: Der Müll wird jede einzelne Nacht unter größtmöglichem Getöse von den Straßenecken geholt, wo er vom Treppenhaus bis unter die Spüle zurückverfolgt werden kann. Wenn das mal drei Tage nicht passiert, wie ebenfalls neun Monate später wegen eines Streiks, ist der höllisch stinkende Rattenteufel los. Buenos Aires produziert täglich fünftausend Tonnen Müll. Wenn das mal liegen bleibt, wird es schnell zur Katastrophe. Nur die Ratten freuen sich, und womöglich die *cartoneros*.

In den nächsten Tagen eroberte ich Palermo, ich wurde in der Fremde überzeugter, überzeugender, sicherer und schneller. Mein Gang wurde fließender, die europäische Kellerbräune wich einem vorsichtig güldenen Ton, ich erkannte die vor ein paar Tagen noch fremden Gerüche, sprang expertenmäßig über Schlaglöcher und konnte die Geschwindigkeit der vor mir laufenden Menschen einschätzen.

Ich erschrak nicht mehr über die gewaltigen Menschenmassen, in die man sich einreihte, sobald man das oberstressige Komsumparadiso Avenida Santa Fé erreichte, auch nicht über das Gehupe und Gewusel oder die Schönheit der Menschen, die einem den Atem raubt.

Ich gewöhnte mich auch daran, dass Palermo sich drehte. Ja wirklich, kein Viertel auf der Welt dreht sich mehr als Palermo! Kaum merkte man sich eine Ecke, schon rotierte das Viertel. Doch egal, um welche Ecke man bog, kam einem ein Hundeausführer samt sabberndem Rudel entgegen. Es ist für jemanden, der wie ich eigentlich Angst vor Hunden hat (mit der Ausnahme befreundeter Hunde) nicht so schön, auf ein Rudel von zwölf Hunden zu stoßen, die hechelnd um die Ecke biegen. Ein netter Porteño erklärte mir später, dass ich vor genau diesen Hunden keine Angst haben muss, denn um in so eine Gassigruppe aufgenommen zu werden, muss ein Hund wohlerzogen sein. Sperenzien werden da nicht geduldet, sonst geht die ganze Gruppe flöten, *claro*. Ganz geheuer waren sie mir trotzdem nicht.

Ich sah auch immer mehr *cartoneros*, und darunter auch Frauen und Kinder. Sie zerrten ihre Holzwagen auf den Straßen zwischen den Autos entlang. Vor ihnen hatte ich wesentlich weniger Angst als vor den Hundeausführern, doch mir war nicht ganz klar, was sie da machten. Dass sie finanziell nicht gut aufgestellt waren, schien logisch, dass sie mit dem Schleppen und Zerren wahrscheinlich ihren Lebensunterhalt verdienten, ebenso. Doch der satte Europäer, der gerade angefangen hat, sich in einem fernen Kontinent zu akklimatisieren, dem sei wohl geraten, so wusste ich aus vielen vorherigen Reisen, zu warten, um sich die sozialen Probleme reinzuziehen, denn es ist entscheidend, *wann* man schlecht draufkommt und anfängt, sich schuldig zu fühlen. Bloß nicht zu früh, sagt die Erfahrung.

Der Mensch ist ein Gewohnheitstier, heißt es. Wenn man hierunter schlechte Gewohnheiten versteht, bin ich mit dem Spruch einverstanden. Die guten Gewohnheiten vergisst man – also: ich – leicht, man gibt sie in einem Atemzug auf, wenn man, aus welchem Grund auch immer, aus der Routine herauskommt oder von Umwelt, Staat, Mutter oder schlechtem Gewissen nicht weiter zur guten Gewohnheit genötigt wird.

Kaum hatte ich den Freischein, keinen Müll trennen zu müssen, tat ich es nicht. Alles stopfte ich fröhlich in einen Eimer, zack, Tür zu und weg. Allein die Plastikflaschen reihte ich nebeneinander auf, doch das hatte vor allem damit zu tun, dass eine Plastikflasche den Eimer fast vollmachte und man ja nicht alle zwei Stunden ins Treppenhaus will. Ich schmiss einen Plastikbecher *Dulce de Leche*, die schmackhafteste beige-braune Masse auf Erden und wahrscheinlich darüber hinaus, in den Eimer und knallte beschwingt-flott-südamerikanisch und guten Gewissens mit dem Fuß die Tür zu. Dann sah ich mich um in dieser kleinen, schicken Küche. Wie schön es doch war, nicht mehrere Eimer, Tüten und Flaschen- und Dosenlagerungsgebiete zu haben. Egoistisch, schlecht für die Umwelt, aber schön. Sauber. Nur ein Mülleimer, und der gut versteckt.

Das, was mich am Mülltrennen nervt, verstand ich da, ist gar nicht das Trennen, sondern die unästhetische Seite der Lagerung, die vielen Eimer und herumfliegenden losen Tüten, die in der Ecke stehen und rumsiffen und immer, garantiert immer, im ungünstigsten Moment, umkippen. Meine fabelhafte Küche in Berlin, in der ein großer Teil dieses Buchs entstanden ist, leidet darunter, und ich leide darunter, denn ich bin oft in meiner Küche, öfter als am Nordpol, der wahrscheinlich auch dann schmelzen wird, wenn ich den Müll nicht trenne.

Ich habe zu Hause in Berlin einen »normalen« Mülleimer,

einen Eimer für Verpackungen, eine Pappe- und Papiertüte, und all das ist umgeben von Päckchen, einer Flaschenreihe sowie einer Pfandflaschenecke und einer Ecke für Weiß-nicht-wohin-damit-habe-aber-das-Gefühl-ich-sollte-es-trennen. Ich habe Tüten voller Glühbirnen und Batterien. Wenn ich sehe, wie schnell der Eimer für Verpackungen voll wird, wird mir schlecht, und dann fällt mir das Trennen wieder leichter, denn dieses Plastikzeug wird ja hoffentlich recycelt. Doch man denkt sich auch: Wer braucht denn so viel Plastik? Was bin ich für ein Mensch? Aber wie soll ich sonst Joghurt und Waschmittel nach Hause transportieren?

Ich lebe also schon in einer Mülltrennungshalde, doch eigentlich müsste ich noch mehr machen in der »Trenntstadt Berlin«. Doch ehrlich, die Trenntstadt Berlin verlangt seit kurzem auf hartem Papier Folgendes: Verpackungen in die gelbe Tonne, Glas in die grüne, Papier in die blaue, Biogut in die braune, Hausmüll in die graue und Wertstoffe in die »neue orange« Tonne. Obwohl ich fast alles befolge, fühle ich mich trotzdem latent schuldig und auf den Planeten scheißend.

Vielleicht liegt die Einstellung am Wort selbst. Das spanische Wort für Müll ist toll: *la basura*. Das hört sich rassig und dumpf an, nach Bass und Rasur und nach noch irgendwas tschakka. Und Müll? Müll klingt wie ein Wort, das Helge Schneider erfunden hat. Müll: lustig, leicht hysterisch und etwas empört. *Trash* ist deshalb geil, weil man es auch auf Kultur beziehen kann, aber dann gibt es noch *garbage* und das wiederum klingt nach Tüten de basura. Die Tüten de basura, die in Buenos Aires mit vielem gefüllt werden, nur nicht mit schlechtem Gewissen.

Je reicher und entwickelter ein Land, umso fortschrittlicher ist auch seine Müllentsorgung und die Auseinandersetzung mit dem Thema. Deutschland ist natürlich ganz vorne mit dabei. Deutschland, in dessen Haushalten brav der Müll getrennt wird, in dem Biomärkte boomen, in dem man Verpackung im Geschäft liegen lassen darf und für Plastiktüten zahlen muss, in dem aber auch Altglas im Zwölfzylinderwagen zum Container gefahren wird, in dem die Mehrheit gegen Atomkraft ist, aber niemand auf Fußbodenheizung, warmes Wasser oder Strom rund um die Uhr verzichten will. Deutschland ist ein Industrieland, das ohne hohen Energie- und Rohstoffverbrauch nicht Exportweltmeister von Maschinen sein könnte, die wiederum anderswo auf der Welt Energie verbrauchen. Nur dadurch können wir uns Tonnen in sieben Farben leisten.

Der Zug des Umweltschutzes ist meiner Meinung nach mit der Industrialisierung und der Entscheidung für den Kapitalismus abgefahren, die ökologisch korrekte Lebensweise, die wir betreiben, wirkt ehrenwert, ist aber auch verlogen: eine kleine Justierung, die am System nichts ändert und vor allem unserem Gewissen guttut.

Ist Müll trennen deshalb falsch? Natürlich nicht. Soll nur keiner behaupten, dass es die Erde rettet. Wenn man es nicht tut, geht sie auch nicht unter. Oder eben doch. Man tut es mehr für sich und sein Gewissen als für die Umwelt, denke ich. Uns ist auch gar nicht klar, was mit dem getrennten Müll passiert. Wie oft habe ich Glaslaster beobachtet, die die von mir getrennt eingeworfenen grünen, braunen und weißen Flaschen, wieder alle zusammengeschmissen haben? Man darf gar nicht anfangen, all das zu hinterfragen. Scheinbar ist auch die Sache mit dem CO_2-Ausstoß eine Lüge. Wenn ich so etwas lese, blättere ich ganz schnell weiter, sonst wird man ja verrückt unter der Energiesparlampe.

In Buenos Aires, der Stadt der Guten Lüfte, war mir das alles egal. Ich fühlte mich gut, weil ich mich damit nicht auseinandersetzen musste, und ich fühlte mich schlecht, weil ich mich deshalb gut fühlte.

Einige Gewohnheiten nimmt man jedoch überall mit sich, etwa Beispiel omaartiges Auf-die-Straße-Glotzen. Wenn es mir nicht zu peinlich gewesen wäre, hätte ich mir ein Kissen für die Arme besorgt, damit das Glotzen angenehmer und weicher wird. So peinlich es auch ist, so nützlich ist es – Auf-die-Straße-Glotzen bringt etwas, denn man erfährt Dinge.

So wurde mir innerhalb von ein paar Tagen klar, dass der Typ, der den Schuss in den ersten achtundvierzig Stunden abgefeuert hatte, ständig vor unserem Haus herumlungerte. Ich lugte hinter der Gardine im Wohnzimmer hervor und beobachtete ihn. Jedes Mal, wenn ich das tat, blickte er zu mir hinauf. Entweder war er immer sehr froh, mich zu sehen, oder er hatte tatsächlich eine dicke Knarre in der Hosentasche. Ich versteckte mich immer schnell hinter der Gardine, wenn er mich erblickte, und begann zu vermuten, dass das Ganze mit dem stets besucherfreien, teuer aussehenden, eindeutig schmierigen, vielleicht import- und exportierenden chilenischen Restaurant im Erdgeschoss zu tun hatte. Nicht, dass dies vor Logik strotzen würde, doch als ich begriff, dass das Haus indirekt rund um die Uhr von einem bewaffneten Argentinier beschützt wurde, fühlte ich mich angekommen, innerlich sicher genug und folglich bereit für die sozial zweifellos beunruhigenden Informationen.

Der Begriff *cartonero* leitet sich vom spanischen Wort für Karton ab und bezeichnet jene Menschen, die ihren Lebensunterhalt mit dem Sortieren von Müll verdienen. Obwohl es früher vereinzelt Argentinier gab, die vom Müll lebten – wie in jeder Gesellschaft mit der Ausnahme von Liechtenstein und

San Marino –, ist der *cartonero* ein typisch argentinisches Phänomen, ein Produkt der Finanzkrise, die 2001 dieses riesige Land bis ins Mark erschüttert hatte.

Damals kollabierten das Finanzsystem und die nationalen Banken, der Präsident trat zurück, die meisten Argentinier verloren alles, was sie hatten, die Armutsrate explodierte auf 57 Prozent. Auch ein Jahrzehnt später hat die Krise von 2001 Auswirkungen auf die argentinische Gesellschaft. Im Fall von Buenos Aires manifestiert sie sich unter anderem in den geschätzten hunderttausend *cartoneros*. Sie sammeln Papier und Plastik und verkaufen sie an Großhändler. Es sind ältere Männer, Frauen und Gruppen von Jugendlichen. Ich beobachtete einmal eine ganze Familie bei der Arbeit: Die Frau riss die schwarzen Beutel auf, wühlte nach Verwertbarem, vor allem Papier, Plastikflaschen und Aluminium, der Mann sortierte den Müll weiter, die drei Kinder hievten es auf den Wagen. Der Rest blieb verstreut liegen. Ich ahnte, dass sie auch deswegen nicht unbedingt beliebt waren.

Manchmal liegen zwischen dreckigen Kindern, die im Müll wühlen und der eigenen Teintauffrischung nur acht Stockwerke. Es ist vielleicht verwerflich, wie schnell der Mensch der Realität entfliehen kann, doch es ist durchaus notwendig. Ich zwinkerte dem Typen mit der Knarre zu und fuhr mit dem Aufzug zum Dach hoch. Der Aufzug war von innen verspiegelt, und die Tür blieb so lange offen, bis jemand wieder den Fahrstuhl rief. Auf dem Dach fühlte ich mich unbeobachtet, obwohl – d'oh – höhere Dächer ganz in der Nähe lagen. Ich legte mich auf eine Sonnenliege. Die Fahrstuhltür blieb offen. Ich fing an, ein Buch zu lesen, doch *ay, que calorrrr*, es war zu heiß. Die Fahrstuhltür spiegelte und flimmerte und fing meinen Blick. Ich sah mich an. Hm. Sich so im gleißenden Sonnenlicht zu betrachten, wann hat man schon mal die Gelegenheit dazu? Ich stand auf und sah mich an. Aha. Und nun von der Seite. Ja ja. Und nun von hinten. Mhh-hmmm. Und da hörte ich das Pfeifen. Nicht irgendein Pfeifen, sondern das international erkennbare Whoa-Hello!-Pfeifen. Galt das mir? Wo kam es her?

Schnell legte ich mich wieder auf die Sonnenliege, griff zum Buch – und da sah ich ihn. Von einem Hochhaus schräg gegenüber, das ein paar Stockwerke höher war, winkte mir ein gut aussehender junger Mann zu. Er schrie auch etwas, immer wieder. Ich ignorierte ihn, versuchte jedoch, ihn zu verstehen.

»Bonita! Alles gut, siehst gut aus, keine Sorge!«, rief er.

Gott, war das peinlich. Andererseits war es auch schmeichelhaft.

»Hey! Hey!«, schrie er. »De donde eres?« Woher kommst du?

Das war doch unglaublich. Wie konnte er über die Dächer erkennen, dass ich keine Argentinierin war?

»No hablo español«, schrie ich rüber.

»Where are you from?«, rief er.

»From far away«, rief ich.

»From Paraguay?«, kam es zurück.

Ich musste lachen. Ich musste aber auch runter von meinem Präsentierteller, denn der Dachtyp wollte die Konversation fortsetzen. Als er sah, dass ich zusammenpackte, rief er: »Morgen um dieselbe Zeit, okay? Um vier! Ich werde warten.«

Ich winkte ihm zum Abschied. Als I. nach Hause kam, erzählte ich ihr davon.

»Und, wie sah er aus?«, fragte sie.

»Konnte ich nicht ganz erkennen. Der Oberkörper war aber gut.«

»Hm. Also hast du jetzt ein Pooldate.«

»Eher ein Dachdate.«

Am nächsten Tag ging ich nicht zum Pool, dafür I., die mir, als sie wiederkam, ausrichtete, der Dachtyp hätte mir, soweit sie es verstanden hätte, Grüße ausgerichtet. Außerdem glaubte sie, dass er nicht erfreut war, dass ich ihn versetzt hätte und er morgen um dieselbe Zeit warten würde. Als ich am nächsten Tag wieder unser »Date« verpasste, sagte I.: »Morgen musst du zum Pool! Ich kann mich ja nicht mehr in Ruhe sonnen, der Typ schreit die ganze Zeit.«

Also tat ich das. Dachtyp war da und fing an zu rufen und zu winken, und ich zeigte auf das Café an der Straßenecke: »In einer halben Stunde!«

Sein Oberkörper war wirklich ganz in Ordnung, der Rest aber nicht so mein Fall. Als wir Getränke bestellten, ging ein *cartonero* an uns vorbei. Das war die Gelegenheit, etwas aus dem Munde des Volkes dazu zu hören.

»Was hältst du von den *cartoneros*?«

»Na ja. Ich mag sie nicht besonders.«

»Wieso denn?«

»Sie reißen den Müll auf und hinterlassen eine Sauerei. Und manche, vor allem Jugendliche in Gruppen, sind gefährlich. Halt dich bloß fern von denen.«

»Wie sollen die denn jemanden überfallen, wenn sie auf dem Wagen hundert Kilo haben? Den lassen sie doch nicht stehen«, sagte ich.

»Vielleicht. Die Porteños mögen es eben nicht, dass diese Leute abends in die Stadt einfallen, wenn der Müll auf die Straße gestellt wird.«

»Nervt dich das auch?«

»Wenigstens arbeiten sie für ihren Lebensunterhalt. Und vielen bleibt nichts anderes übrig.«

Später surfte ich etwas, um mehr über die *cartoneros* zu

erfahren. Von 2001 bis 2007 gab es für sie von der Regierung eingesetzte Sonderzüge, die sie einmal pro Tag aus den Vororten in die argentinische Hauptstadt fuhren und wieder zurückbrachten. Als der Zugverkehr eingestellt wurde, siedelten sich viele Familien in Gebieten um die Bahnhöfe an, da sie sich den Transport in die Vororte nicht leisten konnten. Ich las auch über gut verdienende *cartoneros*, die ein Business daraus gemacht hatten, stolz auf ihre Arbeit waren und darauf, dass sie nicht vom Müll lebten, sondern für die Gesellschaft recycelten. Diese *cartoneros* achteten darauf, nicht die auseinandergerissenen Mülltüten wie Sau herumliegen zu lassen, sondern aufzuräumen. Außerdem lobten sie die Bewohner, die ihren Müll sortiert vor die Haustür stellen.

I. kam nach Hause und warf eine leere Plastikflasche in den Müll.

»Du, wir müssen den Müll trennen«, sagte ich.

»Och nein! Wieso denn? Ich dachte, das macht man hier nicht. Ich habe mich schon so daran gewöhnt, alles in einen Eimer…«

»Wegen den *cartoneros*. Die freuen sich, wenn der Müll schon sortiert ist.«

»Die Pappschlepper? Mann«, sagte I. mit resignierter Stimme. »Wie sollen wir das jetzt machen? Die Küche ist so klein, und ich habe keine Lust auf hundert Tüten und Eimer…«

»Deine Küche zu Hause ist auch klein«, sagte ich.

»Ja, und deswegen freut es mich ja so, dass hier alles aufgeräumt aussieht, weil man hier keinen Müll trennen muss. Ist das sehr egoistisch?«

»Nein, mir geht's ja genauso. Aber schau mal: Die suchen nur nach Papier und Plastikflaschen. Das kriegen wir doch hin.«

»Klar. Wir haben ja Übung im Trennen. Aber Mann, dass

man den politisch korrekten Schmarrn nicht ein einziges Mal hinter sich lassen kann!«

»Ich weiß. Wir kommen aus der Nummer nie wieder raus. Ich war übrigens mit dem Typen vom Dach was trinken.«

»Waaaas? Und das erzählst du erst jetzt?«

»Ja, war nicht so spannend. Wo warst du heute?«

»Ach, herumgegangen. Und mich dreimal verlaufen. Palermo dreht sich wieder.«

»Ich muss unbedingt mehr herumlaufen. Kommst du morgen mit zu dem Haus, wo Borges gelebt hat?«

»Claro.«

I. spazierte viel mehr als ich durch Buenos Aires. Ich wollte gerne mehr durch die Stadt laufen, aber *ay, el calorrrr*! Da ich Jugo bin, kann ich sehr gut zu Hause zu bleiben, wenn draußen die Sonne scheint, das habe ich so gelernt. I. hingegen hat als Deutsche gelernt, dass, wenn draußen die Sonne scheint, man rauszugehen hat, frei nach dem deutschen Radiosender-Schwachsinn, der, sobald der Himmel blau ist, propagiert wird: »Herrlich! Die Sonne scheint, jetzt heißt es, raus, an den See, grillen, in den Park, herrlich, Sonne, Hauptsache *raus*!«

Im argentinischen Radio hingegen wird über *el calor* gejammert und zum Teil davor gewarnt, in den Mittagsstunden rauszugehen oder sich gar körperlich zu betätigen. Das war schon eher nach meinem Gusto.

Jorge Luis Borges stimmte mich um: Er war ein leidenschaftlicher Spaziergänger seiner Stadt, und überall in seinem Werk finden sich Straßenecken und Adressen von Buenos Aires, wie kleine, leuchtende Juwelen verstreut in dieser Megacity, die zusammengehalten zu sein schien durch den Mythos seiner Worte, an einer kilometerlangen Kette: »Und heute ist die

Stadt wie eine Karte / meiner Demütigungen, meines Scheiterns ... Hier bilden meine Schritte / ihr unberechenbares Labyrinth«, heißt es in seinem Gedicht »Buenos Aires«.

An der Calle Tacuari kam ich einmal zufällig vorbei. In Borges Erzählung »Das Aleph« wird dort in einem Keller der mystische Punkt vermutet, der alle Punkte der Welt in sich enthalte. Ich blieb beim Anblick des Straßenschildes wie erfroren stehen und erinnerte mich erst einige Stunden später daran, woher ich den Straßennamen kannte.

In dieser Nacht träumte ich von einer Rebellion der *cartoneros* auf der Calle Tacuari, in der aus Plastikflaschen gefährliche Schusswaffen wurden. I. und ich befanden uns mittendrin und konnten die Meuterei durch einen deutschen Intensivkurs in Mülltrennung verhindern. Die Calle Jorge Luis Borges, die früher Serrano hieß und später nach ihm benannt wurde, wurde schon beim ersten Betreten eine meiner Lieblingsstraßen in Palermo, auch wegen ihrer Schönheit. Die Nationalbibliothek an der Calle Aguero, deren Direktor er wurde, als er bereits fast ganz erblindet war, besuchte ich alleine wegen dieser Aussage: »Gottes glänzende Ironie, mir gleichzeitig achthunderttausend Bücher und Dunkelheit zu schenken«.

Aufgeregt fuhr ich mit I. in der U-Bahn zur Plaza San Martín. Ein paar Hundert Meter davon entfernt war die Calle Maipu 994: ein recht unauffälliges, beiges Haus, in dessen sechstem Stockwerk Jorge Luis Borges vierzig Jahre gelebt und das er als sein wahres Zuhause angesehen hatte. Ich stand wie belämmert davor und machte Fotos, viel zu viele, typisch fürs digitale Zeitalter: Kann man später ja löschen und macht es doch nicht und trägt zu dem eigenen Müll bei, den man ständig mit sich trägt. Da sollte man mal anfangen zu trennen und zu entsorgen.

So fiel mir auch erst nach ein paar Minuten das Grafitto auf, das auf das Haus aufgesprüht war. Es war kein buntes, rundes, übertriebenes, sondern wie durch eine Schablone aufgesprüht in einer altmodisch anmutenden Schrift:

Latas
de una
señora alemana

»Schau mal«, schubste ich I. an.

»Was heißt das denn?«

»Keine Ahnung, was latas heißt. Latas einer deutschen Dame. Irgendetwas einer deutschen Dame. Mann, ich habe kein Wörterbuch dabei.«

Der Spruch faszinierte mich. Ich musste sofort wissen, was latas bedeutete, also schrieb ich eine SMS an einen Spanisch sprechenden Freund in Deutschland mit der Hoffnung auf sofortige Antwort, die auch prompt kam:

Dosenpfand.

Dosenpfand? Latas bedeutete Dosenpfand? Gab es das Wort im Spanischen überhaupt? Ich konnte es nicht glauben. Wieso denn Dosenpfand? Ich schrieb ihm noch eine SMS, doch bekam keine Antwort mehr und machte mich sofort auf den Weg nach Hause. I. verstand nicht, was los war, doch ich fühlte, dass auf dieser Wand etwas stand, das an mich gerichtet war und das ich sofort verstehen musste.

Zu Hause sah ich im Wörterbuch nach. Latas hieß nicht Dosenpfand, sondern einfach Dosen. Mein Freund hatte die SMS wahrscheinlich zu schnell getippt, und das Worterkennungsprogramm hatte aus Dosen Dosenpfand gemacht. *Dosen einer deutschen Dame.* Das ergab auch keinen Sinn. Ich verstand es ebenso wenig wie das Konzept des Dosenpfandes am Anfang des Jahrtausends. Dennoch fühlte ich mich gemeint.

Ich ging ans Fenster, das Wörterbuch noch in der Hand. Unten stand der Typ mit der Knarre, er sah hoch, und wir lächelten einander zu wie Nachbarn, die sich seit Jahren kennen. An ihm vorbei mühte sich ein älterer *cartonero* mit seinem Wagen ab, in der Mitte des drei Meter hohen Stapels sah ich ein paar Dosen blitzen. Dosen einer deutschen Dame. Ich dachte: Egal, wie weit man reist, man nimmt seinen Tugendterror doch immer mit. Ich dachte auch, dass der *cartonero* vor zehn Jahren vielleicht noch ein gut gehendes Restaurant oder eine Schlosserei gehabt haben mag und von einem Tag auf den anderen alles verloren hatte. Ich dachte daran, wie schnell das Leben sich ändern kann, in einer Sekunde, in einem Augenblick.

Zwei Tage später lernte ich den Mann kennen, den ich ein paar Straßenecken weiter heiraten und dem ich beibringen würde, wie man Müll in der Trenntstadt Berlin richtig trennt.

9.

Wie ich zum ersten Mal das Rauchen aufgab

Oder:
James Dean steht vor der Kneipe und friert

Manchmal denkt man, das Leben geht ewig so weiter, und Herr im Himmel, es ist erst Dienstagvormittag, und ist das alles öde. Wochen sind wie kleine Ewigkeiten, und trotzdem gehen sie erstaunlich schnell vorbei, und die Momente des Glücks sind lächerlich kurz, und je älter man wird, desto mehr Zeit vergeht zwischen ihnen, immer schneller und doch immer zähflüssiger. Dabei ändert sich das Leben ganz schnell, in einem Luftstoß, mit einem Wort, in einem Augenblick, und dann steht man da, kratzt sich am Kopf und wünscht sich die Langeweile zurück.

Bisweilen aber ändert sich das Leben auch nicht, bis Mittwoch- oder Donnerstagnachmittag nicht, und da hilft es oft, sich an alte Zeiten zurückzuerinnern, weil: Es ist ja immer das eine selbe Leben und doch immer anders, immer wieder, nur vergisst man das in dem Räderwerk der kleinen Ewigkeiten. Ich denke in Zeiten der gefühlten Stagnation zum Beispiel daran, dass ich früher, in diesem selben Leben noch, angeben musste, ob ich im Flugzeug einen Raucher- oder Nichtraucherplatz haben wollte. Damals hatte ich die Wahl, da gab es keine Ansage, an der sich seit Jahren nichts ändert und die trotzdem jedes Mal wieder mikroblechern und pseudofreundlich-nasal das allseits Bekannte verkündet: »Bitte beachten Sie, dass dieser

Flug ein Nichtraucherflug ist wie alle unsere Flüge. Alle unsere Flüge sind Nichtraucherflüge. *Alle*!«

Es gibt heutzutage volljährige Menschen, die in der Welt herumfliegen und sich gar nicht vorstellen können, dass das mal anders war. In meinem Leben habe ich schon so manche Zigarette in einem Flugzeug geraucht, und so alt bin ich auch wieder nicht. Wie kurios es mir heute erscheinen würde, das Flugzeug mit Feuerzeug und Papierticket zu betreten statt mit Flüssigkeitentransparenzbeutel, der in den Ecken immer schnell schleimig wird, und einem Laptop, dessen interkontinentales Geschleppe Osteopathen vor der Arbeitslosigkeit retten wird.

Ich buchte anfangs immer einen Raucherplatz, und dann auch ab und zu nicht, weil man nach einem Flug in den Raucherreihen wirklich nicht schön roch. Viele, die nur eine Zigarette während des Flugs rauchen wollten – und mehr wollte ich ja auch nicht –, setzten sich auf die freien Raucherplätze, pafften eine und gingen wieder, und dann kam der nächste Schlaumeier. So stank man schon nach einem kurzen Flug wie ein Puff, obwohl man nur eine Zigarette geraucht hatte. Aber die, die war es wert – zumindest bin ich jetzt davon überzeugt, durch den augenbeißenden Nebel der blauen Dunstnostalgie.

Ich weiß nicht mehr, wie oder warum ich anfing zu rauchen. Es schien mir die einzige Option. Womöglich liegt es an den Balkangenen. Auf dem Balkan rauchen alle. Überall.

Eine Frauenrunde in Serbien: Es gibt türkischen bzw. griechischen Kaffee (darauf können wir uns nie einigen), die Oma serviert eine Runde Schnäpschen.

»Aber Oma, es ist elf Uhr vormittags!«

»Schusch, nur eins, fürs System«, sagt sie und meint es so.

Alle greifen zu den Zigaretten. Die zweijährige Nichte sitzt mit am Tisch, vor ihr eine Micky-Maus-Tasse mit heißer Milch und einigen Tropfen Kaffee darin, damit sie sich aus der Runde nicht ausgeschlossen fühlt. Die Kleine greift sich schließlich eine Zigarettenschachtel, holt eine Zigarette heraus und angelt nach dem Feuerzeug.

»Nadja, was machst du da?«, fragte ich sie, während ich ihr das Feuerzeug aus der Hand nehme.

»Ich rauche«, sagt das kleine Kind fröhlich.

Rauchen ist natürlich völlig behämmert. Und absolut wunderbar. Es ist schädlich und sinnlos, es ist Genuss und Sünde, eine Entscheidung für den Augenblick, für die Konzentration, für die Ablenkung, für den Hedonismus, für den Scheiß auf die Konsequenzen. Und heute mehr denn je, heute mehr denn je, ist es eine Trotzhaltung. Natürlich fragt hier der kluge, vernünftige Mensch: Trotz wem gegenüber? Seiner eigenen Gesundheit? Einem langen Leben? Lassen wir jemanden aus einer anderen, unvernünftigeren Zeit antworten:

»Ich verstehe es nicht, wie jemand nicht rauchen kann, – er bringt sich doch, sozusagen, um des Lebens bestes Teil und jedenfalls um ein ganz eminentes Vergnügen! Wenn ich aufwache, so freue ich mich, daß ich tagüber werde rauchen dürfen, und wenn ich esse, so freue ich mich wieder darauf, ja ich kann sagen, daß ich eigentlich bloß esse, um rauchen zu können«, sagt Hans Castorp in Thomas Manns »Der Zauberberg«.

Ein ganz eminentes Vergnügen: So empfand ich das auch und wollte es mir deshalb immer dann gönnen, wenn ich Lust darauf verspürte. Einmal erwischte mich ein Freund meiner Eltern beim Rauchen an einer Straßenecke. Er hatte ebenfalls eine brennende Zigarette in der Hand.

»Ach, du rauchst?«, fragte er.

»Ja. Aber sag's bitte nicht meinen Eltern.«

»Ich rauche auch«, sagte er.

»Ich weiß.«

»Aber ich rauche nur in zwei Situationen«, sagte er.

»Ach ja?«

»Ja. Wenn ich nervös bin. Und wenn ich nicht nervös bin.«

Das beschreibt es seitdem für mich ziemlich genau. Ich würde weder Nervosität noch das andere ertragen, ohne zu rauchen.

Ist Rauchen cool? Nein. Natürlich kann es cool aussehen. Wer nicht raucht, ist aber auch nicht cooler, höchstens vernünftiger, geiziger oder nicht so suchtgefährdet.

Dass Rauchen cool sein soll, hat wohl mit dem ganzen Jazz und Rock'n'Roll, dem rebellischen Gepose und dem filterlosen Existentialismus und dem Leinwand-Mythos zu tun. Rauch macht sich auf Bühnen und Leinwänden immer besser als im wahren Leben: Er füllt jede Ecke, die Augen verlieren sich in den Rauchwolken, den Formationen, der blaugrauen Farbe. Man sieht ihn, aber man riecht ihn nicht. Im Leben hat Rauchen andere Vorteile: Wenn man auf jemanden sauer ist, kann man super die Zigarette ausdrücken und dann die Tür zuknallen. Wenn man auf einer Party ist und niemanden kennt, kann man sich eine Zigarette anzünden oder, noch besser, jemanden nach Feuer fragen. Eine Zigarette löst die Frage: Wohin mit den Händen? Und: Wenn man mit dem Schreiben nicht mehr weiter weiß, kann man eine Zigarette rauchen.

In dem Film »Love and Death on Long Island« zündet sich die Hauptfigur, ein Engländer namens Giles De'Ath (gespielt von dem großartigen John Hurt), in einem New Yorker Taxi eine Zigarette an. Das Schild »Thank you for not smoking« ist deutlich zu sehen, und wie zu erwarten, schnauzt der Taxifahrer De'Ath an: »Hey, hier steht: Rauchen verboten!«, worauf De'Ath antwortet: »Nein, hier steht: Danke, dass Sie nicht rauchen. Da ich rauche, erwarte ich nicht, dass man mir dankt.«

Das habe ich auch nie erwartet. Ich hatte aber auch nie erwartet, wie verdammt und ausgestoßen man als Raucher sein würde. Der Film wurde 1997 gedreht; schon damals war es in den USA fast unmöglich, irgendwo zu rauchen, wo es Sinn ergibt. Wie gut, dachte ich damals, dass wir Europäer uns nie so in unserer Freiheit berauben lassen und uns vorschreiben lassen würden, was wir mit uns selbst anstellen wollen. Wer könnte sich französische, italienische, spanische oder in der Tat deutsche Bars und Clubs vorstellen, in denen Rauchen verboten ist? Doch das Leben ändert sich eben schnell, und schwupps, steht man draußen in einer klirrenden Januarnacht vor einer Bar in Europa und smirtet[*]. Eines gilt immer noch: Wer nicht rauchen will, muss nicht. Eines gilt nicht mehr: Wer will, darf nicht oder muss raus.

Ich sah »Love and Death in Long Island« 1997 in einem Londoner Kino, und im Anschluss rauchte ich mit meinem damaligen Freund eine Zigarette vor dem Kino. Es war keine Genießerzigarette, sondern eine Automatismuszigarette. Die nerven, denn man raucht sie nur, weil die Raucherlogik besagt, dass eine Zigarette geraucht werden muss, nachdem man längere Zeit in einer rauchfreien Zone verbracht hat. Wir rauchten also wie vorgeschrieben und lachten über die Szene in dem Taxi. Plötzlich wurde er ernst.

»Ja, lustig«, sagte er. »Wir sollten aufhören zu rauchen. Zusammen, verstehst du?«

»Wie? Ein Pakt? Ja gut, aber wie kommst du jetzt darauf?«

---

[*] smoking + flirting = smirting

»George hat aufgehört, mit dieser einen Methode, mit der es alle schaffen. Es soll ganz einfach sein und funktioniert garantiert, und es soll noch nicht einmal eine Quälerei sein.«

»Welche Methode?«

»Es ist ein Buch«, sagte er.

Natürlich bleiben keinem Raucher die fatalen gesundheitlichen Folgen seiner Sucht verborgen, und deshalb versucht fast jeder Raucher irgendwann aufzuhören. Oder aber man hält es mit Winston Churchill, der gesagt hat: »Ein leidenschaftlicher Raucher, der immer von der Gefahr des Rauchens für die Gesundheit liest, hört in den meisten Fällen auf – zu lesen.«

Geld spielt dabei natürlich keine Rolle, zumindest nicht, wenn man richtig tickt. Ich sagte irgendwann im letzten Jahrtausend, wie so viele andere: »Wenn die Schachtel fünf *Mark* kostet, höre ich auf. Ohne mich!« Heute kostet sie mehr als das Doppelte, und ich rauche immer noch. Oder wieder. Traditionell haben die ärmsten Hartz-IV-Familien neben Flachbildfernsehern auch immer Geld für Kippen, sogar ganze Stangen davon. Man muss eben Prioritäten setzen im Haushaltsbudget.

Unter den rauchenden Mitmenschen beobachtete ich Folgendes: Die einzige effektive Methode, mit dem Rauchen aufzuhören, schien zu sein, eines Morgens aufzuwachen und zu beschließen, nein, einzusehen, nicht mehr zu rauchen, nein, einfach nicht mehr rauchen zu *wollen*. Nur so funktionierte das garantiert. All die, die auf Hypnosen, Nikotinpflaster oder Akupunkturen setzten, wurden rückfällig. Ich wartete Jahre auf diesen Morgen mit der Einsicht, doch er kam nie.

Mein Freund sprach das Thema erst einmal nicht mehr an, und ich reiste für einige Tage nach München. Dort besuchte ich einen Freund in seinem Atelier, und wir rauchten und redeten und umgekehrt. Dann stiegen wir in sein Auto, um in ein Restaurant zu fahren, und gerieten entlang der Isar in einen Stau. Eine halbe Stunde später kamen uns drei Feuerwehrwagen mit Blaulicht entgegen. Wir ahnten nicht, dass in just diesem Moment der Mülleimer brannte, in den wir den Aschenbecher, in dem es noch glühte, hineingeleert hatten.

Er erfuhr am nächsten Tag von dem Brand und rief mich an: »Du wirst es nicht glauben. Wir haben fast mein Atelier abgefackelt«, sagte er.

»Oh nein. Vielleicht ist das ein Zeichen. Ich wollte sowieso aufhören zu rauchen«, sagte ich.

»Ach, echt?«

»Ja, da gibt's diese Methode, von der in England alle schwärmen.«

»Das Buch? Davon habe ich auch schon gehört.«

»Ja, das werde ich lesen. Und nie wieder den Aschenbecher ausleeren, bevor ich das Haus verlasse.«

Das trug sich wohlgemerkt noch zu, bevor es strikte Rauchverbote und Warnungen gab, die mich das Wort Spermatozoiden öfter und in größeren Buchstaben lesen ließen, als mir lieb war. Zurück in London kauften wir zwei Bücher: »The Easy Way To Stop Smoking« (»Endlich Nichtraucher«) von Allen Carr.

Das Buch gefiel mir sofort, denn gleich am Anfang wird man dazu angehalten, so lange weiterzurauchen, bis man ausgelesen hat. Ich bin eigentlich ein schneller Leser, doch in diesem Falle entschloss ich mich, es sehr langsam anzugehen. Ich erinnere mich nur noch vage an den Inhalt: irgendwie, dass Rauchen einem nicht fehlen wird und dass man befreit sein wird, wenn man aufhört. Aufhören durfte man aber nicht sagen. Oder so. Ziemliche Gehirnwäsche, aber nie so nervig, dass man es für immer weglegen wollte. Wir reisten für eine Woche nach Afrika, und ich nahm das Buch mit. Es erschien mir eine gute Idee, in der Fremde aufzuhören, die schlechte Angewohnheit gleich dort zu lassen und rauchfrei nach Hause zurückzukehren. Dann kam die letzte Seite des Buchs, und ein bisschen traurig war ich schon, aber auch entschlossen und gehirngewaschen. Unter den dicken Blättern eines riesigen Baobabs rauchte ich meine letzte Zigarette, und das war's. Ganz einfach.

Ich hatte Entzugserscheinungen, doch schlimmer noch war der Husten. Ich hustete wie verrückt, viel schlimmer als jemals während meiner Raucherzeit. Ich konnte aber besser atmen, riechen und schmecken. Das größte Problem war die Gewichtszunahme, die ich schon befürchtet hatte, denn Nikotin regt den Stoffwechsel des Körpers an, und wer damit aufhört, schraubt ihn wieder herunter, dafür logischerweise die Kilage hoch: Die ersten drei Kilo kamen bei mir mit der Post mit, und gleich danach entwickelte ich eine besonders blöde Methode gegen die orale Langeweile. Statt einer Zigarette aß ich immer einen Mars-Schokoriegel, manchmal auch ein Snickers. Mein Freund tat dasselbe. Nach drei, vier Monaten hatten wir beide sieben Kilo mehr drauf, obwohl es für ihn bis dahin nicht möglich gewesen war zuzunehmen.

Logisch wäre der folgende Gedanke gewesen: Was sind schon ein paar Kilo mehr verglichen mit den gesundheitlichen Schäden, die ich durchs Aufhören ausgeschaltet habe? Doch eine Frau, die *keine* ihrer Hosen zuköpfen kann, nicht mal mit eingezogenem Bauch auf dem Bett liegend, denkt nicht logisch.

Es war wie nach dem Ende einer Beziehung. Man vergisst schnell all die schlechten Dinge, die Lupe der Erinnerung verherrlicht und verklärt, und man erinnert sich nur noch an die guten Zeiten, die man miteinander hatte, und vermisst sie. Mit der Zeit und der reinen Luft in der Lunge vergaß ich das Keuchen beim Treppensteigen, den Mief in den Haaren, die Entrüstung über mich selbst, wenn ich den Aschenbecher leerte und sich unerklärlicherweise siebzehn Zigaretten darin befanden. Stattdessen erwischte ich mich immer öfter dabei, wie ich mit neidischer Sehnsucht auf Raucher blickte, auf ihr offensichtlich ganz eminentes Vergnügen, wie sie sich gegenseitig Feuer gaben, anschnorrten, inhalierten, exhalierten, sich köstlich und genüsslich auf Raten vergifteten.

Das Versprechen des Buches, dass ich dem Rauchen keine Träne nachweinen würde, nie wieder, ließ mit den nachlassenden Beschwerden nach. Irgendwann war es so weit: Nach ein paar Drinks zog ich einmal auf einer Party, nur einen Zug, ehrlich, und dann schnorrte ich eine Zigarette, alles heimlich, denn der Nichtraucherpakt zwischen meinem Freund und mir galt noch. Er betrachtete verwundert sein Pläutzchen im Spiegel; er hatte es zum ersten Mal in seinem Leben geschafft zuzunehmen, und das wunderte ihn so sehr, dass es ihm zu gefallen schien. Ich konnte ihn nicht hängen lassen, nein, und doch: Nach fünf rauchfreien Monaten kaufte ich mir eine Schachtel Zigaretten. Damit war der Kampf verloren, doch ich wollte niemals einer dieser Menschen sein, die ständig schnorren und sagen: »Hast du mal eine Zigarette? Ich hab nämlich mit dem Rauchen aufgehört.«

Das geht dann fünfmal am Abend so, bis man sagen muss: »Nein. Du hast nicht mit dem Rauchen aufgehört. Du hast nur aufgehört, dir Zigaretten zu kaufen.«

Dann sind sie beleidigt, die sparsamen, schnorrenden Sich-in-die-Tasche-Lügner, was aber nichts an der Wahrheit ändert.

Weil ich mich paktbrechermäßig schlecht fühlte, rauchte ich selten und heimlich, meist auf der Straße, vielleicht schon mit einer dunklen Vorahnung von den Zeiten, die kommen würden. Da London so ein Moloch ist, läuft man so gut wie nie Gefahr, jemandem, den man kennt, auf der Straße zu begegnen. In sechs Jahren in London habe ich nur einmal jemanden zufällig auf der Straße getroffen, und zwar in der folgenden Begebenheit: Ich, Nicht-Raucherin, rauchte heimlich auf der Straße, in der Nähe der Holloway Road, wo ich etwas zu erledigen hatte. Ich drückte die Zigarette aus und schob mir einen Kaugummi in den Mund: Sicher ist sicher. Ich bog um die Ecke, und plötzlich sah ich auf der gegenüberliegenden Straßenseite meinen Freund stehen. Er hatte eine Zigarette in der Hand. Ich ging auf ihn zu, und er sah mich.

»Was… Wie konntest du nur?«, fragte ich. Das war nicht richtig.

Er sah traurig aus und schuldbewusst. Das war auch nicht richtig.

»Ich habe wieder angefangen zu rauchen. Es tut mir so leid, ich fühle mich…«, stammelte er.

»Ich auch«, sagte ich.

»Bist du jetzt sehr enttäuscht?«, sagte er.

»Nein. Ich habe auch wieder angefangen.«

»Nein!«

»Doch. Ich habe soeben eine ausgedrückt.«

»Wir sind solche Loser«, sagte er.

Auf die Erkenntnis mussten wir eine rauchen.

Vielleicht hätte ich ja wieder versucht aufzuhören, doch unter den Umständen, die mich erwarten sollten, war das mit mir und dem *Inat* nicht zu vereinbaren.

Inat ist ein vorwiegend serbisches Konzept, obwohl es eigentlich in allen ex-jugoslawischen Republiken vorhanden ist, wenn man mich fragt. Es lässt sich mit Trotz übersetzen, ist aber viel mehr und viel komplexer. (Das Wort stammt eigentlich aus dem Türkischen und wurde, wie viele andere türkische Wörter, durch die Jahrhunderte osmanischer Herrschaft dem Serbokroatischen einverleibt.) Inat ist eine grundsätzlich trotzige Geisteshaltung, die bedeutet, dass man sich erst dann anstrengt, wenn etwas kaum möglich scheint, oder aber nicht mitmacht, wenn es alle tun. Es ist eine Mischung aus Stolz, Trotz, Widerspruchsgeist und ein Dagegenhalten gegen die Meinung der Mehrheit. Wegen Inat tut man Dinge, die verboten sind oder die einem niemand zutraut, nicht unbedingt weil man sie selbst tun möchte. Anders als andere impulsive, bauchbetriebene Kräfte wird zumindest in meinem Falle der Inat mit zunehmendem Alter nicht weniger selten oder schwächer.

Mein Inat rührte sich, als die Kalifornikation in der europäischen Gesellschaft Einzug hielt, als unter dem Deckmantel der Volksgesundheit die Unterdrückung, Gleichschaltung und Züchtigung Einzug hielt. Europa agierte nach amerikanischem Vorbild, und der Raucher wurde zum Buhmann des Kontinents.

Im Zuge der gesellschaftlich verschriebenen Lasterbeseitigung sind Raucher heute geächteter als Alkoholiker oder Drogenabhängige: Sie werden ausgesperrt, unter dem Namen des Nichtraucherschutzes werden persönliche Freiheit und Individualismus gegeißelt, als ob wir alle nicht selbst entscheiden dürfen sollten, was wir wollen, was für uns gut ist, auch wenn es nicht gut für uns ist, zumindest vordergründig nicht. Sie werden in gläserne Kästen gesperrt, auf die Straße gescheucht und dabei zur Kasse gebeten. Wegen Letzterem erwische ich mich zusehends dabei, wie ich wie eine Oma jammere: »Jahaaa, aber Steuern zahlen, das dürfen wir!«

Furchtbar. Das Jammern, meine ich. Ich zahle gerne Steuern, aber auch nicht mehr als, na, sagen wir 75 Prozent.

Der Inat setzte ein, wie immer; und wie immer konnte ich nichts dagegen tun. Ich nahm die Verbote hin, mir blieb meist nichts anderes übrig, doch ich konnte sie nicht wie viele andere mit der logischen Reaktion »Jetzt darf man ja nirgends mehr rauchen, also tue ich es nicht« ins Aufhören umsetzen. Es sei allen gegönnt, die die Verbote dazu animiert haben aufzuhören, aber bei mir funktioniert das anders. Verbote stacheln mich an und machen mich erst richtig erfinderisch.

Vielleicht ist meine Unfähigkeit, die allgemein vorherrschende Vernunftbewegung in etwas scheinbar Sinnvolles umzuwandeln, gar nicht meine Schuld. Die Wissenschaft scheint mir mit zunehmendem Alter immer mehr Gefallen zu tun, indem sie Entdeckungen macht, die als Entschuldigungen für die unterschiedlichsten Laster und Schwächen gelten können. (Vielleicht lese ich mit zunehmendem Alter aber auch einfach mehr Artikel aus den Ressorts »Wissenschaft« und »Gesundheit«.) Es scheint in Mode zu sein – oder vielleicht strengen sich die Damen und Herren Wissenschaftler in letzter Zeit erst richtig an –, dies oder jenes Gen oder DNA-Nanoatömchen zu entdecken, das jeden schlimmen Scheiß rechtfertigt, den man anstellt, weil: Es ist ja stärker als man selbst. Kann man nichts dagegen machen, nö.

2003 entdeckten Wissenschaftler der Keio-Universität in Tokio ein Gen, das es manchen Menschen schwerer macht, mit dem Rauchen aufzuhören. (Natürlich diagnostizierte ich dieses Gen in mir selbst, noch bevor ich den ganzen Artikel gelesen hatte. Die vollständige Diagnose war eigentlich schon nach der Überschrift »Wissenschaftler entdecken Gen, das es manchen Menschen schwer macht, das Rauchen aufzugeben« gestellt.) Das Gen, das entdeckt und auf den lyrischen Namen CYP2A6 getauft wurde, verhindert, dass Nikotin gut im Körper abgebaut wird, weshalb man ständig hohe Levels an Nikotin in sich trägt, was das Aufhören wiederum wegen fieser Entzugserscheinungen unangenehm bis unmöglich macht. Doch es gab auch eine gute Nachricht, und zwar, dass das Gen gleichzeitig vor Lungenkrankheiten schützt. CYP2A6 ist vor allem bei Asiaten verbreitet, ungefähr 30 Prozent der Japaner tragen es in sich, und ich wahrscheinlich auch. Das Gen scheint fair zu sein: Die, die nicht aufhören können, sind besser gegen Krankheiten gewappnet. Wenn ich dieses Gen doch nicht in mir tragen sollte, gebe ich einfach mir selbst die Schuld, das geht auch in Ordnung.

Ob Allen Carr das Gen in sich trug, weiß ich nicht. Er starb 2006 ausgerechnet an Lungenkrebs. Traurig. Er hat noch ein Buch geschrieben, das auch die, die wieder rückfällig werden, erfolgreich und ein für alle Mal bekehren soll.

Ich habe es mir noch nicht gekauft.

So sieht es heute aus: Ich bin Raucherin. Ich bin nicht stolz darauf. Ich bin allerdings stolz darauf, gegen die widerliche Hetzjagd gegen Raucher zu sein, und dass ich das auch wäre, wenn ich nicht rauchen würde. Ich bin sogar ein Stück weit stolz darauf, in einem Land zu leben, das mit dem Rauchverbot relativ rebellisch umgeht und sich nicht alles gefallen lässt. Während in Mailand oder Madrid nicht geraucht werden darf und deshalb auch nicht geraucht wird, ist es zumindest in Berlin kein Problem.

Trotzdem stehe ich oft draußen auf der Straße und friere und sage mir: So ein Scheiß. Ich bin eine Aussätzige, ein James Dean an der Straßenecke, ein Underdog, und bin ich nicht zu alt dafür? Doch ich *teile* etwas mit den anderen Aussätzigen und habe zunehmend Freunde, die nicht rauchen und »mit auf eine Zigarette« rausgehen, weil die interessantesten und lustigsten Gespräche draußen stattfinden, beim Rauchen.

Ich gehöre damit zu einer schwindenden Minderheit, und das gefällt mir irgendwie. Rauchen wird in Großbritannien bereits bis 2040 verschwunden sein, wenn man einer Studie des britischen Ablegers der amerikanischen Citigroup Glauben schenken darf. Seit den Sechzigerjahren ist Rauchen auf der Insel auf dem absteigenden Ast – damals hat ungefähr die Hälfte der britischen Bevölkerung geraucht, heute ist es ein Fünftel. Deutschland, wo heute 23 Prozent der Bevölkerung rauchen, wird schätzungsweise 2280 rauchfrei sein wird. Das erleben wir also garantiert nicht mehr, auch nicht, wenn wir vorher aufhören.

Wenn es mit dem Vernunftwahn so weitergeht wie bisher, scheint es möglich. Der Philosoph Robert Pfaller beschreibt dieses Phänomen in seinem Buch »Wofür es sich zu leben lohnt«. In einem Interview im Juni 2011 sagte er dem Spiegel: »Wir mäßigen uns maßlos. Das ist das Merkmal unserer Epoche, ihr Krankheitssymptom. Die Leute werden dazu angehalten, ihr Leben als Sparguthaben zu betrachten und eifersüchtig darauf zu achten, dass ihnen niemand etwas abknapst. Das ist eine Vorsicht gegenüber dem Leben, die das Leben selber tötet. Sie führt zu einer vorzeitigen Leichenstarre.«

Wir verfallen dem Retro-Charme von »Mad Men«, weil dort geflucht und gehurt und ständig und überall geraucht wird, und diesmal ist es nicht nur der Leinwand-Mythos, der die Ecken füllt. Das Ideal der Gesellschaft ist so glatt, dass es keine Ecken mehr hat. Wir wissen so viel mehr als die Generationen vor uns, und wieso sollten wir uns nicht weiterentwickelt haben, fragt man. Pfaller sagt zu Recht, dass wir das Rauchen nicht etwa verteufeln, »weil wir schlauer sind als frühere Generationen. Dass das Rauchen schädlich ist, wussten sie auch. Mehr noch: Wenn sie das nicht gewusst hätten, hätten sie niemals geraucht – weil es nämlich gerade ihre Schädlichkeit ist, die die Zigarette erhaben macht. Heute hingegen ziehen wir den meisten Genüssen den Stachel: Bars ohne Tabakkultur, Bier ohne Alkohol, Kaffee ohne Koffein, Schlagsahne ohne Fett, virtueller Sex ohne Körperkontakt.«

Rauchen macht einen menschlicher, angreifbarer, sündiger, waghalsiger, unbesonnener, ausgestoßener. Ich mag das. Ich halte mich an Helmut Schmidt fest, der über neunzig ist, und daran, wie Catherine Deneuve überall mit famos hochgezogener Augenbraue das Rauchverbot missachtet, und wie fabelhaft sie dabei immer noch aussieht, denn dass Rauchen einen schlecht altern lässt, macht mir fast mehr Sorge als alles andere. Darauf bin ich nicht stolz.

Deshalb versuche ich, es einzuschränken, so gut es geht. Aber ich bin eben oft nervös. Und oft bin ich es nicht.

Rauchen ist mein Laster, meine Schwäche, meine Unvernunft. Es ist auch mein Mut und meine Zuversicht, dass alles gut gehen wird. Vielleicht wird es das. Vielleicht auch nicht.

Ich denke trotzdem oft, dass ich gerne aufhören würde und müsste und sollte. Doch wenn ich es wollte, würde ich es wohl einfach tun. Das Leben ändert sich schnell, und alles kann in einer Sekunde, einem Augenblick, einem Wort, mit einem Gedanken geschehen. Bis dahin weiß ich aber: Wo Rauch ist, ist zumindest auch irgendwo ein Feuer.

10.

Wie ich zum ersten Mal vom Fahrrad stürzte

Oder:
Die Wahrheit ist so hart wie die
Tour de France gegenüber Hodensäcken

Wo Rauch ist, ist auch Feuer. Guter, kluger Spruch. Dagegen lässt sich nichts sagen. Doch es gibt andere Sprüche, Sprichwörter und Weisheiten, die als gegeben gelten und mantramäßig wiederholt werden, aber nicht unbedingt richtig sind. Man wiederholt sie, weil sie sich gut anhören, Mut machen und auch, weil man sich nicht unbedingt anstrengt, jahrtausendealte Weisheiten anzuzweifeln – man hat ja sonst genug zu tun. Zu den falschen Weisheiten gehört unter anderem: Wo ein Wille ist, ist auch ein Weg. Ist ermutigend und nett gemeint, stimmt aber nicht immer, sonst würden alle schaffen, was sie wirklich wollten. Oder: Dabei sein ist alles. Dabei sein kann ziemlich viel sein, oder auch ziemlich wenig, je nachdem – nicht umsonst sind in Bayern die Adabeis nicht unbedingt die Coolsten –, aber alles? Nein. »Dabei sein ist alles« ist der Trostpokal der Sprüche.

Oder aber: Fahrradfahren verlernt man nicht. Das kann ich so nicht unterschreiben. Vom Fahrrad stürzen verlernt man nicht, muss es in meinem Falle richtig heißen. Ich verlerne Fahrradfahren sehr regelmäßig, weshalb ich in ungefähr 78 Prozent der Fälle, in denen ich einen Fahrradsattel bestieg, näheren Kontakt mit Asphalt hatte, als meinem Gesicht und auch

Knien und Händen lieb war. Jedes Mal, wenn ich von einem Fahrrad stürzte, sagte ich mir: Das war's. Nie wieder. Doch das Fahrradtrauma wurde im Laufe meines Lebens immer wieder durch Mut, Irrsinn, Gruppenzwang, Not, Eier oder Wodka ausgeschaltet.

Es fing schon schlimm an.

Das, was meine Eltern mit am meisten faszinierte, als sie nach Deutschland zogen, waren die vielen Fahrräder und vor allem die Fahrrad fahrenden Kinder, die alleine und selbstständig auf Fahrradwegen in die Schule fuhren. (Das war keine subjektive Wahrnehmung: In Deutschland gibt es heute zweiundvierzig Millionen Autos, aber dreiundsiebzig Millionen Fahrräder.) Bei uns wurden Kinder an der Hand zur Schule geführt, zumindest die kleineren.

Das war in meinem Falle ziemlich sicher lebensverlängernd. Durch eine außerordentlich unterdurchschnittlich ausgeprägte Grobmotorik und Koordination, die mein Vater einmal übrigens en detail mit einer kroatischen Wochenzeitschrift besprach – als ich ihn darauf ansprach, sagte er schulterzuckend: »Wieso? Stimmt doch.« –, fiel es mir von Anfang an sehr schwer, Fahrrad zu fahren. Ich wollte es aber so gerne! Na ja, und jedes Kind lernt doch irgendwann Fahrrad fahren, oder? Sollte es aber nicht. Mein Gott, was wäre mir erspart geblieben. Ich jedenfalls werde meine noch nicht vorhandene Brut genauestens beobachten und auf Pedalpotenz prüfen.

Als Kind lebte ich in Split, in einem Stadtteil namens Split 3, direkt am Meer. Es war der Gipfel sozialistisch-menschelnder Architektur: viele Hochhäuser, doch leuchtend sandfarben und teils mit Grün bewachsen, auf der einen Seite der Blick ins

Blaue, das Meer, der Horizont, an dessen Ende die Insel Brač, auf der anderen der Blick auf die ungestüme dalmatinische Berglandschaft.

Es gab mehrere ineinander mündende Wohnstraßen auf verschiedenen Ebenen, mit jeder Menge Platz zum Spielen dazwischen: Treppen, Plätze, Rollstuhlrampen, kaputt geschlagene Telefonzellen und viele abgebrannte Kioske. Ich spielte mit einem Rudel Kinder draußen auf der Straße, die kaum befahren war. Kurz bevor es dunkel würde, schrien Mütter unisono, man solle nach Hause kommen, *sofoooort, Abeeeeeendesseeeeen*, und ein paar Minuten später begab man sich nach Hause, auch wenn man die eigene Mutterstimme nicht hatte heraushören können.

Tagsüber wurde mit dem Seil gehüpft, Verstecken gespielt, allgemein umhergerannt, gekreischt und geschrien, und einige wenige Kinder fuhren mit ihren Fahrrädern im Kreis umher. Ich war sofort angefixt: Das sah so flott und erwachsen und schnittig aus! Boah. Ich wollte ein rotes, mit kleinen Glitzerpartikeln, die in der Sonne funkelten.

So mit fünf, sechs Jahren dachten wohl auch meine Eltern, dass es nun an der Zeit wäre für mich, Fahrradfahren zu lernen, und sie kauften mir ein Fahrrad, ein rotes mit kleinen Glitzerpartikeln, die in der Sonne funkelten. Meinem zweijährigen Bruder kauften sie auch eins mit kleinen Stützrädern. Er setzte sich noch in der Wohnung darauf und fuhr sofort los. Dieses hellblonde Baby fuhr mit seinem kleinen Fahrrad so perfekt koordiniert durch die Wohnung, dass er immer millimetergenau vor den Möbeln abbremste und stehen blieb, bis mein Vater nach zwei Wochen die Stützräder abschraubte.

Bei mir lief es etwas anders. Vor unserem Wohnhaus gab es, wie häufig in Ex-Jugoslawien, einen Basketballplatz. Der war meist mit Basketball spielenden Jugendlichen besetzt, also gingen mein Vater und ich früh eines Sonntags dorthin, damit ich dort Fahrradfahren lernte. Wahrscheinlich hätte ich ein Fahrrad mit Stützrädern oder ein Dreirad besser gebrauchen können als mein Bruder. Vielleicht hatte mein Vater zu sehr auf meine Motorik vertraut. Später im Leben, kurz bevor ich das Abitur machte und wieder einmal einen Teller Gulasch über ihm ausgeschüttet hatte, sagte er zu mir: »Du musst studieren. Weißt du, warum?«

»Ja, ich weiß. Will ich auch.«

»Weißt du auch, warum du musst?«

»Damit ich es im Leben zu was bringe?«

»Nein. Weil du verhungern wirst, wenn du deinen Lebensunterhalt jemals mit Kellnern verdienen musst.«

Er hatte Recht. Schon als Kind fiel ich ständig hin, stolperte über irgendetwas, rannte gegen Wände und Türen, kullerte Treppen hinunter, doch nie tat ich mir ernsthaft weh, vielleicht dank des besonderen Glücks, das nur uns genuinen Tölpeln eigen ist. Ich habe im Gegensatz zu meinen normal geschickten Freunden noch nie Krücken oder einen Gips gebraucht.

Doch zurück zu den Fahrradanfängen: An jenem Sonntagmorgen stützte mein Vater mein Fahrrad, und ich fuhr langsam los. Ich halte dich, sagte er immer wieder. Ich fuhr und fuhr, konnte ja nichts passieren, er hält mich ja, doch mit einem Mal wollte ich mich vergewissern, dass mein Vater tatsächlich noch hinter mir herlief. Als ich mich umdrehte, war er hunderttausend Kilometer hinter mir, am anderen Ende des Platzes. Er winkte mir stolz zu. Ich stürzte, riss mir Knie und Hände auf, und das Geschrei war groß. Doch seit diesem Zeitpunkt konnte ich Fahrradfahren, offiziell.

In unserem Land gibt es keine Fahrradkultur. Vor allem in bergigen Städten wie Split oder Belgrad fährt man nicht mit dem Fahrrad von A nach B. Es ist kein ernstzunehmendes Transportmittel, nicht für Kinder, und für Erwachsene eigentlich auch nicht. Es ist eher belustigend, wie Zirkus-Pinguine zu Dudelmusik anschauen. Man fährt damit im Kreis und klingelt, bis ein Hooligan aus der Nachbarschaft ein Ei nach einem wirft.

Vom Ei getroffen: Das war das zweite Mal, das ich vom Fahrrad stürzte. Oder war es nur das zweite Mal, an das ich mich erinnern kann? Wahrscheinlich. Egal. Es war in Split damals superangesagt, von Hochhausdächern rohe Eier zu schmeißen. Ich muss etwa sechs oder sieben gewesen sein und fuhr mit meinem Fahrrad im Kreis und klingelte im Rhythmus eines ABBA-Liedes, das damals mein Ohrwurm war. Plötzlich traf mich etwas mit ungeheurer Wucht an meinem kleinen Unterschenkel, etwas Nasses mit pieksenden Schalen. Ich hatte Glück, dass mich die Teenie-Idioten nicht am Kopf getroffen hatten. Heulend schob ich das Fahrrad nach Hause, wo mein kleiner Bruder gerade mal wieder mit ungeheurer Geschwindigkeit auf Biedermeiermöbel zuraste und in letzter Sekunde abbremste.

Mein ganzer Unterschenkel war danach zwei Wochen dunkelblau, obwohl er ordentlich mit Rakija* eingerieben wurde. Das war's erstmal mit dem Fahrradfahren und mir. Ab und zu schob ich es umher und lehnte schick daran, aber fahren war eine teuflisch gefährliche Angelegenheit.

---

* Schnaps, zum Beispiel Schliwowitz. Hilft sehr gut gegen blaue Flecken und Prellungen, wie ich aus eigener Erfahrung bestätigen kann

Dann zogen wir nach Deutschland, ein Land mit Fahrradwegen und Fahrradampeln und Fahrradhelmen und Fahrradtouren. Ein Kulturschock war das. Ich kam in die vierte Klasse und war gerade damit beschäftigt, mich zu assimilieren, als nach ein paar Wochen eine Fahrradprüfung anstand. In Bayern bekommt man dafür zwei Arten von Abzeichen: einen Wimpel für die Checker und einen Aufkleber für die Loser, und, ach ja, einen Ehrenwimpel für die Superchecker. Ich war natürlich völlig außer Form. Das konnte nichts werden. Ich konzentrierte mich auf den Aufkleber: bloß nicht zu hoch hinauswollen.

Zwei nette bayerische Polizisten bewachten unsere Fahrkünste. Wir mussten geradeaus fahren, was mir nicht gut gelang, und dann Slalom, was mir noch schlechter gelang. Parcours, haha! Ich fiel andauernd vom Fahrrad. Eine Sache ist es, schlecht zu sein, aber dabei beobachtet und geprüft zu werden, das macht einen Fahrradtrottel so richtig nervös auf dem Sattel.

Die Wimpel und Aufkleber wurden an die Kinder verteilt. Ich wurde gebeten zu bleiben, denn ich war die Einzige, die nichts bekam, weder Wimpel noch Aufkleber. Die netten Polizisten nahmen mich beiseite und erklärten mir, dass sie mir noch eine Chance geben würden und ich die Prüfung wiederholen dürfte. Sie hätten gehört, ich wäre erst vor Kurzem nach Deutschland gezogen. Und so fuhr ich los, nur sie und ich auf dem Platz. Diesmal war ich sogar noch schlechter. Ich fuhr jeden einzelnen Kegel um. Ich glaube, bei den Polizisten den Anflug eines Lachens gesehen zu haben.

Nachdem ich fertig war, beratschlagten sie sich, und dann sagte Polizist 1: »Des tut uns fei echt leid, aber ... mia kenna dir koan Aufkleber ned gebn.«.

»Ja, des war ... ned guad«, sagte Polizist 2.

Dieses Drama war nicht gut aufgeteilt: Beide waren good

cops, und beide hatten bad-cop-Nachrichten. Mein Fahrradtrauma war damit noch fester zementiert.

Mein junges Leben ging von da an fahrradlos weiter, doch ich kam auch ohne Pedale gut voran, jedenfalls besser als mit. Voller blauer Flecken war ich trotzdem. Die radlose Existenz kümmerte mich bis zur Pubertät nicht, doch da bildete ich mir gruppenzwangsdazugehörtechnisch ein, weil alle so cool aussahen auf ihren Fahrrädern, mit den Fahrradketten um den Hals und den hochgepuschten Hosenbeinen und den Poppertollen, die durch den weichen Münchner Fahrtwind so richtig in Form gebracht wurden, dass ich auch eins brauchte. Ein Fahrrad, ich! Ich ahnte wohl, dass es keine langfristige Investition sein würde, also kaufte ich vom schulbekannten Schulhofchecker ein »gebrauchtes« Radl für zehn Mark. (Er wollte »fuchzn«, aber ich konnte ihn runterhandeln.) Ach, war das lässig. Der Fahrtwind in den Haaren, locker in die Pedale getreten, sanftmütig lächelnd und wohlwollend die Umwelt betrachtend, dem jungen Erwachsensein entgegenstrampelnd, aber schön sicher auf dem Fahrradweg. (Damit beruhigte ich meine hysterischen Eltern, die schrien, als sie mein »neues« Fahrrad sahen: »In Deutschland gibt's Fahrradwege, hallooo?«) Stimmt, dachte ich: Fahrradfahren verlernt man nicht.

Freihändig fahren war am coolsten, doch das konnte ich knicken. Ich beobachtete aber noch etwas Megacooles: wie sich meine Freunde während des Nebeneinanderfahrens miteinander unterhielten und sich ab und an ansahen, wie man es in einer Unterhaltung eben tut. Conversation à la bicyclette, oh là là! Das musste ich unbedingt auch hinkriegen. Halbstark fuhren wir also Ende der Achtziger im Englischen Garten umher, ich neben einer Freundin, als sie anfing über Jungs zu quatschen. Wie konnte sie auch wissen, dass ich mich hier zu kon

zentrieren hatte? Sie hatte sicher schon mit drei einen Ehrenwimpel bekommen. Ich spürte ihre Blicke. Ich musste jetzt
rübergucken, das machte man so in der Fahrrad-Crew bei der
conversation à la bicyclette.

»Verstehst du?«, fragte sie.

Ich sah rüber.

»Mh-hm«, sagte ich, obwohl ich keine Ahnung hatte, was sie
gerade gesagt hatte. Ich musste ihr aber mindestens noch eine
verhängnisvolle Sekunde in die Augen blicken, sonst galt das
nicht als Verständnis. Verständnis bekundet man nicht, indem
man vorausschauend auf seine Fahrbahn guckt und sich auf die
Pedale konzentriert. Einen Augenblick noch! Da war es schon
passiert. Ich verlor meine mühsam aufrechterhaltene Balance,
kam vom Weg ab und ratterte gen Unterholz und Gebüsch.

Man erkennt genuine Tölpel daran, dass sie in so einer Situation instinktiv die falsche Alternative wählen, und so erledigte
die in diesem Fall absolut nicht angebrachte Vollbremsung den
Rest: Ich stürzte in einen Busch.

»Geht's dir gut? Gott, du blutest«, sagte meine Freundin, die
mir, ohne zu stürzen, hinterhergefahren war und nun besorgt
neben mir kniete.

»Da war … ein Stein«, sagte ich schwach.

Weil ich ein Teenager war und noch nicht wissen konnte,
dass es mit mir und dem Fahrradfahren einfach nicht sein
sollte, dass man manche Träume aufgeben muss, war meine
Fahrradgeschichte damit noch nicht beendet. Dabei hätte ich
zwei der besten Ausreden gehabt. Erstens: nicht in Fahrradkultur aufgewachsen. Zweitens: Motorisch grob gestört und unge-
schickt in allen Belangen, die Fuß- und Handkoordination er-
fordern. Ich hätte beide als Erklärung wählen können, warum
ich nicht Fahrrad fahre, denn, ja: Man muss sich in Deutsch-

land erklären, wenn man es nicht tut. Teenager aber können und wollen Träume nicht so leicht aufgeben, und das ist auch in Ordnung so. Die Zeit wird schließlich dafür sorgen, dass die, von denen man gleich hätte lassen sollen, platzen werden, und das wird früh genug wehtun.

In meinem Falle tat es vor allem körperlich weh. Ich gab das Fahrradfahren nicht auf, also gab ich auch das Stürzen nicht auf. Übersehene Trambahnschienen, nicht bemerkte platte Reifen, in Gedanken versunken sein – all das resultierte in Stürzen und aufgeschlagenen Knien und Händen. Irgendwann wurde mein Fahrrad geklaut, und ich strengte mich nicht an, mir ein neues zu besorgen. Stattdessen und um nicht die Einzige zu sein, die abends mit der U-Bahn durch die Stadt fuhr, ließ ich mich nun im Damensitz auf Gepäckträgern von Fahrrad fahrenden Freunden kutschieren. Damit bin ich in meinem Leben einige Tausend Kilometer weiter befördert worden als auf dem Sattel. Es klappte wunderbar, immer noch Fahrtwind und so, aber ohne Gefahr. Außerdem war es super für die Bauchmuskulatur.

Natürlich waren meine kleinen Unfälle nichts gegen die Unfälle jener Freunde, die richtige Fahrradchecker und Ehrenwimpelträger waren. Je besser man Fahrradfahren kann, je neopren-bekleideter und professioneller behelmt man unterwegs ist, so scheint es, umso schlimmer die Unfälle. Gebrochene Arme, gebrochene Schlüsselbeine, gebrochene Finger, ausgeschlagene Zähne, Haut, die transplantiert werden musste, all das blieb mir erspart, den Menschen, die scheinbar ohne Anstrengung durch die Stadt flitzten, auch ohne Hände – keine Hände! – nicht.

Immer wieder stellte man mir die Frage: »Waaaaas? Du *hast* kein *Fahrrad*? Warum denn nicht?«

Es dauerte ein paar Jahre, bis ich verstand, was Freud einst an Jung schrieb, nämlich dass sich kein Neurotiker seines Stückchens Neurose zu schämen brauche. Fahrradfahren nicht zu mögen gilt in Deutschland als Neurose.

Irgendwann schämte ich mich nicht mehr und gab als Antwort: »Ich mag Fahrradfahren nicht.«

Es war und ist die Wahrheit, und die ist bekanntlich so hart wie die Tour de France gegenüber Hodensäcken. Die darunter verborgene, andere Wahrheit war, dass ich es nicht mochte, weil ich es nicht beherrschte, aber das bindet man nicht jedem auf die Nase. Ausgewählte Freunde und Vertrauenspersonen wussten das, und nun auch die Leser dieses Buchs.

Das Ding ist das: Sich in Deutschland gegen das Fahrradfahren auszusprechen ist, als würde man Welpen oder die Sonne nicht mögen. Es ist äußerst beliebt, das Fahrradfahren, und ich kann das verstehen: eine saubere, gesunde, romantische, ertüchtigende, praktische, autarke, nicht zu schnelle, nicht zu langsame Erfindung und Tätigkeit, die mit eigenen Körperkräften läuft. Was gibt es daran nicht zu mögen?

Fahrradfahren ist sowohl zeitlos als auch zeitgemäß. Ist es nicht sonderbar, wie beide Begriffe (zeitlos und zeitgemäß) als positiv aufgefasst werden, doch eigentlich das Gegenteil voneinander bedeuten? Genau solche Gedanken kommen mir beim Fahrradfahren, und schwupps, Trambahnschiene übersehen, Geschrei groß.

Fahrradfahren ist so gut, dass es sich sogar als Metapher für das Leben selbst eignet. »Das Leben ist wie Fahrradfahren – um die Balance zu halten, muss man sich bewegen«, sagte Albert Einstein. Selbst so ein verschrobenes Genie schätzte die schnöde Schlichtheit des Rades. Und ich? Ich kann es nicht mögen. Kein Wunder, dass ich das jahrelang zu verheimlichen versuchte.

Der letzte große Sturz geschah 2005 in München. Es war ein wunderbarer Sommerabend, an dem mein Mitbewohner B. und ich dem Wodka ausgesprochen zugetan gewesen waren. B. kannte mich noch aus Teenagertagen und war einer meiner wenigen Freunde, die mit dem vollen Ausmaß meines Fahrradtraumas vertraut waren.

An diesem Abend war er mit dem Fahrrad unterwegs, ich natürlich nicht, also setzte ich mich für die Heimfahrt und in Ermangelung eines Taxis, nicht ganz meinem Alter und Designerkleid entsprechend, auf den Gepäckträger seines Klapprades im Damensitz, denn *das* hatte ich nie verlernt. Wir sangen und fuhren los durch die blühende Stadt.

Doch dieser Wodka ist ein Teufel, denn auf einmal durchfuhr mich der Wille, es noch einmal zu versuchen. Jetzt. Ich würde es schaffen, genau jetzt! Das war meine letzte Chance.

»Du, B.«, sagte ich.

»Ja?«

»Ich will jetzt fahren.«

»Waaas? *Fahrrad*?«

»Ja.«

»Nein, nicht jetzt.«

»Doch. Genau jetzt.«

»Mann, du kannst es doch nicht. Und jetzt bist du knülle!«

»Ja, genau deswegen. Jetzt werde ich keine Angst haben und keine neurotischen Fehler machen. Es wird ganz einfach sein, ohne zu überlegen. Wie bei einem Kind.«

»Nein! Wir sind gleich da.«

»Doch, bitte.«

»Nein.«

Das ging so lange weiter, bis er sagte: »Na gut. Aber ich hab dich gewarnt.«

Freudig und vom Erfolg der Operation überzeugt setzte ich mich auf das niedrige Fahrrad. Ich stellte zunächst den linken Fuß auf das linke Pedal, dann den rechten Fuß aufs rechte Pedal, und dann wartete ich etwas zu lang. Wie die Logik der physischen Gesetze es verlangte, knallte ich noch im Stehen um, und zwar hauptsächlich auf mein Gesicht: Das resultierte in Schürfwunden, einer aufgeplatzten Lippe und einem verlorenen Stück Schneidezahn, von Händen und Knien, diesen alten gebeutelten Kumpels, gar nicht zu sprechen. Ich verstand rein gar nichts, dabei war ich mit einem Mal nüchtern.

B. konnte sich ein Lachen nicht verkneifen, merkte aber schnell, wie schlimm es war.

»Oh Mann, oh Mann, du Arme«.

»Wääääääääh! Das war's!«, heulte ich. »Ich fahre nie wieder Fahrrad.«

»Aber warum bist du denn nicht losgefahren?«

»Wie bitte?«

»Na, du hast deine Füße nur auf die Pedale gestellt. Ist doch klar, dass du dann umfällst. So läuft das nicht. Du musst treten, Mann. Treten!«

Hätte er mich nicht darauf aufmerksam, wäre mir dieser Sturz immer noch ein Mysterium. So schlecht bin ich im Fahrradfahren: Ich verstehe noch nicht einmal, was schiefgeht. Und deshalb ist es in Ordnung, wenn ich endlich Folgendes behaupte: Ich mag Fahrradfahren nicht.

Ich mag deshalb auch Amsterdam nicht besonders gerne, mit all seinen rabiaten Fahrradfahrern, ich zucke jedes Mal zusammen, wenn ich eine Fahrradklingel höre, meine Vorstellung vom Purgatorium ist ein Fahrradausflug, ich verspüre körperliche Schmerzen und leichte Übelkeit beim Anblick aerodynamischer Helme und dieser grässlichen Brillen, und wenn man mich foltern wollen würde, wäre eine wochenlange Ausstrahlung der Tour de France keine schlechte Idee.

Ab und zu überkommt sie mich noch, die schwache Sehnsucht nach Fahrtwind in meinen Haaren, zum Beispiel wenn ich all die bezaubernd bunten Retrofahrräder sehe, die es ja jetzt überall gibt. Ach, sind die hübsch mit ihren dicken Reifen und Sorbetfarben. Vielleicht erinnern sie mich an das rote Fahrrad aus meiner Kindheit, an eine Zeit, in der noch alles möglich schien, selbst, dass ich einmal Fahrrad fahren würde.

Als ich 2008 nach Berlin zog, machte ich viele neue Bekanntschaften, denen ich mich ob meiner Drahteselfreiheit abermals erklären musste. Sehr schnell fiel mir eine Antwort ein, bei der niemand mehr nachhakte: »Ich bin doch keins dieser schmuddeligen Fahrradmädchen.«
      Berliner wissen sehr wohl, was damit gemeint ist und lassen es dann jut sein, wa.

Wenn ich etwas aus nachmittäglichen Talkshows, Selbsthilfebüchern und Interviews mit gebotoxten Schauspielerinnen gelernt habe, ist es, dass Älterwerden bedeutet akzeptieren zu können, dass man manche Dinge nie tun wird. Manche dieser nicht getanen Dinge tun weh; andere tun nur dann weh, wenn man sie nicht akzeptiert. Dabei sollte man nie vergessen, woher man kommt: So deutsch ich auch in einigen Dingen geworden bin, so undeutsch bin ich, was das Fahrradfahren angeht. 80 Prozent der Deutschen besitzen ein Fahrrad. Ich bin keine von ihnen, und ich werde es nie sein. Ich habe mein Glück in dieser Sache wahrscheinlich überstrapaziert und tröste mich damit, Talente in anderen Transportarten zu besitzen: Mir fällt es sogar in New York City leicht, ein Taxi zu bekommen. Das werde ich wohl nie verlernen. Doch im Leben geht es schließlich nicht darum, was man nicht verlernt, sondern darum, was man lernt.

11.

Wie ich zum ersten Mal
den Walk of Shame antrat

Oder:
Die Sahne der Nacht
macht Scham zu Stolz

Ob sich das, was man lernt, jemals zu Wissen verfestigen lässt, hängt von verschiedenen Faktoren ab. Die meisten davon sind langweilig. Warum vergisst man manches immer wieder, und warum filtert und analysiert man anderes so lange, bis nichts davon übrig bleibt? Das soll uns hier nicht beschäftigen, denn was man im Leben lernt, lässt sich vor allem in zwei Kategorien einteilen: Tagwissen und Nachtwissen. Was man in der Nacht lernt, vergisst man leider anderntags häufig, doch dafür zählt es mehr. Nachtwissen ist gestückeltes Wissen, das man am Tage, vielleicht sogar am nächsten, zusammenzusetzen versucht, damit es sich nicht nutzlos und verloren anfühlt wie ein einzelnes Puzzlestück. Nachtwissen ist geschnetzelte Erkenntnis, die ohne die Sahne der Nacht nicht möglich gewesen wäre. Es schimmert hier vielleicht durch, dass ich dem Nachtwissen außerordentlich zugetan bin, und das ist nicht überraschend, denn ich bin eine Eule. Eulen und Lerchen, nö? Kennt man. Das sind die zwei chronobiologischen Typen – Frühaufsteher und Langschläfer –, die hübsche Vogelnamen bekommen haben und fester Bestandteil küchenpsychologischer Diskussionsverbalistik in deutschen Haushalten sind.

Mein Faible für Nachtwissen ist nachvollziehbar. Ich, Eule, bin ein Vogel der Nacht. Morgens bin ich grummelig, schwer in Fahrt zu bringen, wortkarg. Ich werde wacher und munterer, je weiter der Tag fortschreitet. Noch bevor sich die Nacht senkt, sobald die erste Hoffnung darauf besteht, am frühen Abend, meiner Lieblingszeit des Tages, spüre ich mich im Lot: Danach wird alles leichter. Für mein Leben ist die Dunkelheit der bessere Hintergrund. Deshalb eignete ich mir in den Jahren auch besonders viel Nachtwissen an, zum Beispiel: »Es ist eine kleine Welt, außer man muss nach Hause laufen.« Oder aber: »Nur weil dich niemand versteht, heißt das noch lange nicht, dass du ein Künstler bist.« Oder: »Lerne, dich mehr vor dir selbst als vor anderen zu schämen.«*

Manchmal weiß ich gar nicht mehr, wo ich mir welches Nachtwissen angeeignet habe, wie in folgendem Falle. Irgendwann kam der Spruch: »Ich komm normal aus'm Babalu, da tritt mir jemand auf die Hand«, also kann es gut das Babalu gewesen sein. Wenn ich mich aber recht entsinne, gab es Marshmallow-Mäuse an der Wand, also war's vielleicht doch das Größenwahn. Ach, vielleicht aber auch die Panzerhalle oder der Pulverturm oder das Ultraschall. Nee, das Ultraschall kam später. Welcher Afterhour-Schuppen es auch war, allen, die dort waren, würde erst viele Jahre später klar werden, dass hier etwas stattfand, das man als kulturelle Revolution bezeichnen würde und das darüber hinaus eine ganze Generation schon vor dem vierzigsten Geburtstag Folgendes sagen lassen würde: »Hä? Wie bitte? Ich höre so schlecht. Alter Raver.« Uns war nicht klar, dass wir gerade eine neue Jugendbewegung zusammenzuckten mit un-

---

* Hat zwar Demokrit um 400 v.Chr. gesagt, aber ich kam eines Nachts auch darauf.

seren komischen Tänzen und lächerlichen Aufzügen, dass wir einen neuartigen Hedonismus gestalteten, wie den Lehrplan eines neuen Studiengangs, mit Feiern als Hauptfach und Absturz als wichtigstes Nebenfach.

Ich war ein Teil davon, in München im Spätsommer 1991, doch in diesem Augenblick war mir das egal. Ich wollte nur meine Tasche wiederhaben, die mir in diesem Stroboskop-Zirkus abhanden gekommen war. Frühe, unentwickelte Technoklänge unz-unz-unzten dumpf um mich herum. Damals verstand ich noch nicht, wie Techno funktioniert, vom Prinzip her nämlich ähnlich wie Zigeunermusik: Es zögert alles so lange hinaus, dass es einen innerlich zerreißt, und wenn es dann melodisch weitergeht, schreien alle vor aufgelöster Anspannung.

Zwischendrin hörte man ein paar Menschenstimmen tatsächlich *Aciiiiiid!* schreien, aber so hip war das nicht mehr, es war ja schon 1991. Wo war meine Tasche? Ich fragte die paar verpeilten Freunde, die ich in dem Partydunst wiederfinden konnte; eine redete mit einer von den Marshmallow-Mäusen, die an der Wand hingen, eine andere tanzte, als ob sie mit einer Gartenschere eine Hecke schneiden würde und hörte mich nicht, und mein Freund M. wiederholte immer nur: »Weder hab ich Geld noch für ein Getränk.« Nur bei meiner Freundin C. stieß ich auf offene Ohren, vielleicht auf zu offene, denn sie war auf Krawall gebürstet und nahm sich sofort der Sache an. C. packte mich an der Hand und schleifte mich zur Garderobe.

»Ich glaube nicht, dass ich die Tasche hier abgegeben habe … Ich hatte sie ja eben noch«, versuchte ich zu protestieren.

»Klar hast du! Ich war ja dabei! Die ist hier, an der …« – und hier legte sie eine dramatische Pause ein – »Garderooooooobe.«

C. begann gleich maschinengewehrartig auf den Garderobetypen einzureden, die wahrscheinlich einzige nüchterne Person in diesem Club. Sie beschrieb die Tasche, er sah nach und verneinte, indem er den Mund zusammenkniff und den Kopf schüttelte. Das brachte C. erst richtig in Rage.

»Doch, die muss da sein, die haben wir abgegeben! Mit ihrer Jacke zusammen!«

»Komm jetzt, die hamse nich«, sagte ich und zupfte an ihrem bauchfreien Neon-Kapuzenshirt.

Doch C. ließ sich nicht beirren; endlich, so schien es, hatte sie eine Aufgabe. Ich glaube, sie gefiel dem Garderobentypen, denn sonst hätte er sie längst abgewürgt. Ich entfernte mich langsam und ging wieder zur Tanzfläche, wo ich M. entdeckte.

»Hey, bist du immer noch hier?«, stellte ich ihm die eher rhetorische Frage.

»Ich hab Durst«, sagte er. »Und weder hab ich Geld noch für ein Getränk.«

»Warte, ich kauf dir einen Drink. Was willstn?«

»Ui, schau mal, da liegt ne Tasche auf dem Boden. Vielleicht ist da ein Getränk drin. Oder ich mein, Geld für ein Getränk.«

»Mann, das ist meine Tasche, du Spack! Die suche ich seit einer Stunde!«

»Echt?«

»Ja, Gibmaher. Gottseidank, alles noch da. Was willstn trinken?«

»Hey, hier gibt's dieses krasse Getränk, das voll kickt und nach Gummibärchen schmeckt, dieses illegale, das verkauft die eine Tussi an der Bar, da muss man Cola sagen und so'n Zeichen dazu machen.«

»Boah ja, da holen wir uns welche«, sagte ich.

Wir tranken zwei damals noch hochillegale, dafür umso spannendere Energydrinks und tanzten noch ein bisschen lallend. M. sah dabei aus wie ein schräges Segelschiff, das sich vor und zurückbewegt. Das war stets ein guter Indikator für seinen Promillewert: Je mehr er segelte, umso praller war er.

Meine Augen scannten, so gut sie konnten, die Tanzfläche: Ich suchte C. Sie war doch nicht immer noch an der Garderobe? Ich ging hin, und da stand sie, immer noch gestikulierend und den Garderobetypen anzickend, der sie inzwischen nicht mehr beachtete, sondern seiner Aufgabe nachging.

»Hey! Hör auf«, sagte ich, und sie sah mich kurz an, drehte sich um und schimpfte weiter.

»Hey!«, sagte ich und rief ihren Namen ein paarmal in ihr Ohr. »Ich hab die Tasche. Ich hab sie gefunden.«

»Wös?«

»Ich hab die Tasche. Sie war auf der Tanzfläche.«

»Ach, ist mir doch scheißegal«, rief sie und hämmerte weiter verbal auf den Garderobetypen ein.

Ich ging wieder zurück zur Tanzfläche, wo ich einen Freund von mir auf einer Stufe mit einem Mädchen sitzen sah. Ein paar Stufen unter ihnen saß ein Mädchen mit einem Gipsarm. Mein Freund und das Mädchen fingen an zu knutschen, und das brachte sie derart aus dem Gleichgewicht, dass sie, immer noch ineinander verschlungen, die Treppen herunterfielen und ausgerechnet auf das Mädchen mit Gipsarm fielen, und zwar genau auf den Gipsarm.

Eulen fällt es grundsätzlich schwer, sich zum Abschied von der Nacht aufzuraffen, doch manchmal kann es uns behilflich sein, wenn sich andere Menschen zu Idioten machen. In dem Moment, als die beiden auf dem zeternden Gipsarmmädchen landeten, wusste ich, dass es nun an der Zeit war zu gehen, obwohl das Verb fremdschämen damals noch gar nicht existierte. Ein Wort zum so genannten polnischen Abgang: Ich mag ihn nicht. Abhauen kann schließlich jeder. Sich zu verabschieden, wie es sich geziemt, ist wesentlich schwieriger, aber auch manierlicher und charakterfester. Leider ist die Gefahr, beim Abschied zum »Komm, nur noch einen Drink«-Bleiben überredet zu werden, sehr hoch, und was aus diesem letzten Drink noch werden kann, daran kann man sich gottlob oft nicht mehr erinnern. Deshalb hilft uns ab und zu nur die unhöfliche Flucht, die aus unerfindlichen Gründen auf polnische Bürger geschoben wird, als ob man keine Zeit gehabt hätte sich zu verabschieden, weil man ein Auto über die Grenze bringen muss.

Also: Jetzt gehen. Wie spät? Zehn. Uhr. Morgens. Das kann nicht sein. Wie ist mir die Nacht nur so durch die Hände geronnen? Hatte es mit dieser neuartigen Musik zu tun? Wenn sich alles wie ein ellenlanger Song hinzieht, kann es sein, dass sich die Zeit verschiebt? Jetzt, jetzt aber muss man den Absprung machen und den Ausgang finden, nicht nur im übertragenen Sinne.

Als ich ihn fand, schien die Sonne draußen helle, und der neue, unerwartete Tag strahlte unerträglich fröhlich und unschuldig. Zwei Welten, von einer Tür und einem Konzept namens Afterhour getrennt. Die zweite Welt war harsch, denn man ist nicht immer dafür gewappnet, mit Normalität konfrontiert zu werden. Das Beste gleich zu Anfang, unheimliches Anfängerglück nämlich: Ich hatte eine Sonnenbrille dabei, nicht etwa, weil ich damals schon wusste, dass der Walk of Shame nur mit einer Sonnenbrille einigermaßen würdevoll zu überstehen ist, sondern weil diese ein Teil meiner Frisur und meines Looks war. Ich setzte sie auf die Nase und wankte los.

Dafür darf ich wohl zum Teil einem Kanadier namens Corey Hart danken, der 1984 »I wear my sunglasses at night« sang und diese Botschaft mit dem typisch epileptischen Zuckungstanz der Achtzigerjahre unterstützte. Das war das Coolste, das ich jemals gesehen hatte, und hatte zur Folge dass ich mir in den späten Achtziger- und frühen Neunzigerjahren in einer Kombination aus Kurzsichtigkeit, Grobmotorik, Nachtblindheit und Sonnenbrille so manche Partyprellung zugefügt habe.

An diesem Sonntagmorgen im Jahr 1991 waren Sonnenbrillen ein obligatorischer Bestandteil eines Raver-Outfits, nicht nur, weil man mit ihnen stecknadelgroße beziehungsweise knallerbesengroße Pupillen verstecken konnte, sondern auch, weil sie unendlich hilfreich waren, wenn man sich mit gebrutzeltem Gehirn und nur Kupfergeld in der Tasche auf den After-Afterhour-Weg machen musste. Das ist das, was man auf Neudeutsch den Walk of Shame, also den Gang der Scham, nennt. Auf Deutsch, um diesen Anglizismus zu entschuldigen, hört sich Gang der Scham wie ein indischer Softporno an.

Der Walk of Shame definiert sich dadurch, dass man in der Kleidung vom Vorabend bei Tageslicht den Weg nach Hause antritt. Der Begriff entstammt der amerikanischen Campus-Lingo und beinhaltet in seinem ursprünglichen Sinne außerhäuslichen, wahrscheinlich einmaligen Geschlechtsverkehr. Auf die deutsche Partyjugend übertragen kann der Grund für den Walk of Shame aber auch einfach eine wilde, lange Partynacht sein. In jedem Fall ist der Walk ein schmaler Grat zwischen Stolz (hahaha, schaut mich an, ich hatte Sex oder wenigstens eine wilde, geile Nacht!) und Scham (Oh Gott, ich Asi, was mach ich nur mit meinem Leben?). Auf welcher Seite des Gefühls der Walk stattfinden wird, darüber entscheidet oft die schlichte Sonnenbrille.

Zugegebenermaßen ist diese Logik ähnlich der von Kindern, die glauben, dass man sie nicht mehr sehen kann, wenn sie sich die Augen zuhalten, doch die zwei Hauptursachen der Scham sind 1) die Blicke, vor denen man sich nicht schützen kann, und

2) dieses gottverdammte Tageslicht, das einen immer aus der Balance zu bringen scheint. Mit Sonnenbrille ist alles in Ordnung, selbst wenn man in einen Vorgarten kotzen muss oder einen Schuh verliert. Wenigstens kann einem dabei niemand in die Augen sehen.

Ich fummelte mir also die Brille vom Kopf, die ich vorher mit viel StuStuStudio-Line dort befestigt hatte. Der Rest meines Looks bestand aus einer Lederkorsage mit Schlangenmusteraufdruck, einer blauen Lackhose und Buffalo-Turnschuhen mit Plateau. Um meinen Hals baumelten die progressivsten Trendteile, die man damals vorweisen konnte: eine CD als Kette, eine Rapper-inspirierte Kette, die in dicken güldenen Lettern »NO« besagte sowie eine Trillerpfeife. Meine Lippen waren dunkel geschminkt in dem Ton, der meinen Vater stets veranlasste, mürrisch zu fragen: »Hast du Tschokolade gegessen, oder was?«

Selbst einem nicht sehr aufmerksamen Beobachter dürfte augenblicklich klar gewesen sein, dass ich an diesem Sonntagmorgen nicht soeben aufgewacht und auf dem Weg zum Gottesdienst war, vielleicht nicht nur wegen des Aufzugs, sondern weil ich noch im Beat tanzte, wenn auch fast unmerklich. Das mitunter Interessante an dieser neuen Musikrichtung, dem Techno, war, dass sie, selbst wenn man sie nicht mehr tatsächlich hörte, im Kopf dennoch nicht ganz abgestellt werden konnte. Jedes Alltagsgeräusch, ob ein Zug in der Ferne oder ein vorbeifahrendes Auto oder das Geratter eines ungeölten Fahrrads, konnte den Beat liefern, und dann ging es wieder los mit dem Unz-Unz-Tschakka-Unz im Kopf.

Ich begann also, Richtung nach Hause zu gehen. Boing-bumm-tschakk. Obwohl ich mehrmals versucht hatte nachzusehen, ob mir noch Geld für ein Taxi übrig geblieben war, schien dies eine zu komplexe Rechenaufgabe zu sein. Außerdem ist es irgendwie widerlich, nach so viel Love-Geschreie und -Gefeiere Geld zu zählen. Nach ein paar Minuten kam mir eine fröhlich gebügelte Weichspülerfamilie entgegengeradelt. Wie nüchtern sie waren. Wie sie mich ansahen: die Kinder fasziniert, die Eltern in einer Mischung aus Verachtung, Mitleid, Angst und Neid.

»Papa, warum sieht das Mädchen so aaaaauuus?«, fragte ein Kind quengelnd.

»Sie kommt grad ausm, äh, Zirkus«, sagte der Vater.

»Ui!«, sagte das Kind und lächelte mich an. Vielleicht erwartete sie jetzt eine Clownerie.

Ich lächelte enricomäßig zurück und ging weiter. Nach zweihundert Metern konnte ich nicht mehr. Ich wollte sofort zu Hause sein und die Rollos runtermachen. Wieso konnte man sich immer noch nicht beamen, dabei waren es schon die Neunziger? Das hatte man uns doch schon seit Langem versprochen. Wie viel Geld hatte ich noch mal? Vielleicht würde es ja für die Taxifahrt doch reichen, und wenn nicht, könnte ich bei der Ankunft überrascht tun, dass es nicht reicht und dann zu Hause schnell Geld holen. (Ich lebte damals noch bei meinen Eltern, die zum Glück zu diesem Zeitpunkt nicht in der Stadt waren, und in einer Zuckerdose in der Küche war immer Geld für den Notfall.)

Ach, da kam schon ein Taxi. Ich winkte, und es fuhr vorbei, obwohl es frei war. Wenn man vormittags zugeravet auf einer Straße in München taumelt, haben die Herren Taxifahrer in ihren gebügelten Prada-Hemden oft wegen Reichtum geschlossen – das ist auch ein Stückchen Nachtwissen, obwohl es theoretisch tagsüber aufgenommen wurde. Noch eins fuhr vorbei und noch eins, und ich war schon auf der Sonnenstraße, und schließlich hielt doch ein Taxi an, darin ein gestandener Bayer:

»Grüß Gott, wo gehtsn hi?«

»Äääh, in die Hohenzollernstraße, Ecke Wilhelm.«

»Des machma.«

Die Taxifahrt war angenehm, denn der Konversationsradar des Herren war perfekt getunt: Er verstand nach einem Satz, dass ich nicht reden wollte oder konnte. Außerdem bremste er stets sehr sanft, und sein Motor gab einen soften Slowtrance-Rhythmus von sich: tschakka-tschakka-bumschakkalack.

»So, da samma scho«, hieß es nach ein paar Minuten, die mir wie Stunden vorkamen.

»Was? Hier wollte ich doch nicht hin!«

»Des ist hier aber Hohenzollern Ecke Wilhelm.«

Erst später sollte ich verstehen, was passiert war. In meiner Rave-Umnebelung hatte ich dem Taxifahrer die Adresse der Firma genannt, bei der ich einen Aushilfsjob hatte, und nicht meine Heimadresse. Natürlich reichte auch das Geld nicht, und ich war nun noch viel weiter von zu Hause entfernt als davor. Ich kann mich nur noch erinnern, dem Taxifahrer den Inhalt meiner Tasche auf den Beifahrersitz ausgeleert zu haben. Nun stand ich an einer Straßenecke in Schwabing und musste nach Bogenhausen. Ich drehte mich nacheinander in alle Himmelsrichtungen, als ob vielleicht eine von ihnen einen guten Rat für mich hätte, als ob vielleicht mein Körper entscheiden könnte, was nun zu tun war, denn das Gehirn schien dazu nicht in der Lage zu sein.

Hier hatte ich zum ersten Mal eine Selbstwahrnehmungsstörung. Ich sah mich von oben. Nein, nein, wirklich, das kommt häufiger vor, als man denkt. Normalerweise ist man ja der Meinung, der Körper sei aus einem Guss, eine Hülle für das Selbst, und man selbst befinde sich fest darin. Scheinbar ist das nicht für alle Menschen so: Jeder zwanzigste erlebt mindestens einmal im Laufe seines Lebens, sich außerhalb des Körpers zu befinden oder einen Doppelgänger zu sehen. Out-of-Body-Erfahrungen nennt man das, und die Ursachen können von Schizophrenie bis Epilepsie reichen.

Eine Afterhour und ein nicht ideal verlaufender Walk of Shame sollten seit den frühen Neunzigerjahren aber als Ursache nicht gänzlich ausgeschlossen werden. Ich sah mich also von oben, war fleißig am Halluzinieren oder Schweben oder wie immer man das in selbstwahrnehmungsgestörten Kreisen nennt und sah plötzlich, wie mein Freund M. auf mich zukam.

Hö? Was macht der denn da?, hörte ich in meinem Kopf.

»Hey, hey, jetzt sag doch was«, rief er und rüttelte mich an den Schultern, und erst da begriff ich, dass er *echt* war.

Nachtwissen besagt, dass man in besonders benebelten Umständen garantiert mehr Glück als Verstand hat, und M., der unweit von der Ecke wohnte, war gerade auf dem Weg nach Hause, weil: »Weder hatte ich Geld noch fürn Taxi. Und du? Was machst du hier?«

»Komm, ich erklär's dir.«

Ich ging mit zu ihm nach Hause, schlief ein paar Stunden auf dem Sofa, und als ich aufwachte, duschte ich mich und zog mir ein paar frische geliehene Klamotten an und machte mich nach einem Frühstück mit dem Geld aus der Zuckerdose von M.s Eltern auf den Heimweg. So ließ sich ein Walk of Shame schon leichter ertragen.

Es sollten noch etliche folgen. Der Unterschied zwischen Scham und Stolz beim Walken, das würde sich schnell herausstellen, war natürlich, ob man Sex gehabt hat oder nicht. Es ist so: Wenn Sex im Spiel war, kann man den Kopf meist höher tragen und darauf scheißen, was die geduschten Normalos auf dem Weg zur Arbeit von einem denken. Wenn die den Bumsfilz auf dem eigenen Kopf schief anschauen, kann man meistens davon ausgehen, dass sie neidisch sind. Oder man kann einfach besser darauf pfeifen, weil: in gebumster Laune.

Wenn man einfach nur herumtorkelt, weil man herumgesumpft hat, den Absprung nicht geschafft und drei Stunden zu lange Scheiße geredet hat, an die man sich nicht erinnern kann, mit Leuten, die man nicht wiedererkennen wird, kommen die vorwurfsvollen Blicke schon eher durch, und das eigene Losertum hängt über einem wie Smog über Los Angeles: käseglockenartig und noch am fernen Horizont zu erkennen.

Jeder hat so seine Tricks, den Walk of Shame auf der Seite des Stolzes zu führen. Ein eulenveranlagter Freund von mir schwört auf Gemüselisten, die man telefonisch durchgibt. Das entdeckte er wie folgt: Er kam eines Vormittags aus dem Sunshine Pub, einer der schlimmsten Absturzlocations in München, und schlenkerte als alter Raver mit Erfahrung mit Sonnenbrille bewaffnet in sein Viertel. Weil sich das Klischee von München als Dorf immer dann als Wahrheit herausstellt, wenn man gerade wirklich niemanden auf der Straße treffen will, begegnete er einer bekannten Visage nach der anderen, alle frisch samstagsgeduscht.

Trotz Sonnenbrille bekam er die Paranoia weil »ich Wodka schwitzte«, und deshalb griff er zu seinem Mobiltelefon und begann, ein gestelltes Telefonat mit einem fiktiven Gegenüber zu führen, aber das machte ihn noch paranoider, denn es kam selbst ihm gekünstelt vor. Also fing er an »mit einem Genieschlag!« eine Gemüseliste durchzugeben: »Ja, Karotten, Karotten. Und zwei, naa, drei Kilo Tomaten, hallo Ina, ja, und Petersilie, und wir haben auch keine Zwiebeln mehr, obwohl doch, ich hab, Servus Tomaso … Ach was, kauf einfach noch welche. Und an Kürbis!«

Das, meinte er, lief wie geflutscht, er walkte wie normal, und dies wurde fortan zu seinem Walk-of-Shame-Trick.

»Wichtig ist, dass man Obst und Gemüse durchgibt«, erklärte er mir eindringlich.

»Warum denn das?«

»Na, gesundes Zeug halt. Keiner schaut einen schief an, wenn man Gemüse aufzählt.«

Ich dankte ihm für den Ratschlag. Für mich bewährte sich immer noch am besten, den Walk of Shame ganz zu meiden und mich nach Hause zu begeben, solange es draußen noch dunkel war. Sollte das aus absprungsverpassungstechnischen Gründen nicht möglich gewesen sein, war unbedingt darauf zu achten, dass genügend Geld fürs Taxi und eine Sonnenbrille vorhanden sind. Das mit der Sonnenbrille in der Nacht wurde mit den Jahren leider zunehmend schwieriger, weil Corey Hart und seine Botschaft immer mehr in Vergessenheit gerieten.

Als sich die Raver-Bewegung weiterentwickelte und groß und stark wurde, entwickelte man sich selbst auch insofern weiter, nicht jeder Partynacht als logische Konsequenz eine Afterhour zu verpassen. Afterhours fanden stattdessen immer öfter in den eigenen vier Wänden statt, was den Vorteil hatte, dass man selbst nicht am hellichten Tag nach Hause aufbrechen musste. In all den Alle-noch-zu-mir-Jahren habe ich mir eine große Sammlung an Sonnenbrillen angeeignet, um sie Gästen mitgeben zu können. Mir selbst habe ich mitgeben können, dass man niemals zu erwachsen ist, sein Nachtwissen zu vertiefen, und dies geschieht eben oft unerwartet und endet mit der Sonne, die einem ins Auge strahlt, das eigentlich hinter einer Schlaf- oder Gurkenmaske ruhen sollte.

Vor ein paar Jahren ging ich eines Vormittags an der Isar entlang, Frühling in den Schritten, Sonnenbrille auf der Nase – noch vom Nachmittag zuvor – und zwar genügend Geld in den Taschen, aber postkoitales schwungvolles Schlendern schien mir angebrachter. München, ein Dorf: Ein mir bekanntes Auto fuhr neben mir, verlangsamte und hupte. Ich sah nicht hin, doch ein Fenster öffnete sich, und mein Name wurde gerufen. Es war mein Freund M., mit dem ich zu dieser Zeit eine Wohnung teilte.

»Hey! Fährst du nach Hause?«

Das tat er. Was für ein Glück. Doch nichts gibt es umsonst, also wartete ich auf seinen Kommentar. »Na, wo waren wir denn gestern Nacht?«

»Wieso?«

»Erstens warst du heute Morgen nicht da. Außerdem hast du dasselbe an wie gestern. Und die Haare so verschwurbelt ... und das Lächeln, das verklärte Lächeln! Watson, ich kombiniere«, sagte er.

»Sherlock, ich ging den Walk of Shame«, sagte ich.

»Ich habe nie verstanden, warum es so heißt. Obwohl, doch, bei manchen schon. Aber andere waren lustig oder sogar fast voller ...«

»Stolz?«

»Ja, irgendwie schon. So was wie Stolz oder Lebenslust. Woran liegt dieser Unterschied?«

Doch bevor ich antworten konnte, sagte er: »Da fällt mir ein: Weißt du, was ich neulich beim Ausmisten gefunden habe? Fotos von diesem einen Abend im Babalu oder Ultraschall. Nee, war doch die Panzerhalle?«

»Welcher Abend?«

»Ach, vor Ewigkeiten, Anfang der Neunziger. Es war einer

der ersten Raves, da, wo wir so verspult waren und du die Tasche verloren hattest und wir uns zufällig an der Ecke Hohenzollern und Wilhelm trafen, als du geschwebt oder halluziniert hast oder so.«

»Hör auf! Von dem Abend gibt's Fotos?«

»Komm, die schauen wir jetzt an«, sagte er und gab Gas.

Wie unerträglich es doch ist, Fotos seines jüngeren Selbst zu sehen.

»So jung war ich noch nie«, sagte ich, als ich sie in der Hand hielt.

Der Schreck ist immer groß, wenn man sein naives, pausbäckiges, dauergewelltes, karottenbehostes, unbedarftes, jüngeres Selbst sieht, doch ich bitte um besondere Nachsicht für diejenigen, die sich alte Raverfotos der frühen Neunziger ansehen müssen. In keiner anderen Zeitepoche stylte man sich voller Stolz bescheuerter. Das machte mich melancholisch und verleitete zu folgender Überlegung: »Und heute gehe ich immer noch den Walk of Shame. Was soll je aus uns werden?«

»Weiß nicht. Du hast eben dem Teufel schon wieder eine Nacht abgetrotzt«, sagte M.

»Wird das jemals aufhören?«

»Ich hoffe nicht. Der Walk of Shame ist doch nur Sorge um ein schlechtes Image, und das gegenüber Leuten, die man gar nicht kennt. Man fühlt sich schlecht, weil man denkt, dass andere einen schief ansehen. Selbst wenn sie das tun: Wenn du nicht die Klamotten vom Vorabend anhättest, wäre es dir doch egal.«

»Stimmt.«

»Eigentlich muss man den Walk of Shame in Walk of Pride umbenennen, zumindest innerlich, während man geht.«

»Oder in Walk of Scheißegal.«

»Und sich mit jedem Schritt sagen: Der Grat zwischen Scham und Stolz ist ein schmaler. Doch ich, ich gehe ihn. Wenigstens versuche ich es, auch wenn ich nicht gerade gehen kann.«

»Und worauf wäre man stolz?«

»Dass man sich Nachtwissen angeeignet hat. Dass man durch Nachtwissen erfahren hat, dass echte Freundschaft nur auf Tagwissen basiert. Dass man den Absprung geschafft hat. Dass man bald zu Hause ist. Dass man zu Hause schwören wird, es nie wieder zu tun, und dass man am Abend schon wieder Hummeln im Arsch haben wird.«

»Das sind recht eigenwillige Gründe für Stolz, Sherlock.«

»Und doch sind sie elementar, mein lieber Watson.«

Recht hatte er. Doch nicht nur der Stolz, auch die Scham, fiel mir ein, ist kein schlechter Begleiter. »Scham bezeichnet im Menschen die innere Grenze der Sünde. Wo er errötet, beginnt eben sein edleres Selbst.«[*] Das edlere Selbst kommt aber nur dann zum Vorschein, wenn man keine Angst hat, sich zum Affen zu machen. Wenn man den Walk of Shame geht, kann man sich wenigstens nicht vorwerfen, dass man etwas verpasst hat – außer vielleicht ein bisschen Schlaf.

---

[*] Friedrich Hebbel, der alte Raver.

12.

Wie ich zum ersten Mal jemanden auf Facebook als Freund akzeptierte, den ich nicht kannte

Oder:
Das dritte Leben ist eins zu viel

Man hat ja immer Angst, etwas zu verpassen, dabei hat man eigentlich schon alles gesehen. Manchmal darf man man sagen, wenn ich ich meine, also: Ich habe immer Angst, etwas zu verpassen, und ich habe eigentlich so ziemlich alles gesehen. An dieser Stelle muss ich wieder einmal die deutsche Sprache loben, der so fabelhaft ungenaue Formulierungen entspringen: so – ziemlich – alles. Darin sind drei sehr wichtige Wörter verbraten, die aneinandergereiht das Gegenteil von so ziemlich allem ergeben, was die Einzelteile ausdrücken wollen. Wie dem auch sei: Immer diese Angst, etwas zu verpassen! Die treibt einen aus dem Haus wie einen schlafwandelnden Zigeunerjungen.

Wie oft habe ich mich abends noch aufgerafft und statt den Schlaf der Gerechten und Selbstgerechten zu schlummern, mich aufgestrapst, aufgebrezelt, meine Tränensäcke mit Hämorroidencreme beschmiert[*], meine Lider mit kalten Schwarzteebeuteln bedeckt, mein Gesicht geschminkt, meine Brüste raus, meinen Bauch rein, meine High Heels an, meine Zähne geputzt, meine Lippen geleckt und mich hinausbegeben in die Sünden-

[*] Schönheitstipp, auf Bairisch so begründet: »Des ziagt ois zamm.«

pfuhle der Stadt und alles, weil ich ja vielleicht was verpassen könnte. (Dass ich so mehrere Stunden Schlaf verpasse, war in diesem Moment unwichtig.)

Einmal habe ich mich sogar mit leichtem Fieber aus dem Bett gequält, um auf eine superdupergeheime Party von Robbie Williams zu gehen, die ein Freund von mir veranstaltete, weil den Robbie, ach: Den hätte ich trotz Prominentenabgebrühtheit schon ganz gerne mal privat kennengelernt. Natürlich war er nicht da, dafür seine umso sauffestere Entourage, und wegen der Aktion musste ich drei Tage länger das Bett hüten.

Doch das Schicksal gibt der Angst, was zu verpassen, immer wieder etwas, woran sie knabbern kann, denn wenn man sich mal sagt: Nein, heute nicht, ich bin zu alt und zu müde und habe schon alles gesehen, jaaaha, dann aber! Dann steigt die Party des Jahrtausends, garantiert, und alle schwärmen wochenlang davon, und man war nicht dabei.

Bei Facebook, dieser virtuellen Selbstdarstellungsextravaganza, hatte ich absolut keine Angst, etwas zu verpassen. Facebook und Myspace und alle anderen sozialen Netzwerke hatte ich kategorisch abgelehnt wie alles, was mit Fenchel oder Kümmel zu tun hat: Kenne ich nicht, will ich nicht, schmeckt mir nicht. Was für ein Schwachsinn, war meine Devise, ich gebe doch nicht preis, wo ich bin, was ich mache und wie ich mich fühle. Wenn das einer meiner Freunde wissen will, soll er mich anrufen oder mir ein Faksimile oder eine Brieftaube schicken, mich ansmsen, anskypen oder sich vor mein Fenster stellen und schreien. Dass diese Platformen etwas mit Freundschaft zu tun haben, schien so absurd wie ein köstliches Tomatensugo mit Fenchel zu versauen.

Der wunderbare Schriftsteller Meša Selimović schrieb in

»Der Derwisch und der Tod«: »Freundschaft wählt man nicht, sie entsteht, wie die Liebe, und wer weiß schon, warum.«

So ist es doch. Virtuelles Herumlungern fördert vielleicht eine Sehnenscheidenentzündung in der rechten Hand, aber doch keine Freundschaft. Tief innedrünne, wie der Berliner sagt, hatte ich wohl aber schon befürchtet, mit meiner Suchtpersonality vollstens abhängig zu werden. Vor Facebook war Myspace angesagt, und da konnte ich schon seltsam teenieske Auswirkungen auf erwachsene Menschen beobachten. Ich betrachtete meine Freundinnen B. und C., als wir uns eines Abends bei einer von ihnen zu Hause trafen: Sie ließen mich nach einem kurzen Update meinerseits links liegen, sahen alle fünf Minuten zum Computer mit glasigen Augen, die nur zum Teil vom Alkohol, vor allem aber von der sozialen Netzwerksucht benebelt waren, als ob sie Zielgruppenakne hätten. Das waren gestandene Frauen Mitte dreißig, die wie Teenies kreischten, wenn es »Ping« machte und hinter vorgehaltener Hand kicherten, wenn ihnen jemand auf »die Wand« schrieb.

»Ihr seid ja süchtig«, sagte ich, und sie sahen mich an, als wäre ich ein Zimmerservice, der leider keinen Champagner auf Kosten des Hauses vorbeibringt.

»Ja«, sagte B.

»Voll süchtig«, sagte C.

»Es ist aber auch so geil«, sagte C. »Komm jetzt, wir melden dich auch an.«

»Wieso? Um mit mir in Kontakt zu bleiben? Ich bin hier, hälou?«

»Ui, guck mal, jetzt hat der wieder ...« sagte B, während C. schon anfing zu kichern.

Also nein. Ich trank noch ein Glas und verabschiedete mich

in die echte Welt, wo ich vielleicht wirklich etwas verpassen könnte.

In den Jahren 2007 und 2008 kam Facebook in einer Riesenwelle auf uns zu, und anders als Myspace schien es alle Altersgruppen anzusprechen und plattzumachen. Ich hörte viel darüber und las vermehrt Artikel von Kollegen, die ich so interessiert wie angeekelt und fasziniert verfolgte, in etwa so wie die Berichterstattung über einen Ölteppich. Auf Partys hörte ich immer öfter folgende Unterhaltung: »Ach *duuuu* bist das. Wir sind doch Facebook-Freunde.«

»Hallo, ach du, das freut mich ja.«

Betretenes Schweigen folgte und dann: »Ja, nett, sich mal so im wahren, höhö, Leben kennenzulernen.«

Wenn man aber in die Gesichter sah, sah man etwas anderes: eine peinlich berührte Überraschung, entstanden aus der Diskrepanz der eigenen Vorstellung über den anderen und konfrontiert mit der Wirklichkeit. Es ist in etwa so ähnlich wie man sich jemanden aufgrund seiner Telefonstimme vorstellt, mit einem entscheidenden Unterschied: Die Facebook-Persona ist bewusst gesteuert und zu seinem eigenen Vorteil zusammengestellt, während es die Telefonstimme nicht ist. Die Online-Identität, die nur einen Bruchteil des Menschen, und zwar den subjektiv als am besten empfundenen wiedergeben kann, sollte gegen die Wirklichkeit nur abkacken können. Leider kam mir das bei diesen Begegnungen nicht immer so vor.

Noch etwas kam mir daran befremdlich vor: Wieso waren Menschen auf Facebook miteinander befreundet, wenn sie es im echten Leben nicht waren? Sollte das Ding nicht dazu gut sein, mit seinen Freunden Kontakt zu halten? Oder hatte ich etwas falsch verstanden? Vielleicht war deshalb der Moment peinlich, weil man als jemand identifiziert wurde, der seinen

Freundeskreis künstlich nach oben steuert, indem er Menschen anfreundet, die er im echten Leben nicht kennt, sondern allenfalls erst später durch Zufall auf Partys kennenlernt. Dabei ertappt, fühlt man sich zu Recht als »Ach duuu, höhö«-Freak.

Schon bald trudelten die ersten E-Mails von Freunden ein, die mich baten, ihr Facebook-Profil auszuchecken. Das klickte ich beruhigt weg, doch persönliche Argumentationen meiner schon infizierten Freunde ließen nicht lange auf sich warten.

»Aber du kannst dann mit allen Freunden in Verbindung sein, auch mit denen in was weiß ich, wo haste denn ...«

»... Oslo und London ...«

»... und, ja genau, New York und Wien, und alten Schulfreunden, und Leuten, mit denen du schon lange nichts mehr zu tun hast«, sagte meine Freundin L.

»Meinst du nicht, dass es einen Grund hat, warum ich mit ihnen nichts mehr zu tun habe? Ist es nicht der Lauf der Dinge, dass manche Freundschaften ausdümpeln?«, fragte ich, ohne dass darauf eingegangen wurde.

»Und es ist superpraktisch. Sagen wir mal, eine Freundin kommt nach Berlin. Dann schreibt sie das auf Facebook, und du siehst es, und dann weißt du es.«

»Aber wenn sie mich nicht anruft, will sie mich vielleicht gar nicht sehen.«

»Ach, du stellst dich wieder so stur. Das kann man nicht erklären, da muss man dabei sein. Es ist einfach eine andere Art des Kommunizierens ... Man kann das gar nicht beschreiben. Aber gut, halt dagegen. Irgendwann bist du sowieso dabei, garantiert.«

Es klang wie eine Drohung. Dabei war es nicht so, dass ich nicht interessiert oder neugierig war. Vermutlich hatten die

Vernetzten recht, doch mir kam der Inat in die Quere: Also, alle auf Facebook, Pilic auf Inat.com.

Ich weiß nicht, ob das die ersten Alterserscheinungen waren, aber mir war vor allem das als praktisch und unbedingt notwendig propagierte Rund-um-die-Uhr-im-Kontakt-Gebleibe zuwider. Ich bin in Zeiten groß geworden, in denen man *zu Hause* sein musste, um erreichbar zu sein, verdammt nochmal. Was mich schließlich am meisten anmachte, war das Beobachten eines zickigen Augenrollens meines fabelhaften Kollegen M., der mir in einer Redaktion, die wir hier das Innere der Schneekugel nennen wollen, auffiel. Er rollte mit den Augen, dann kicherte er, und schüttelte zu guter Letzt Augen rollend und kichernd den Kopf. Er hätte auch einen Artikel schreiben können, doch ich wusste, dass es etwas anderes war.

»Was machst du da?«, fragte ich.

»Psssst, bin grad auf Facebook«, sagte er und guckte ertappt.

»Ach so.«

»Da bist du gar nicht, oder?«

»Nein, und ich will auch nicht. Du brauchst mich gar nicht zu überreden. Aber warum hast du gerade so mit den Augen gerollt?«

M. kam mit einem verschwörerischen Blick und seinem iPhone näher.

»Weil Soundso so einen kindischen Quatsch schreibt. Schau mal.«

Und da sah ich zum ersten Mal die blauumrandete Hölle, der ich bald nicht mehr entkommen würde, und darin eine typisch banale, selbstgefällige, sprachlich grob verhunzte Aussage einer uns beiden bekannten Person.

Als M. mir das zeigte, entwich mir wohl ein brauchbarer Facebook-Kommentar.

»Ui, das poste ich jetzt. Darf ich das posten?«, fragte M.

Ich hatte keine Ahnung, was er wollte, also sagte ich: »Na klar.«

»Du musst auch auf Facebook gehen, das ist echt super«, sagte er während er touchscreenig herumtippelte, die Zunge leicht aus dem Mundwinkel hängend, wie wenn man sich besonders konzentriert.

»Ja, damit ich so süchtig werde wie du… Außerdem will ich nicht so viel preisgeben. Wenn jemand wissen will, wie es mir geht oder wo ich bin oder was ich mache, soll er mich doch anrufen.«

»Aber genau das ist das Ding. Du musst nichts preisgeben. Dafür kannst du nur beobachten«, sagte er verschwörerisch und fügte hinzu: »Be-*obachten*.«

Beobachten. Be-*obachten*. Der Gedanke ließ mich nicht los, doch natürlich hätte ich es wissen müssen. Man geht ja davon aus, dass man sich selbst mit zunehmendem Alter immer besser kennt, stattdessen lernt man nur, sich besser ins Hemd zu lügen. Ich war, bin und werde nie eine Beobachterin sein, ohne mich sofort einmischen zu wollen. Ich beobachte kurz, und dann mische ich mich automatisch ein mit meiner überall Senf dazugeben wollenden Natur.

Damit war der Samen der Facebook-Neugier unwiderruflich in meiner äußeren Sozialhirnrinde gesät. Am selben Abend – es war während der Berlinale – lernte ich einen schnittigen Regisseur aus einem fernen Land kennen, der nicht so viel Müll redete wie die anderen und sich sehr galant benahm. Leider wurden wir ob der während der Berlinale vorherrschenden Gruppendynamikauseinanderreißung getrennt, und es blieb keine Zeit, Daten auszutauschen; ich wurde von puppenbrausebreiten Weibern am Ärmel gezerrt, er von seiner Hauptdarstellerin mit Blicken erschossen, und so sagte er nur: »Ich muss…«

»Ich auch…«

»Bist du auf Facebook?«

»Ich… ja, so ein Zufall. Seit heute.«

»Okay, ich facebooke dich.« Dies sagte er auf Englisch, und es hörte sich unreif und doof an: toll also.

Was die Puppenbrause nicht alles bewirkt: Ein paar Stunden später richtete ich meinen Account ein. Die ist ganz schlau, die Sugarhill*-Gang, denn man kann einen Account auch einrichten, wenn man sich ein Auge zuhalten muss, denn ab einer gewissen Promille sieht man mit dem zweiten nicht besser, sondern doppelt. Das ging flugs, und am nächsten Morgen dachte ich nur: »Oh Gott, was habe ich getan? All meine Überzeugungen verraten, wegen Regisseurgeilheit!«

Doch als ich mich einloggte, waren da Glückwünsche, Willkommensgrüße, Endlich-du-hier-Bekundungen und Freundschaftsanfragen. Es war alles so freundlich und nett und heil und flauschig. Ich fühlte das, was Rainer Maria Rilke über den Kurort Bad Ragaz in der Ostschweiz verlauten ließ: Hier sein ist herrlich. Innerhalb von fünf Tagen hatte ich hundertfünfzig Freunde, darunter echte, verlorene, vergessene, umgezogene, Eltern gewordene Freunde, Schulfreunde und ganz neue Freunde, zum Beispiel den Regisseur. Sein Beziehungsstatus war kompliziert, seine Fotos zeigten, dass er viel unterwegs war, seine Hauptdarstellerin stellte ihm online nach, sein Satzbau ließ zu wünschen übrig, seine Leidenschaft für Videospiele und Trash-Metal war etwas beunruhigend. Um so viel zu erfahren, hätte

---

* Zuckerberg, Marc. Wem der Name nichts sagt, darf zum nächsten Kapitel vorblättern.

ich in der Wirklichkeit einige Wochen benötigt. Kein Wunder, dass das Ding so süchtig machte.

Ich loggte mich alle paar Minuten ein und aus, um zu sehen, wer mich als Freund akzeptiert und angefragt hatte. Es war wie ein Rausch: Hier sein war herrlich!

Kollege M. beobachtete mich indes amüsiert.

»Na?«

»Ja, es ist toll, du hattest Recht. Alle hatten Recht. Was man da alles erfährt ...«

Eine Facebook-Existenz birgt unerwartete Aspekte: Erstens fühlt man sich automatisch jünger, vor allem wenn man so mit Mitte dreißig einsteigt. Das ist übrigens die Altersgruppe, die gerade am meisten einsteigt, weswegen die coolen Kids sagen: »Alles voller Kinder und Omas jetzt«. Man wird häufiger, als man es gewöhnt ist, mit der eigenen Vergangenheit konfrontiert, seinem jungen Selbst und viel verloren Geglaubtem, und alles, was mit der eigenen Jugend zu tun hat, macht einem warme Knie und ein schlotteriges Herz. (Das ist übrigens der Anfang des Alters: wenn man selbst anfängt, »seine Jugend« in einem nostalgischen Licht zu sehen.) Zweitens fühlt man sich gut, denn fast alle sind nett und meinen es gut. Ein leicht ironischer Ton ist erlaubt, aber richtige Gemeinheiten gibt es eigentlich nicht. Es ist eine schöne, neue Welt, in der man jeden Tag schöne, neue Dinge entdeckt.

Genau acht Tage nachdem ich bei Facebook Mitglied geworden war, passierte etwas völlig Unerwartetes, das mein Leben verändern sollte. Im Nachhinein war es vielleicht doch nicht so überraschend, denn es war ja *Kriiiiise*, jedenfalls verlor ich von einer Sekunde auf die andere meinen Job, zusammen mit ungefähr achtzig weiteren Kollegen meiner Redaktion. Ich war wegen dieses Jobs von München nach Berlin gezogen. Nun wurden wir »eingestellt«, was im Printmedienbiz das Gegenteil von angestellt bedeutet. Ich konnte mich mit der überraschenden Nachricht seltsam schnell anfreunden und fühlte mich schwindelig und erleichtert gleichzeitig. Hier war wenigstens endlich der Beweis, dass eine Festanstellung überhaupt keine Sicherheit bringt. Bei meinen fabelhaften Noch-Kollegen beobachtete ich indes eine Trendwende: Die meisten von ihnen waren bis dahin Anti-Facebook gewesen und meldeten sich nun an, vielleicht, um den Kontakt zu allen anderen nicht zu verlieren, vielleicht auch, um für potenzielle Arbeitgeber im Netz präsent zu sein. Aufs bescheuerte Netzwerken und Verlinktsein lässt sich eben leichter pfeifen, wenn man nicht arbeitslos ist.

Von da an wurde alles anders. Hatte ich bis dahin den Großteil meiner Tage (und Nächte) umringt von Menschen, Stimmen, Telefonen, Konferenzen, Zurufen, Zickereien und dem Gestampfe hoher Absätze verbracht, war ich nun alleine, und es war still um mich herum. Es war still. Facebook wurde zu meinem Büroersatz. Ich loggte mich auf ein bisschen Tratsch, Flurfunk und diese Art von Quatsch ein, ohne den ein Tag wahrscheinlich sehr effektiv, aber auch merkwürdig leer wird. Ich war jetzt alleine zu Hause. Den ganzen Tag. Ich alleine zu Hause. Das musste noch schiefer gehen als bei Kevin.

Ich gewöhnte mich an die Ruhe um mich herum. Wenn man schreiben will, sind Ruhe und Konzentration erstaunlich hilfreich, wie ich spät im Leben erfuhr. Doch mir fehlten auch der Lärm und das Gewusel, zumindest ab und zu. Wenn man den ganzen Tag alleine zu Hause sitzt, verpasst man da nicht wirklich etwas? Keine fake Robbie-Williams-Party, sondern eventuell das echte Leben?

Soziale Netzwerke machen uns darauf aufmerksam, was wir verpassen. Sie meinen es nicht böse, aber sie führen dazu, dass man sich bei schlechter Laune noch schlechter fühlt, und wenn man sich einsam fühlt, nähren sie Selbstzweifel und das Gefühl der eigenen Unzulänglichkeit. Alleine zu Hause bekommt man all die Party-Fotos mit, all die Event-Attending-Bekundungen, all die Mailand!-Miami!-Melbourne!-Meldungen, all die anderen Dinge eben, die all die anderen machen. Das ist Sinn der Sache, und es ist zum Teil interessant und nützlich. Vor allem aber ist Facebook die allerbeste Ablenkung von der Arbeit: Stunden vergehen wie im Flug, ohne dass man es bemerkt.

Doch das Leben der anderen in diesem eindimensionalen Format, in dem man sich reduziert, um hineinzupassen, bekommt schnell etwas Befremdliches und Stumpfes. Die idealisierte digitale Identität drückt sich zum Beispiel dadurch aus, dass man nur vorteilhafte Fotos von sich selbst ins Netz stellt. (Eine der häufigsten Beschwerden bei der Sugarhill-Gang ist übrigens, dass man sich nicht dagegen wehren kann, wenn andere Menschen Fotos von einem hochladen. Klar, den anderen ist es egal, ob man selbst unvorteilhaft oder dicker als in Wirklichkeit aussieht.) Man verfasst Statusmeldungen, von denen man annimmt, dass sie andere interessant finden werden, man verlinkt zu Artikeln, die einen belesen und klug erscheinen lassen. Das ist nachvollziehbar, denn im echten Leben tut man schließlich auch Dinge, um gut auszusehen und dazustehen. Doch im echten Leben gibt es viele Ebenen, auf denen man sich mitteilt und findet und ausdrückt – dort ist es unmöglich, alles zu planen und zu kontrollieren. Die Soziologin Sherry Turkle, die sich seit fünfundzwanzig Jahren damit beschäftigt, wie Computer unser Bewusstsein verändern, hat in ihrem aktuellen Buch »Alone Together: Why We Expect More from Technology and Less from Each Other« beschrieben, wie Jugendliche Telefongespräche inzwischen meiden, weil sie dort zu viel von sich preisgeben. Für sie sind Facebook oder auch SMS eine Möglichkeit, Gefühle zu verstecken und Konflikten aus dem Weg zu gehen, indem sie die Kommunikation so kontrollieren, dass sie die damit verbundenen Emotionen ausklammern. »Aber zu einer Entschuldigung gehört auch die Reaktion des anderen, die Konfrontation mit Gefühlen, Reaktionen, Konsequenzen«, sagt Turkle in einem Interview mit der Süddeutschen Zeitung. Online, so scheint es, kann man seine Existenz so erfinden, dass sie nicht wehtut.

Anfangs akzeptierte ich nicht nur Menschen, die ich kannte, als Freunde, sondern sogar nur die, die ich auch mochte. Natürlich kamen nun auch vermehrt Anfragen von Menschen, die ich nicht kannte, mit denen ich aber sechsundsiebzig gemeinsame Freunde hatte. Ich als Neuling akzeptierte sie nicht einfach, sondern schrieb ihnen: Kennen wir uns? Manchmal schrieb ich auch den gemeinsamen Freunden: Wer ist denn das? Meist bekam ich die Antwort: Keine Ahnung, ein Facebook-Freund von mir halt, kenne ich auch nicht. Ach, so lief das. Ich war wohl zu wählerisch mit meiner Freundschaft. Als mich schließlich jemand anfragte, mit dem ich fünfundachtzig gemeinsame Freunde hatte, schrieb ich ihm: Kennen wir uns? Die etwas schnippische Antwort folgte zugleich: Nein, aber dann lernen wir uns kennen. Das ist ja der Sinn der Sache hier. Ich nahm ihn als Freund an und hatte nun das Vergnügen, das Leben einer Person zu verfolgen, die ich nicht kenne. Seltsam, und natürlich auch hochinteressant.

Für mich war es aber nie Sinn der Sache, neue Menschen kennenzulernen. Ich wollte keine neuen Freunde, sondern mit denen in Kontakt bleiben und die ausspionieren, die ich bereits kannte und mochte. Und nun, da ich alleine zu Hause war, konnte ich das, und das Alleinsein fühlte sich ein bisschen bevölkerter und lustiger an, anders als wirklich alleine zu sein. Es ist ein wunderliches Gefühl der Zugehörigkeit, des Mitmachens, bei dem sich sogar »Facebook-Stalking« – also obsessives Klicken auf Fotos und Seiten von Freunden – unschuldig anfühlt. Und alles läuft unkompliziert ab: Wenn man jemanden, den man aus den Augen verloren hat, wiederfindet, muss man sich nicht erklären, sondern ist eben wieder connected.

Ich mutierte sehr schnell vom Beobachter zum Mitmischer. Es gibt nämlich diese zwei Arten von Nutzern: Einige spielen Theater auf Facebook, und die anderen gucken zu. Mir war das gar nicht bewusst; ich hatte gedacht, dass die, die nichts von sich preisgeben, nie einen Mucks von sich geben, gar nicht da sind, aber nein: Die be-*obachten* sehr wohl, und manchmal sprechen sie einen in der Wirklichkeit darauf an. Bits aus der Cyberwelt gelangen so ins wahre Leben.

»Als du das mit der Farbe gepostet hast, hätte ich die perfekte Antwort gehabt«, sagte etwa mein Freund L. zu mir, der auf Facebook nie einen Finger rührt.

»Warum hast du mir denn nicht geantwortet?«, fragte ich erstaunt.

»Na, ich kommentiere nicht auf Facebook.«

»Was, das ist dein Prinzip? Du verkneifst dir die Info, die ich brauche, und sagst es mir jetzt, drei Wochen zu spät?«

Doch viele funktionierten auf Facebook so: als Beobachter, als Zuschauer im Theater, als ungesehene Präsenz, seltsam bedacht darauf, nichts von sich zu verraten, ihre eigenen Daten schützend. Vielleicht ist es ja genau richtig, so damit umzugehen.

Da ich nun einen Unbekannten als Freund akzeptiert hatte, war der Bann gebrochen, und es gab kein Zurück mehr. Ich gab auf, bei jeder Anfrage wissen zu wollen, ob man sich im wahren Leben kennt. Mir genügte es, wenn wir viele gemeinsame Freunde hatten, ein nettes Foto vorhanden war oder es sich um Kollegen handelte. Dann kamen täglich Menschen dazu, die ich tatsächlich kennen gelernt hatte, und am nächsten Tag folgte eine Freundschaftsanfrage, die man selbstverständlich annahm. Diese Menschen waren natürlich auch keine Freunde, und in den meisten Fällen beschränkte sich der Kontakt auf den einen Abend, aber anders als im letzten Jahrtausend vergaß man diese Menschen nicht, weil man nun »befreundet« war. Manche lernte man auf diese Weise besser kennen, als einem lieb war.

Dann passierte etwas ganz Skurriles: Ich träumte von einem Facebook-Freund, den ich in der Wirklichkeit nicht kannte. Er war scheinbar so präsent in meinem Leben, dass er in mein Unterbewusstsein gelangen konnte. Das konnte nicht gut sein. Mir fiel ein, dass man bisher zwei Leben gehabt hat: das eine in der Wirklichkeit, das zweite im Traum. Nun kam ein drittes dazu: das Leben im sozialen Netzwerk. Vielleicht war das ein Leben zu viel für mich.

Meine Stimmung begann zu kippen. Mich nervte meine Sucht, denn das war es inzwischen geworden. Ich erschrak, als mir von Facebook vorgeschlagen wurde, in Kontakt mit einer Freundin zu treten, die ein paar Monate zuvor verstorben war. Ich verbarg Freunde, die ständig mit Aufrufen nervten, Wale/Delfine/Koalas/Regenwälder zu retten. Ich begann, das Profil eines Exfreunds zu stalken, an dem ich gar kein Interesse hatte, doch sein Baby wollte ich sehr wohl sehen.

»Was hülfe es aber dem Menschen, wenn er 3000 Facebook-FreundInnen gewönne, und er doch Schaden nähme an seiner Seele?«, schrieb ein Freund und verabschiedete sich dann.

Eine Meta-Ebene tat sich auf. Die Stimmung begann auch

bei anderen zu kippen. Immer öfter las man auf Facebook über Facebook, dass es nervt und langweilt.

Sage ich zu viel? Kommentiere ich zu viel? Rede ich zu viel Quatsch? Bin ich zu banal? Oder gar zu interessant? Geben wir, die Nicht-nur-Beobachter, zu viel preis? Wo landet das alles? Wie sicher ist es? Werde ich bespitzelt? Warum liked das keiner? Warum tut man sich das an? Eine neue virtuelle Lebensweise entsteht, für die man die Regeln selbst definieren muss, als ob man mit dem Regelwerk fürs bisherige Leben nicht genug Verständnisschwierigkeiten hätte.

Und dann, immer wieder, vor allem in Krisenzeiten, gibt es einen Puls, in dem alle gleichzeitig toben, leben, loben, leiden: Katastrophen werden verdichtet, Gefühle werden bestätigt, eine gemeinsame Hysterie, so scheint es, lässt sich leichter ertragen. Ganze Revolutionen wurden möglich gemacht, Diktatoren wurden schneller zu Fall gebracht.

Doch die vielen Sinnlosigkeiten, das Sympathiegeheische, die Dummheiten, die Jetset-Angebereien waren immer noch da und schienen überhand zu nehmen. Damit konnte ich im echten Leben umgehen, aber wie kam es nur so weit, dass ich mich über Menschen aufregen musste, die ich gar nicht kenne? Hatte ich sonst nicht genug zu tun? Abfreunden war eine Methode, die ich ein paarmal zu Rate zog, zum Beispiel bei einer ehemaligen Studienkollegin, die alles mochte, was ich tat, und mir jeden Tag virtuelle Blumensträuße an die Wand klatschte.

Ein soziales Netzwerk ist eine schizophrene Sache. Es ist praktisch zu erfahren, welches Event wo stattfindet und wer hingehen wird. Man kann auf einen Schlag sechshundert Menschen etwas mitteilen. Und vor allem: Man wird gefunden, wenn man gesucht wird. Deshalb ist es auch so schwer, davon loszukommen –als würde man einen Teil seines Lebens aufgeben.

Während ich diese Zeilen schreibe, habe ich fünfhundertsechsundachtzig, halt, fünfhundertsiebenundachtzig Freunde. Was bin ich, ein Teenager? Natürlich zeigt die Anzahl der Freunde auf Facebook nicht an, wie viele Freunde man hat, sondern wie tief man in Facebook drinsteckt. Ich meine, ehrlich, wer hat denn mehr als fünfzehn echte Freunde?

Während ich diese Zeilen schreibe, setzt sich ein Phänomen namens Facebook Suicide durch. Immer mehr Nutzer melden sich ab, vielleicht, weil sie gelangweilt sind oder von ihrer eigenen Facebook-Sucht genug haben. Immer weniger Menschen posten, was ihnen durch den Kopf geht, es geht immer mehr um Party-Einladungen oder Selbstpromotion. So ist das bei Menschen: Ihnen wird schnell langweilig, und wenn alle irgendwo sind, selbst die eigene Oma und der Chef, will man dort nicht mehr sein.

Sherry Turkle beschreibt, wie sich unser Bewusstsein durch soziale Netzwerke verändert: »Früher hieß es ›Ich habe ein Gefühl, also rufe ich jemanden an.‹ Nun heißt es: ›Ich möchte ein Gefühl auslösen, also poste ich…‹ Und all das passiert, während wir alleine mit einem beleuchteten Bildschirm interagieren. Für diese Einsamkeit, die damit verbunden ist, haben wir noch kein Wort gefunden.«

Ich frage mich, ob ich wirklich eine neue Art von Einsamkeit brauche, oder ob mir nicht die genügt, die ich schon kenne.

Vielleicht ist die Zeit gekommen, standhaft und nicht-connected und altmodisch zu sein. Vielleicht kommt irgendwann, ungefähr jetzt, das Alter, ab dem man keine Angst mehr haben sollte, etwas zu verpassen. Vielleicht ist Nicht-auf-Facebook-sein das neue Keinen-Fernseher-besitzen: ein superretrocooles Gegenteil von Zeitfresser. Vielleicht sollte ich mir die doch erstaunlichen vielen Freunde zum Vorbild nehmen, die nie in sozialen Netzwerken waren und absolut nichts verpasst haben: Schließlich hat unser Kontakt und unsere Freundschaft nicht darunter gelitten.

»Leben ist das, was passiert, während man damit beschäftigt ist, andere Pläne zu schmieden«, hat John Lennon gesagt. »Leben ist das, was passiert, während man damit beschäftigt ist, sein Leben auf Facebook zu frisieren«, will ich nie gesagt haben. Ich logge mich aus, weil ich das Wort Freund wieder in seinem ursprünglichen Sinn sagen können will. Ich logge mich jetzt aus. Sonst verpasse ich vielleicht noch das echte Leben, und das ist das einzige, worum es wirklich schade wäre.

13.

Wie ich mich zum ersten Mal bei meinen Nachbarn über Lärm beschwerte (statt umgekehrt)

Oder:
Von der Angst, einen Frosch
zu erschießen

Es ist schon merkwürdig, wie willkürlich man Nähe sucht und zulässt. Da ist man, wenn auch nur virtuell, den ganzen Schludertag mit Leuten zusammen, die man nicht kennt, ärgert sich über deren tmi*-Fluss auf und folgt ihm dennoch wie eine Ameise einer Marmeladenstraße, und die, die neben einem wohnen, will man nicht kennen und hält sie auf höflicher Distanz. Ein Hallo auf der Treppe, ein entgegengenommenes Paket, eine aufgehaltene Tür, ein geliehenes Backblech, guter nachbarschaftlicher Kontakt eben, das geht in Ordnung, aber zu nahe will man sie nicht heranlassen. Die moderne urbane Bauweise und als deren Konsequenz das moderne urbane Leben funktionieren sowohl durch Einsamkeit als auch durch Nähe, und zwar die Art von Nähe, die man sich nicht selbst ausgesucht hat und die deshalb belastend sein kann.

Wenn man in Häusern nebeneinander wohnt, also auf dem Land und in Vororten – wobei ich den Unterschied nie wirklich begriffen habe – haben Nachbarn zwangsläufig mehr mitei-

---

* too much information

nander zu tun als in einer Stadt wie Berlin, wo man seine Wohnung als Enklave sehen möchte und nicht als Teil einer potentiellen Soap-Reality. Urban-bitter-gestört hört sich das an, doch genau auf dem Land passieren doch die ganzen Maschendrahtzaundramen.

Neulich sah ich im Fernsehen einen Bericht über den Prozess zwischen zwei Nachbarn, ehemals guten Freunden. Der eine hat den Lieblingsfrosch (!) des anderen erschossen (!), und nun sind sie verfeindet und sehen sich vor Gericht wieder. Der ehemalige Froschbesitzer hatte den erschossenen Frosch ein Jahr lang in der Kühltruhe (!) aufbewahrt, als Beweisstück. Nennt mich verrückt, aber dann lieber doch eine gutmütige Treppenhaus-Gleichgültigkeit statt näherem Kontakt. Nur aus ehemals guter Freundschaft kann solch froschvernichtende Feindschaft entstehen.

Zu den Dingen, die ich im Laufe meines Lebens gelernt habe gehört die leise, doch unumstößliche Wahrheit, dass Lärm relativ ist. Lärmempfinden hängt von Tageszeit, Promillewert, Wanddicke, Herkunft und Laune ab. Wenn man Lärm selbst verursacht, ist er halb so schlimm. Wenn ihn jemand verursacht, der über einem wohnt und Parkettboden hat, ist er unerträglich. Wer betrunken ist, merkt nicht, dass er brüllt. Wer in Nordeuropa aufgewachsen ist, wird ein anderes Verständnis von Lärm haben als jemand aus, sagen wir, Westafrika oder vom Balkan.

Ich ertrage Lärm wesentlich einfacher als Stille. Wie oft wird Stille als tödlich beschrieben! Lärm ist höchstens ohrenbetäubend und nervig. Dies gilt natürlich nicht, wenn es zwei Uhr morgens ist und man in fünf Stunden aufstehen muss und der klebstoffglasig dreinblickende Teenie-Spongo nebenan derart tumben Hip-Hop hört, dass man rübergehen möchte und ihm die Ohren alleine schon wegen seines einfältigen, imbezilen Musikgeschmacks langziehen möchte.

Ich wage die Behauptung aufzustellen, dass die Deutschen zu den Top 3 der lärmempfindlichsten Nationen der Welt gehören. Das deutsche Umweltbundesamt hat seit 2002 eine »Lärmbelästigungs-Umfrage« laufen, an der sich mehr als zehntausend Bundesbürger beteiligt haben. Fazit: Es ist schlimm. Schlimm! So laut war es noch nie. Der Straßenverkehrslärm ist Besorgnis erregend hoch, aber auch Fluglärm und Nachbarschaftslärm werden zunehmend als störend empfunden.

Ja, der Nachbarschaftslärm: Jene unscharfen Klänge, Auszüge einer Nacht, die kein Ganzes ergeben wollen, ein Rumms, ein Lachen hier, ein Bumms da, karumpel, was machen die nur, wie kann eine so winzige Person derart elefantös trampeln, die Stimmfetzen, die Bässe, die Ungewissheit, ob dies tatsächlich Bowlingkugeln sind, die auf den Boden geschmissen werden, denn genauso hört es sich an.

Man muss im Leben gar nicht immer so genau wissen, was man möchte. Manchmal ist es genauso gut zu wissen, was man nicht möchte. Ich wollte zum Beispiel nie einer dieser Nachbarn sein, der sich ständig beschwert, Frösche erschießt und minutiöse Listen über Lärmbelästigung führt. Trotzdem gibt es Grenzen, wie viel unerträgliches Gestampfe und dumpfe Beschallung man spät nachts ertragen muss. Hier greift die gute englische Regel: *Be nice twice.* Soll heißen: Wenn einem jemand blöd kommt, soll man zweimal nett sein, beim dritten Mal darf man dann unnett werden. Das fällt mir nicht leicht. Ich gelte zwar allgemein als ziemlich zickig, doch bin ich nicht gut im Beschweren. Ich habe viele Jahre gebraucht, um zu verstehen, dass dies zwei Paar Schuhe sind. Wenn ich zum Beispiel im Restaurant etwas Falsches bekomme, esse ich es meist auf, weil es mir unangenehm ist, mich bei einem Kellner zu beschweren, obwohl ich ihn wahrscheinlich nie wiedersehen werde. Am Tag vor meiner Hochzeit musste ich meinen ganzen Mut zusammennehmen, um darauf hinzuweisen, dass die Maniküre ziemlich danebengegangen ist. Sich bei einem Nachbarn zu beschweren, den man womöglich täglich sieht, kostet mich noch mehr Überwindung. Vielleicht hat es damit zu tun, wie ich mit nachbarschaftlichem Lärm aufgewachsen bin.

Zu meinen allerersten Erinnerungen in den Siebzigerjahren in Split gehört die *Kapetanica*, die über uns wohnte, einen schrill kläffenden, noch nicht angesagten Chihuahua besaß und damals hoch angesagte Holzclogs trug. Die Kapetanica (zu deutsch: die Kapitänin) hieß so, weil ihr Mann Schiffskapitän war und als Folge dessen neun Monate im Jahr auf hoher See verbrachte. Die Kapetanica war winzig, doch konnte sie ungeheuer laut stampfen – selbst mir als Kinderlärmverursacherin ging sie auf den Senkel. Sie stampfte, der Chihuahua kläffte, als wolle er sich über den Lärm beschweren, und meine Mutter rollte mit den Augen und murmelte etwas von chinesischer Folter. Gesagt hat sie nie etwas.

Wenn der Kapetan zu Hause war, kamen auch noch Streitereien dazu, doch immer, wenn er abfuhr, in einem riesigen Dampfer, der den Hafen von Split verließ und an unserer Siedlung vorbeifuhr, trötete er ihr, wenn sein Schiff an unserem Haus vorbeiglitt, traurig und unfassbar laut das Horn zum Abschied. Meine Mutter sagte immer: »Hach, jetzt trötet der Kapetan der Kapetanica zum Abschied, hach, ist das romantisch.« Kurz darauf ging das Stampfen wieder los. Der Clog-Trend hatte sich inzwischen auch auf die Kindermode ausgeweitet, und als ich meine Mutter anflehte, mir doch bitte auch ein Paar zu kaufen, bitte in Rot, Größe 28, sagte sie:

»No way. Ich ertrage ja kaum das Gestampfe von der Kapetanica, meinst du, ich lasse die Dinger in unsere Wohnung? Vergiss es.«

Als wir nach München zogen, befand sich unsere erste eigene Wohnung in einem Mehrfamilienhaus in Schwabing. Über uns wohnte eine sehr sympathische Familie, die sich regelmäßig gegenseitig anbrüllte und Möbel herumschmiss. Am nächsten Tag stand man dann mit ihnen im Aufzug, und sie lächelten freundlich und machten inspirierten Small Talk, als wäre nichts gewesen. Jeden Sonntag brachte der Mann seine Bohrmaschine zum Einsatz, wahrscheinlich um all die zerdroschenen Möbel zu reparieren.

Wie man sieht, sind meine Eltern und ihr Nicht-Beschweren daran schuld, dass ich mich nicht so gut beschweren kann. Meine Mutter ist serbisch-orthodox und ungläubig, mein Vater katholisch und gläubig, doch beide lebten immer nach dem »Liebe deinen Nächsten«-Prinzip, das auf Englisch interessanterweise *love thy neighbour* heißt, sich also eher auf den Nachbar als auf den Nächsten beruft. Jesus sagte aber eigentlich: Liebe deinen Nächsten *wie dich selbst*. Vielleicht liegt ja genau hierin die Essenz des Problems. Die Froscherschießer-Nachbarn sehen alle nicht so aus, als ob sie sich selbst lieben würden.

In Deutschland ziehen jährlich eine halbe Million Menschen vor Gericht, um Nachbarschaftskonflikte juristisch zu klären: Dies ist die größte Aufgabe der Zivilgerichte der Bundesrepublik. Was ich ebenso wenig verstehen kann, ist, dass in Deutschland erst im Jahr 2011 beschlossen wurde, dass Kinderlärm künftig nicht mehr zu Nachbarschaftsklagen führen soll. Das Bundeskabinett beschloss ebenso erst 2011, das Gesetz dahingehend zu verändern, dass Lärm von Kindergärten oder Spielplätzen nicht mehr als »schädliche Umwelteinwirkung« eingestuft werden darf. Als ich das las, stellte ich mir zum ersten Mal ernsthaft die Frage: In was für einem Land lebe ich eigentlich?

Ich weiß, wovon ich rede. Ich arbeite seit über zwei Jahren von zu Hause aus und habe ein Fenster zum Hof. Der Hof steht in Berlin-Mitte und ist deshalb von vielen Kindern und ihren Bobby-Cars bevölkert. Es ist zwar keine Kita, aber es hört sich genauso an, denn in den Townhouses im Hof wohnen ausschließlich Familien mit Kindern. Während Friedrich und Karl-Wilhelm und Mathilda über das Kopfsteinpflaster rollen, versuche ich zu schreiben. Nun sind Bobby-Cars auf Kopfsteinpflaster unheimlich laut, und kleine, weinende, lachende, schreiende, hingefallene und wieder aufgestandene Kinder sind es auch. Kurzum: Der Hof ist eine Lärmhölle. Doch nie im Leben würde es mir einfallen, mich darüber zu beschweren, denn Kinder machen nun einmal Lärm. Das ist so, als ob man sich beschweren würde, weil es regnet. Einige Froschkiller würden auch dies sicher gerne tun, wenn sie könnten.

Was sind das für Menschen, frage ich mich, die sich ständig beschweren und gerne streiten und vor Gericht ziehen? Häufig, sagen Experten, denn natürlich gibt es in Deutschland Experten für Nachbarschaftskonflikte, sind es Rentner oder einfach einsame Menschen, die zu viel Zeit, aber keinen Spaß und kaum Sozialkontakte haben und anderen Menschen, vor allem denen, bei denen sie viele Sozialkontakte und Spaß vermuten, dieses missgönnen.

Mit dem Erwachsenwerden tut sich plötzlich eine neue Rolle auf: die des Nachbarn.

Es ist ein unerwarteter und ganz entscheidender Aspekt des Erwachsenwerdens, das Nachbarsein beziehungsweise Nachbarwerden. Wie verhält man sich? Soll man nur grüßen oder auch ein bisschen Small Talk im Treppenhaus machen? Wie laut darf man Musik hören? Darf man nachts Wäsche waschen? Wann darf man hämmern? Wie laut darf man nageln?

Als ich zur Nachbarin avancierte, grüßte ich nett, hielt Türen auf, lächelte und nahm immer Pakete entgegen. Ich versuchte außerdem, keinen Lärm zu verursachen. Das, so fanden, noch bevor es meine Nachbarn tun konnten, meine Mitbewohner, gelang mir nicht, denn sie machten mich darauf aufmerksam, dass ich laut rede und trampele. Das schloss ich daraus, dass sie Folgendes sagten: »Jetzt rede / trampel halt nicht so laut.«

Bei Telefonaten, vor allem denen, die ich auf Serbokroatisch führte, hieß es: »Jetzt schrei halt nicht so!« Insofern wurde ich dafür sensibilisiert, dass ich durchaus als laut empfunden werden kann und versuchte, an meine Nachbarn zu denken. Das ließ sich nicht immer mit meinem in meiner Jugend stets regen Sozialleben vereinbaren, in der regelmäßig zu später Stunde Musik besonders laut gehört werden wollte.

Meine Türschwelle wurde einige Male zur Bühne nachbarschaftlicher Beschwerden, was fast immer daran lag, dass in den Gemächern hinter der Tür Party gemacht wurde. Ich meine keine geplanten Geburtstagspartys, bei denen schon am Vortag der Zettel im Hausflur hängt, der alle warnt und sich fürs Verständnis bedankt, sondern spontan entstandene Wir-gehen-jetzt-noch-alle-zu-mir-und-trinken-noch-was-Partys. Die nachbarschaftliche Beschwerde wird zunächst mit einem Besenstiel geklopft, auch zwei- bis dreimal. Im ungünstigen Falle, dass man die Musik und die Gäste nicht leiser gedreht hat, oder leiser gedreht und dann doch wieder Nur-dieses-eine-Lied!-lauter, wird anschließend an der Tür geklingelt. Das versetzt alle in eine Sekundennüchternheit, und jemand raunt: Jetzt mach mal leiser, aber echt. Anschließend wird die Tür aufgemacht, und es erwartet einen immer eine Überraschung, vorgetragen in einer immer anderen Tonart: schüchtern, genervt, aggressiv, müde, unangenehm berührt. Spätestens dann wurde ich wieder zur guten Nachbarin und drehte die Musik leiser.

Mitte der Neunzigerjahre beschwerte ich mich dann zum ersten Mal selbst, und zwar sehr erfolglos, was mir noch lange nachhängen sollte. Damals lebte ich in einem denkmalgeschützten, sprich dünnwandigen viktorianischen Haus im Norden Londons und hatte zwei Mitbewohner: C. aus Wien, der mir beim Tätowier-Selbstversuch beigestanden hatte, und eine wunderschöne junge Frau namens A., die durch einen glücklichen Zufall bald meine Schwägerin werden wird. Es war ein harmonischer und sehr geselliger Haushalt. Eines Nachts geschah etwas in der Wohnung über uns, die wir lärmtechnisch bisher noch nie wahrgenommen hatten. Es dröhnte laute Musik, Stimmen waren zu hören und Geschrei und Gelache. Ach, da wohnt ja doch jemand, dachten wir uns. Die Musik und die Stimmen hörten aber nicht auf und wurden immer lauter. Wir versuchten alle zu schlafen, was uns nicht gelang. Nach ein paar Stunden trafen wir uns alle hundemüde in der Küche wieder.

»Was machen wir denn jetzt?«, fragte ich.

»Jemand muss hochgehen. Ich muss morgen ganz früh aufstehen«, sagte A.

»Geh du hoch«, sagte C. und sah mich an.

»Ja, du!«, rief A.

»Wieso denn ich?«, fragte ich.

»Du kannst von uns allen am besten motzen.«

Dass Motzen aber nicht dasselbe ist wie Sich-Beschweren und ich deswegen gar nicht qualifiziert war, war mir nicht klar.

Ich ging also hoch und klingelte nervös an der Tür, vorbereitet, die allernetteste Beschwerde vorzubringen.

Die Stimmen verstummten, die Musik wurde aber nicht leiser, und einige Sekunden später öffnete sich die Tür, dahinter eine junge, blonde, betrunkene Frau mit einer Weißweinflasche in der Hand.

»Hö?«, raunzte sie schielend.

»Entschuldigen Sie, ich will keinen Stress machen, aber es ist wirklich sehr laut …«

»Ah, fuck off«, lallte sie.

»Wie bitte?«

»Weisse eigentlich, wie laut ihr immer seid? Und ich sage nie was«, sagte sie und knallte die Tür zu.

Das war ja glänzend gelaufen! Nun war mir auch der Unterschied zwischen Motzen und Sich-Beschweren klar: Motzen kann man allgemein, darin bin ich gut. Wenn man sich beschwert, geht es meist um etwas Konkretes, das eine andere Person entweder unterlassen oder besser machen soll. Das erfordert eine ganz andere Art von Strategie, Missmutigkeit, Unzufriedenheit und Verachtung.

Ich traute mich natürlich nicht, noch einmal zu klingeln, und kehrte zurück, mit schlechten Nachrichten.

»Dann gehe ich jetzt hoch«, sagte A.

Das tat sie, und innerhalb einer Minute verstummte die Musik.

Ich würde mich jahrelang nicht mehr beschweren.

Eine der größten Lotterien des Lebens ist die unmittelbare Nachbarschaft. Nachbarschaft bedeutet Nähe zu Fremden, die man sich nicht aktiv als Kontakt ausgesucht hat, denen man aber mehr oder weniger ausgeliefert ist. Man zieht in eine Wohnung und hat nicht die geringste Ahnung, wer neben, über und unter einem wohnen wird, obwohl dieses Wissen das eigene Leben und seine Qualität mehr beeinflussen kann als alles andere, vor allem, wenn man von zu Hause aus arbeitet. Ganz schön mutig, und ein Glücksspiel vom Feinsten.

Anders verhält es sich mit dem so genannten Nachbarschaftseffekt, den Wissenschaftler immer noch untersuchen. Der Nachbarschaftseffekt ist ein kompliziertes Phänomen, das zeigt, wie ein Wohnviertel die Lebenschancen seiner Bewohner beeinflusst. Die Postleitzahl, die wir wählen, wirkt sich zum Beispiel auf Krankenhausaufenthalte, Teenager-Schwangerschaften, Intelligenzquotienten und Jobchancen aus. So weit kann man vorselektieren, doch was ist, wenn man in ein schönes Viertel und ein schickes Haus zieht und dann Nacht für Nacht nicht schlafen kann, weil neben dem Schlafzimmer unfassbar laut Musik gehört wird?

So ist es mir ergangen. Vielleicht war das die späte Rache irgendeines Besenstiel-Gottes. Ich wohnte auf einmal Wand an Wand mit einem Teenager, der nicht nur derart laut Musik hörte, dass meine Leber und Galle sich im Takt der Bässe bewegten, sondern auch einen so schlechten Musikgeschmack hatte, dass mein Stammhirn zu schmelzen drohte.

Die beiden Nachbarn im Stockwerk über uns beschwerten sich zuerst über ihn. Das bekam ich mit und wagte nach ein paar unausgeschlafenen Monaten selbst eine erste Beschwerde. Der Teenie nickte verständnisvoll, machte die Tür zu und drehte die Musik noch lauter auf, wenn das möglich war. Das ging wochenlang so weiter. Dabei ist es schon eine riesige Überwindung, wenn man im Bett liegt, sich anzuziehen, aufzustehen und an einer fremden Tür zu klingeln.

Ich redete mit seiner Mutter, einer sehr netten Frau, der ich schon ein Backblech geliehen hatte. Sie zeigte Verständnis, doch sie hatte den Jungen scheinbar selbst nicht unter Kontrolle.

Irgendwann sprachen mich die Nachbarn vom Stockwerk über mir an: Sie hatten zwei kleine Kinder, die bassbedingt auch nicht schlafen konnten. Wir einigten uns darauf, nachdem wir uns unzählige Male mitten in der Nacht beschweren mussten, einen Brief an die Hausverwaltung zu schreiben. Dazu kam es bisher nicht, denn die Musik hörte plötzlich auf.

Einige Wochen später traf ich die Mutter des Jungen im Treppenhaus.

»Sie wundern sich sicher, dass es jetzt so leise ist bei uns, oder?«, fragte sie.

»Ja. Hat er es endlich verstanden?«

»Nein, er ist für ein Jahr nach Frankreich gegangen.«

Wenn er wiederkommt, hoffe ich, dass er einen etwas raffinierteren Musikgeschmack mitgebracht hat, damit Eris, die griechische Göttin des Streits und der Zwietracht, ihr Lager woanders aufschlagen kann.

14.

Wie ich zum ersten Mal eine SMS missverstand

Oder:
Eris lacht sich tot

Vielleicht gibt es ja Menschen, die sich fragen, was Eris, die griechische Göttin des Streits und der Zwietracht, am 3. Dezember 1992 so getrieben haben mag. Ohne wahnsinnig klingen zu wollen: Ich glaube, ich weiß es. Eris hielt ihre schützende Hand über die technische Abteilung einer britischen Telekommunikationsfirma, die an genau diesem 3. Dezember die allererste SMS verschickte und eine piep-piepende Zeichenlawine lostrat, unter der inzwischen mehrere Tonnen Ironie, Zwischen-den-Zeilen lesen und Subkontexte begraben liegen. Weil sich nämlich die Verständigung zwischen Mann und Frau in den vorangegangenen Jahrtausenden als noch nicht kompliziert genug erwiesen hatte – *lol***;-) – erfand die Menschheit eine neue Form der Kommunikation, mit der man sich noch besser, schneller, öfter und leichter missverstehen konnte. Eris denkt sich seitdem *rofl*** und stimmt mir – ohne wahnsinnig klingen zu wollen – sicher zu, wenn ich sage, dass Simsen im Hinblick auf Beziehungen mehr zerstörerische Sprengkraft in sich trägt als herumliegende Socken, gemusterte Hemden zu Glit-

---

* laughing out loud
** rolling on the floor laughing

zergürteln, nicht zugeschraubte Zahnpastatuben und Erektionsprobleme zusammen. Nur wussten wir Menschen das damals noch nicht. Nein, wir ahnten das noch nicht einmal.

Die SMS, der sogenannte Short Message Service, ist im Grunde ein Abfallprodukt der Telekommunikation. Als zwei Jahre nach der ersten erfolgreich verschickten Test-SMS das erste Telefon mit SMS-Funktion auf den Markt kam, konnte niemand die unglaubliche Karriere der Kurzmitteilung vorhersehen und erst recht nicht ermessen, wie sehr sie unsere Kommunikationskultur gestalten und unser Sprachempfinden prägen würde.

Marshall McLuhans Devise aus den Sechzigerjahren »Das Medium ist die Botschaft« besagt auch, dass Medien die menschlichen Sinne, Köper und Geist erweitern. Weil der Mensch Akronyme gerne wieder zu ganzen Wörtern macht und sie als solche ausspricht, denke ich, wenn ich auf meinem Display etwa »lol« oder »rofl« lese, nicht: »Mann, du bist fast vierzig, wieso textest du wie ein hormongesteuerter Teenie?« Nein, ich spreche diese kleinen, comicartigen Manifestationen eines Lachens in einer inneren Stimme sogar aus: das erste mit einem russischen L und das zweite mit einem bayrisch gerrrrollten Rrr. Genau, Reife: *txt me l8r*.

Doch richten wir den Blick auf den Frühsommer 1996, in dem ich zum ersten Mal das perfide Potenzial der Textnachricht am eigenen Leib erfahren sollte. Es war ein Abend im Mai, ein Sommer in München lag vor mir, die Luft war klebrig vor Erwartung, hübsche Mädchen radelten durch sonnendurchflutete Straßen, und eine neue Generation von bald ewigen Stenzen machte sich die ersten Feierabendbierchen mit Feuerzeugen auf.

Manchmal leuchtete München wirklich, wie an diesem Abend, und als ich ihn dann sah, taten es meine Augen München nach.

Ich wandte den Blick sofort wieder ab: eine Reaktion, die mehr schreckhaft als lässig war. Doch wie es in München nun mal so ist, wo jeder jeden kennt, standen wir nach ein paar Augenübungen – hinschauen-wegschauen-wiederholen – Schulter an Schulter und wurden einander schließlich von H., einer gemeinsamen Freundin, vorgestellt. Er hieß X. Die Getränke flossen, das Gespräch ebenso, und als wir unsere Augen voneinander lösten, waren all unsere Freunde gegangen. Dafür kündigte der Himmel in einer verwässerten Kir-Royal-Tönung an, dass die Sonne bald aufgehen würde.

»Was machen wir jetzt?«, fragte er.

»Ich muss in zwei Stunden beim Zahnarzt sein«, sagte ich.

Das stimmte wirklich, also begleitete er mich gentlemanlike nach Hause, wo wir vor meiner Haustür mit meinem Kajalstift unsere 089-Nummern auf die Handrücken des anderen schrieben, denn wir hatten weder Stift noch Papier dabei und Mobiltelefone schon gar nicht. Die besaßen damals nur Yuppie-Angeber, BWL-Studenten und die, die wir in Bayern Gschaftlhuber nennen.

X. fragte: »Was machst du heute Abend?«

»Heute Abend gehe ich mit dir essen.«

So geschah es auch. Teil 2 des »Schönen Kennenlernens junger Großstädter« hätte nicht besser verlaufen können. Er war aufmerksam, witzig und fesch. Am Ende des Abends hing ich nicht nur im übertragenen Sinne an seinen Lippen.

»Ich muss dir was sagen«, sagte er kurz vor dem nächsten Sonnenaufgang.

Oh nein, dachte ich – und sagte: »Ja?«

»Ich fahre nächste Woche in den Urlaub nach Spanien, mit zwei Freunden. Wenn ich gewusst hätte, dass ich dich kennenlerne …«

»Aber das hast du nicht gewusst. Alles gut. Wir sehen uns eben, wenn du wieder da bist«, sagte ich, um Nonchalance bemüht.

Zwei Tage später kaufte ich mein erstes Mobiltelefon. Ich hatte schon einige Zeit mit der Anschaffung eines sogenannten Handys* geliebäugelt, denn trotz Technikphobie und Gschaftlhuber-Image erschien mir so ein Ding doch sehr praktisch. X.s dreiwöchige Abwesenheit und die Tatsache, dass er selbst einen dieser Nokia-Knochen besaß, die an eine riesige Fernbedienung erinnerten, gab den endgültigen Ausschlag für meinen Kauf. Ich hatte nämlich von Textnachrichten gehört, die man sich schreiben konnte – wie kleine Briefe, die sofort ankamen. Das erschien mir eine großartige Möglichkeit, in Kontakt zu bleiben, vor allem, wenn man sich noch nicht so lange kannte: ein gut überlegtes, souveränes, charmantes, witziges Lebenszeichen war möglich, ohne sich aufgeregt stammelnd zum Affen zu machen.

Der Umgang mit meinem neuen Mobiltelefon gestaltete sich aber schwierig. Es wog so viel wie ein Bügeleisen, und ich konnte ähnlich schlecht damit umgehen. Ich schreckte zusammen, wenn es klingelte. Ich ließ es andauernd fallen. Ich beobachtete es wie ein schlafendes Baby. Ich vergaß ständig, es mitzunehmen. Wenn ich es dabeihatte, starrte ich unentwegt auf das Display, auch wenn es nicht piepte, summte oder vibrierte. Wenn es unterwegs klingelte, blieb ich stehen, um zu telefonieren. Wenn ein anderes in näherer Umgebung klingelte, ging ich auch ran.

---

* idiotischer Denglisch-Neologismus. Das Wort handy existiert im Englischen zwar, ist aber ein Adjektiv und bedeutet praktisch oder nützlich.

Das Tippen von Textnachrichten war das schlimmste Übel von allen. Ich fand es kompliziert und langwierig, und wenn man einmal auf den falschen Knopf kam, war alles weg und man wollte nur noch weinen. Das, was ich heute ohne hinzusehen in sieben Sekunden tippen kann, dauerte damals eine halbe Ewigkeit. Natürlich, es war die Prä-T9-Ära! Wer hatte sich das System denn ausgedacht? Wieso musste ich viermal tippen um ein S zu bekommen, aber nur zweimal, um beim Q zu landen, einem Buchstaben, der so gut wie nie vorkam?

Außerdem vertraute man den Simsen nicht, man blieb verwirrt und mit steifen Daumen zurück, nachdem man sie im Schweiße seines Angesichtes getippt und gesendet hatte. Wo war sie denn jetzt? Wieso antwortete niemand? Musste man gleich antworten, wenn man die SMS bekam? Ich telefonierte am Anfang sogar hinterher, um sicherzustellen, dass meine SMS tatsächlich angekommen war – ein Verhaltensmuster, das Mitte der Neunzigerjahre gar nicht so irre war, wie es heute klingt.

Dann war da plötzlich oben rechts im Display ein kleiner blinkender Briefumschlag, den ich nicht deuten konnte. Natürlich hätte ich in der Bedienungsanleitung nachlesen können, doch nichts auf der Welt frustrierte mich mehr als das, also machte ich es mir auf dem Sofa bequem und rief beim Kundendienst meiner Telefongesellschaft an, eine Übung, die sich in den nächsten Jahren als die zweitfrustrierendste Sache der Welt herausstellen sollte.

Ich hätte natürlich auch die wenigen Freunde anrufen können, die schon mobil telefonieren konnten, doch die meisten schienen ebenso überfordert mit der neuen Art der Kommunikation wie ich.

»Da ist so ein kleiner Briefumschlag oben rechts, der blinkt und geht nicht weg«, sagte ich.

»Ja, das sind Ihre SMS. Ihr Eingang ist voll«, sagte die Kundendienststimme.

»Mein Eingang?«

»Sie müssen Textnachrichten löschen.«

»Dann geht der Umschlag weg?«

»Ja.«

Ich löschte also. Mein Eingang sollte nie so voll werden, dass X.s Nachrichten nicht durch die Tür passen. Was seine Abreise anging, gab ich mich übrigens betont lässig, doch innerlich zerfraß mich Panik und vorauseilende Eifersucht. Ich träumte nachts von heißblütigen Señoritas, die X. mit verführerischen Flamenco-Tänzen umgarnten. Sie stampften schneller und schneller, und jedes Mal, wenn sie in die Hände klatschten und »Olé!« riefen, wachte ich schweißgebadet auf. Was soll ich sagen? Ich war jung. Inzwischen haben auch meine Albträume ausgereiftere Subplots in besserer HD-Qualität.

Dann war es so weit. Wir sollten uns drei Wochen nicht sehen. Ich wollte das Positive daran sehen – immerhin bot seine Rückkehr auch die Möglichkeit eines ersten, romantischen Wiedersehens. Und wenn nicht: Na ja, dann wusste ich es wenigstens gleich.

Zum Abschied sagte ich:

»Schreib mir mal eine SMS, wie es ist. Zumindest, dass du gut angekommen bist.«

Ach, wie modern wir uns damals vorkamen.

Heute, just in diesem Moment, in jeder einzelnen Sekunde, werden in Deutschland durchschnittlich tausendeinhundert SMS verschickt. 2010 verschickten die Deutschen insgesamt über einundvierzig Milliarden Kurzmitteilungen. (Davon besagten fünf Milliarden: Bring noch Milch mit, sieben Milliarden: Bin gleich da, und zehn Milliarden: Komme zehn min später.

Das habe ich erfunden, aber es stimmt wahrscheinlich.) Innerhalb der letzten zehn Jahre hat sich die Anzahl der versendeten Kurzmitteilungen verdreifacht. 1996 war das alles noch anders, und auch wenn man nicht sofort problemlos lostippeln konnte, dass man im Stau steckt, so hatte die Unfähigkeit zur ständigen Mitteilung auch ihre Vorteile. In dieser Zeit bekam man tatsächlich noch Briefe. Ich weiß nicht, ob es ein Zufall ist, aber den letzten Liebes*brief* von einem Mann bekam ich genau zu der Zeit, als ich mir ein Mobiltelefon kaufte.

Er war von X., kam aus Sevilla und, ach, konnte der Junge schön schreiben.

Doch da war es schon zu spät.

Hätte Jane Austen mein Leben geschrieben, wäre ein Missverständnis sicherlich unverzichtbarer Bestandteil des Happy Ends gewesen, ebenso wie ausgelassene Nachmittage mit Bootausflügen und Picknicks auf Englands grünen Hügeln. Nur mal kurz zu meiner Verteidigung: Elizabeth hat Darcy in »Stolz und Vorurteil« eigentlich nur missverstanden. Sie dachte, er würde sich lustig über sie machen, als er ihre Nähe suchte. Sie war unfreundlich, weil sie dachte, er würde denken, sie sei nicht gut genug für ihn. Darcy beschuldigte sie sogar, ihn ständig absichtlich misszuverstehen, und selbst diesen Vorwurf missversteht Elizabeth. Und natürlich werden sie zum Schluss doch glücklich.

Andererseits: Hätte Shakespeare[*], dessen Dramen ohne Missverständnisse zwischen den Geschlechtern sehr viel schlanker ausgefallen wären, diese Geschichte geschrieben, wäre es wahrscheinlich noch schlimmer für mich gekommen. Man sehe sich nur die arme Desdemona an: blöder Othello, Missverständnis,

[*] 2b or not 2b thats da ?

tödliches Verhängnis. Wie gesagt: Es hätte also auch schlimmer ausfallen können.

Aber eben auch besser.

X. schrieb mir, als er in Spanien ankam. Dann rührte er sich nicht mehr.

Die Nächte waren brütend heiß, ich konnte an nichts anderes denken als an ihn. Der französische Philosoph und Sprachwissenschaftler Roland Barthes, der übrigens an der Semiologie der Textnachricht seine helle Freude gehabt hätte, schreibt in »Fragmente einer Sprache der Liebe«: Die Abwesenheit dauert an, ich muß sie ertragen. (…) Die Abwesenheit wird zur aktiven Praxis, zur GESCHÄFTIGKEIT (die mich hindert, irgendetwas anderes zu tun); es kommt zur Ausarbeitung einer Fiktion mit vielfältigen Rollen (Zweifeln, Vorwürfen, Anwandlungen von Begierde und Melancholie).

Genauso war's, lieber Monsieur Barthes. Und dann tat ich das, was man niemals, niemals tun sollte. Im Englischen gibt es dafür ein Mantra: *Don't drink and dial.* (Gilt natürlich auch für: *Don't drink and text.*) Ich habe mir später kleine Sticker mit diesem Spruch drucken lassen und sie immer auf die Rückseite der vielen, vielen Mobiltelefone, die seit Mitte der Neunziger mein Leben begleiteten, geklebt. Genutzt hat es nicht viel. Die Telefone selbst sind im Laufe der Jahre immer kleiner und flacher geworden sein, doch die Gefahr, betrunken zu texten oder bei jemandem anzurufen, schrumpfte leider nicht parallel dazu.

Ich hatte vor lauter vollem Schmetterlingsmagen nicht essen können. Kein Wunder also, dass die Weinschorlen, die ich mir an diesem Abend genehmigt hatte, richtig reinhauten. Ich fing an, mutig und angetrunken, auf den Tasten meines Handys herumzutippen. Zuerst schrieb ich:

Und? Amüsiert du dich?

Hm. Gleich zwei Fragezeichen. Nicht gut. Zwei Fragezeichen – ein bisschen arg verzweifelt.

Also schrieb ich:

Ich vermisse dich.

Nein, auch nicht. So weit waren wir noch nicht. Erst später in meinem Leben sollte ich lernen, dass Ehrlichkeit niemals schlechter sein kann als irgendeine Alternative dazu, denn wer einem Ehrlichkeit übel nimmt, ist meist nicht gut für einen. Aber damals dachte ich: Nur nicht desperat wirken.

Schließlich schrieb ich und schickte ab:

Ich hoffe du amüsierst dich gut.

Dies war die erste SMS meines Lebens, die mich, sobald sie abgeschickt war, in ein wartendes, aufs Display starrendes Nervenbündel verwandeln würde. Es würde viele weitere SMS dieser Art geben, und als Konsequenz der vergeudeten Stunden – denn man kann in dieser Zeit nichts anderes tun, sich auf nichts anderes konzentrieren – überlege ich seit ein paar Jahren sehr genau, ob ich einem Mann schreibe oder nicht. Es gibt nämlich Männer, die sofort zurückschreiben, andere ein paar Stunden später, wieder andere ein paar Tage später und wieder andere gar nicht. In dieser Hinsicht sind Männer wie Überraschungseier: Welche Sorte man erwischt hat, weiß man erst hinterher – da kann man vorher noch so viel schütteln.

Die Sache ist sogar noch komplizierter: Eine verspätete Antwort kann bedeuten, dass er nicht auf einen steht, kann aber auch bedeuten, dass er schlichtweg beschäftigt ist oder kann bedeuten, dass er ein Fünf-Stunden-später-reicht-doch-Typ ist. Getrieben von dem Wunsch, dem Verhalten eine Wenn-Dann-Logik abzuringen, habe ich unzählige Männer regelrecht interviewt. Gebracht hat es nichts, denn das Rätselraten geht weiter: Manche finden es nämlich tatsächlich völlig normal, erst am nächsten Tag zu antworten und denken sich nichts Schlimmes dabei. Andere hingegen tippeln tausend Varianten, wie hysterische weibliche Teenies, löschen schließlich alles und schicken gar nichts. Die Sache bleibt ein schwarzes Loch. Nach fünfzehn Jahren SMS-Erfahrung kenne (und manchmal erkenne) ich immerhin die Nuancen, eine Tendenz, aber im Sommer 1996 war das alles noch unerforschtes Gebiet. Es war die Zeit, als Apples und Blackberries noch Obst waren, bevor Maschinen zur Verlängerung unserer Finger wurden, Maschinen, mit denen alles schneller gehen und viel länger dauern würde. Wir kannten die SMS-Spielregeln nicht, denn wir waren gerade dabei, sie zu schreiben.

X.s Antwort kam jedenfalls drei quälende Stunden und drei Weinschorlen später:

Super.

Super? Das war's? Was hieß es? Ging es ihm super? Wie konnte man nur so zweisilbig sein? Und: Wieso super? Vermisste er mich denn nicht? Wieso ging es mir dann nicht super?

Nächster Fehler. Ich schrieb noch einmal:

Was treibst du denn so?

Zwei Minuten später piep-piepte es.

Ich trinke gerade mit Miss Venezuela Champagner auf einer Jacht.

Mit einem Schlag konnte ich meine Knie nicht mehr spüren, und das ganze Blut schoss in meinen rechten Daumen.

Der spinnt doch, dachte ich. Ich sitze hier und schwitze und vermisse ihn – und der feine Herr trinkt Champagner mit Miss Venezuela. Auf einer Jacht!

Jedenfalls schrieb nicht *ich* zurück, sondern eine hysterische, verzweifelte, vor Eifersucht rasend tippende Irre. Ich weiß nicht mehr genau, was ich schrieb, aber »**Arscxloch**« kam darin vor ebenso wie »**Ruf mich nie wieder an**«.

Er schrieb noch einmal zurück:

Spinnst du? Was ist denn los mit dir?

Was mit mir los war? Ich war eifersüchtig und angetrunken und aufgewühlt. Diese Erklärung schrieb ich ihm dann doch nicht, sondern weinte mich lieber in den Schlaf. Ich rief X. am nächsten Tag an und auch am übernächsten und am Tag darauf, doch sein Telefon war aus. Ich hinterließ zwei Nachrichten, doch er rief nicht zurück. Ich ahnte, dass die Geschichte zu Ende war, doch ich hoffte, dass er die Sache klären wollte und sich melden würde, wenn er wieder in München war.

Ich hatte vergeblich gehofft. Als sich X. eine Woche nach seiner Rückkehr immer noch nicht gemeldet hatte, war das Ganze gegessen und behielt nur den schalen Nachgeschmack, dass aus der Geschichte mehr hätte werden können. Ich wusste, dass ich mich viel zu früh viel zu kompliziert und blöd benommen hatte. Ich wusste aber auch, dass X. absolut keine Gelegenheit wahrnehmen wollte, das Ganze zu besprechen. Und so spazierte ich nun wieder als Single durch die Stadt und traf, wie es in München eben so ist, ein paar Tage später auf H., die gemeinsame Freundin, die X. und mich einander vorgestellt hatte. Unsere Begrüßung war überraschend steif, das obligatorische Bussi-Bussi Monaco-untypisch distanziert.

»Und, wie geht's?« fragte sie, sichtbar bemüht, den Small Talk schnell zu Ende zu bringen.

»Ach ja, ganz gut«, sagte ich und wollte fröhlich klingen. Bloß nicht nach X. fragen, dachte ich und sagte:

»Sag mal, hast du was von X. gehört?« Verdammt.

»Allerdings«, sagte sie und dann: »Was hast du dir bloß dabei gedacht?«

»Wobei?«, fragte ich.

Ich wusste ja nicht, was sie wusste. Wieso wusste sie überhaupt etwas?

»Na, bei diesem SMS-Wahnsinn. Ich hätte dich humorvoller eingeschätzt«, sagte sie, und es war klar, auf wessen Seite sie war.

»Wieso denn humorvoller?«, fragte ich. Das empfand ich wirklich als Beleidigung. Humorlos, ich, also nein, das stimmt doch wirklich nicht!

»Na, weil seine SMS als Witz gedacht war. Hätte er wirklich mit Miss Venezuela auf einer Jacht gesessen, hätte er dir das doch nicht geschrieben. Das war ironisch gemeint. Verstehst du? Er hat dich sogar vermisst. Verstehst du?«, schob sie noch blöd hinterher.

Ich wusste nicht, was schlimmer war: Dass H. mehr über diese Angelegenheit wusste als ich, dass X. so ein Plappermaul war oder dass ich scheinbar zu begriffsstutzig war, um einen Spaß zu verstehen. Im nächsten Moment beschloss ich, dass jemand, der wegen einer Fehlinterpretation (und einer kleinen Beleidigung, na gut) so schnell das Licht einer vielversprechenden Romanze ausknipsen konnte, sowieso nicht mein Fall war.

Mir wäre nicht im Traum eingefallen, dass die Miss-Venezuela-SMS ein Witz hätte sein können. Wie denn auch? Wo genau in diesen sechsundsechzig Zeichen war Raum für Ironie und Zwischentöne? Hätte er doch bloß eines dieser saublöden, kindischen, tussigen und immer dümmlich anmutenden Emoticons benützt, die mich in den nächsten Jahren so abturnen sollten.

In den Jahren, die folgten, machte ich nämlich Schluss, bevor es überhaupt richtig angefangen hatte, weil ein Mann folgende SMS an mich schrieb:

Bin zu hause ;-)))))))))) vermisse dich L

Ich meldete mich nach einem viel versprechenden Date nie wieder bei dem Mann, nachdem eine Nachricht Zeichensetzung vermissen ließ und eine Rechtschreibschwäche offenbart hatte, ungefähr so:

Was hasst du den ist doch geil lol ;-))))

Wieder ein anderer Mann beendete eine SMS mit **hdgdl**.

»Was soll das bloß heißen?«, fragte ich eine Freundin und wedelte mit dem Display vor ihrem Gesicht herum.

»Oh Mann«, sagte sie, des armen Jünglings Schicksal ahnend.

»Was denn?«, wollte ich wissen.

»Das wird dir nicht gefallen«, sagte sie.

»*Was* heißt es denn?«

»Hab dich ganz doll lieb.«

»Ja, ich dich auch«, sagte ich gerührt.

»Nein, das heißt hdgdl: Hab dich ganz doll lieb.«

Auch dieser Mann hatte sich tippend sein Grab geschaufelt. Ein Fünfjähriger darf seine Mami ganz doll lieb haben. Ein Mann darf seine Zuneigung nur mit den Worten »Ich liebe dich« zum Ausdruck bringen, nach gebührender Zeit. Alternativ darf er ein Diamant-Armband sprechen lassen, das auch schon früher.

Dass man mal in Eile »ich süd dich an« statt »ich ruf dich an« abschickt, oder »Aids« statt »Bier« oder »Gras« statt »Isar« schreibt ist in Zeiten von T9 verzeihlich. Sogar ein »Schallo Hatzi« ist eher lustig als dumm. Doch man erkennt den Unterschied zwischen Flüchtigkeitsfehlern und fehlender Rechtschreibung sehr schnell, und Letzteres turnt nicht nur mich mehr ab als Tennissocken in Sandalen. Vielleicht sollte ich der SMS dafür dankbar sein, dass sie Männer, die ihre eigene Schrift und Sprache nicht beherrschen, so schnell entlarvt. Als mir ein potentieller Flirt so um die Jahrtausendwende herum simste, ob er »noch Snack's mitbringen soll«, täuschte ich sowohl wegen der überflüssigen Frage als auch wegen des Apostrophs plötzliches Unwohlsein vor.

Doch mit der Zeit habe ich für fast alle Männer die passende SMS-Kategorie gefunden.

- **Der Schnelltipper** greift gerne auf SMS-Vorlagen (siehe Mitteilungen-gespeicherte Objekte-Vorlagen à la »Ich verspäte mich leider« und »Ich bin in einem Meeting, bitte später anrufen« und »Danke« zurück oder fasst sich kurz. Blumig formulierte Fragen werden mit einem unbarmherzigen NEIN oder JA gekontert. Immer in Eile schickt er schon mal eine SMS an die falsche Person. Chaos ist vorprogrammiert, böse meint er es allerdings nie. Wenn ihm ein Tippfehler auffällt, löscht er ihn nicht etwa, sondern betrachtet ihn als verzeihlichen Kollateralschaden des Mediums, eben typische T9-Vertipper. Der Schnelltipper ist auch im richtigen Leben oft impulsiv und handelt unüberlegt.
- **Der Spießer** schreibt einen noch mit Anrede an, schreibt sehr lange SMS und verbraucht die maximale Zeichenanzahl, da er SMS wie Mini-Briefe behandelt, sich mit Höflichkeiten und Floskeln aufhält und sich nicht traut, zum Punkt zu kommen. Ein konservativer Typ, auch im wahren Leben. Verabschiedet sich zum Schluss gerne mit »Gruß, Holger«.
- **Der Pragmatische** behandelt in SMS nur Sachthemen, niemals Gefühle o. Ä. Geht weder auf Witze noch Komplimente ein. Dieser Typ ist übrigens meist auch ein schlechter Telefonierer.

- *Der Emoticon-Junkie* fürchtet ständig, missverstanden zu werden und füllt seine Nachrichten mit Smiley-Gesichtern, auch wenn es nicht lustig ist. Nervt.
- *Der Jetsetter* schreibt ohne ersichtlichen Grund plötzlich ganze Sätze auf Englisch und buchstabiert wie ein Gangsta-Rapper. Fügt oft ein »greetz aus nizza« hinzu, woraufhin man das Gefühl bekommt, er wollte mit der Nachricht nur noch mal klarstellen, dass er viel unterwegs ist.
- *Der Sprach-Spacko* hat kein Gefühl für die Sprache. Das kann auch die Kürze der SMS nicht verbergen. Verzichtet oft völlig auf Zeichensetzung, außer um ein Emoticon zu bilden. Nervt am allermeisten.
- *Das SMS-Genie* zeigt sich beim Tippen von seiner Schokoladenseite. Hier ist er sein eigener Cyrano de Bergerac: witzig, klug, und man will immer mehr davon. Im wahren Leben ist er oft nur ein Schatten seines SMS-Selbst und oft weit weniger unterhaltsam.

Heute bin ich bei SMS-Fauxpas und kleinen Nachlässigkeiten weniger streng als früher: Die Textnachricht hat sich inzwischen in unseren Leben eingenistet und ist längst eine eigene Sprachform geworden, und das ist auch in Ordnung so. Sprache und all ihre Unterformen sind nun einmal lebendig und entwickeln sich weiter, auch wenn es uns nicht gefällt, weil es uns daran erinnert, dass wir älter werden. (Die Abkürzungen »cos« und »wot« wurden übrigens schon von Charles Dickens und Mark Twain benutzt. Man kann nicht immer alles auf verpickelte zwölfjährige Jamba-Klingelton-Abonnenten schieben.) Menschen spielen mit Wörtern und verändern sie je nach Bedarf. Menschen wollen aber meist auch verstanden werden. Und so haben sie der SMS ihre ganz eigene Gestalt verliehen:

zweckbestimmt, unmittelbar, auf dem Schriftlichen basierend, nach dem Mündlichen strebend, im besten Falle kreativ in ihrer Kürze.

Studien belegen, dass in den USA in weniger als 20 Prozent der Nachrichten Abkürzungen vorkommen, in Norwegen sogar in weniger als in 6 Prozent. Man darf nicht allzu hysterisch »Sprachverfall!« rufen, wenn man sich den folgenden ersten Absatz eines *Aufsatzes* ansieht, den 2003 eine dreizehnjährige schottische Schülerin geschrieben haben soll:

My smmr hols wr CWOT. B4, we usd 2 go 2 NY 2C my bro, his GF & thr 3 :-@ kds FTF. ILNY, its gr8. Bt my Ps wr so {:-/ BC o 9/11 tht they dcdd 2 stay in SCO & spnd 2wks up N.[*]

Es gibt inzwischen SMS-Gedichte und Kurzgeschichten, die in SMS-Lingo geschrieben sind. Es gibt unzählige Internet-Foren, die wie Cyber-Cyranos fantasielosen Menschen vorgeben, was sie an das Objekt ihrer Begierde tippen sollen. Ich selbst habe mit Freundinnen stundenlang SMS und deren noch zu tippenden Inhalt besprochen und dann gemeinsam die Antwort analysiert.

Dabei ist die Idee, via kurzen, geschriebenen Mitteilungen zu flirten, nicht neu. Schon im 18. Jahrhundert trafen sich junge Menschen aus gutem Hause und tauschten kleine, beschriebene

---

[*] »My summer holidays were a complete waste of time. Before, we used to go to New York to see my brother, his girlfriend and their three screaming kids face to face. I love New York, it's a great place. But my parents were so worried because of the terrorism attack on September 11 that they decided to stay in Scotland and spend two weeks up north.« Der gesamte Aufsatz war übrigens nirgends aufzufinden.

Zettel aus. Doch wenn sie nach Hause gingen, war der Spaß vorbei – und das ist mit einer SMS nie der Fall. Man läuft immer Gefahr, jemandem noch einmal blöd hinterherzutippen. Und wenn man nicht ganz auf der Spur ist oder etwas missverstanden hat, kann uns das, was letztlich der Kommunikation dienen soll, schaden. Das liegt natürlich nicht an der SMS, sondern an uns selbst.

Die SMS, die am Anfang einer Beziehung verschickt wird, kann ihren Verlauf bestimmen. Flirt-Experten warnen davor, zu früh zu schnell draufloszutippen und empfehlen Frauen, die SMS des Mannes abzuwarten. Doch manchmal ist die Sache ganz einfach. Als ich meinen Ehemann kennenlernte, schickte er mir sofort eine SMS, in der unter anderem stand:

Ich kann nicht aufhören an dich zu denken.

Das brauchte keine Zwischentöne. Hier konnte ich nichts missverstehen. Es war ihm weder peinlich, mir sofort zu schreiben, noch war er zu cool, seine Gefühle mitzuteilen. Er hätte sogar noch ein Emoticon dahinterklemmen können, es wäre mir egal gewesen.

Meine erste missverstandene SMS hatte zur Folge, dass ich in den darauf folgenden Jahren immer alles noch einmal interpretieren wollte, immer den doppelten Boden suchte, in dem die Ironie versteckt war. Doch mit einer SMS ist es eigentlich wie mit dem Leben selbst: Man braucht nur Mut, einen guten Satzbau und klare Worte, um richtig verstanden zu werden. Dagegen ist sogar Eris machtlos. Doch manche Leute, manche Leute kriegen das weder in einer SMS noch im echten Leben hin.

15.

Wie ich zum ersten Mal nicht verraten wollte, woher mein Kleid stammte

Oder:
In der Tiefe der Oberfläche

Manche Leute. Aber wirklich, manche *Leute*. Ich wundere mich immer öfter, dass in der Welt, in der ja doch so viel Furchtbares passiert, nicht viel mehr Furchtbares passiert, wenn ich mir *manche* Leute ansehe. An manchen Tagen aber finde ich die Welt so furchtbar, dass ich keine normalen Nachrichten gucken kann. Dann gucke ich RTL II-Nachrichten und esse Toffifee.

Mein ehemaliger Mitbewohner B. stellte als Erster die Verbindung zwischen erhöhtem Weltschmerz, Süßwaren aus Schokolade, Karamell, Nuss-Nougat-Creme, einem ganzen Haselnusskern und Schrottnews fest.

»Ach, es gibt Toffifee? Wieder schlimm heute, der Weltschmerz?«, fragte er, schwang sich zu mir aufs Sofa und poppte sich ein Toffifee raus.

»Du, die Schachtel müssen wir aufheben, die geben wir dem K. zum Farbenmischen«, mampfte er, in Sofaposition schmelzend.

»Hm. Soll ich umschalten?«

»Nee, lass ruhig. Ich ertrage heute auch nichts außer dem neuen Videodreh von Green Day und der Weltmeisterschaft im Bürostuhlrennen.«

Der großartige serbische Sänger und Dichter Djordje Balašević singt in einem Lied von der Menschheit als verfehlter Rasse und stellt die These auf: Nur die Seltenen finden die Seltenen. Das hört sich super an, und ich hoffe auch superinbrünstig, dass es stimmt, denn ich habe in meinem Leben selten gute Menschen gefunden und viele davon behalten und würde mich natürlich in meiner Eitelkeit gerne selbst als eine der Seltenen sehen.

Doch je älter man wird, umso mehr fallen einem die anderen Menschen unangenehm auf, die Häufigen. Vielleicht liegt das daran, dass man mit jedem vergangenen Tag weniger Gelegenheit hat, den Häufigen auszuweichen, oder aber daran, dass man entgegen der allgemeinen Annahme nicht gelassener, sondern sensibler wird gegen den Bullshit *mancher Leute*. Wahrscheinlich ist es eine Mischung aus beidem.

Übrigens singt Balašević im selben Lied an anderer Stelle: Sie werden behaupten, ich hätte vor dem Drachen gezittert, wie sie aus ihrem Versteck beobachten konnten. Und: Den Besseren verzeiht man nicht so leicht.

Jean-Paul Sartres »Geschlossene Gesellschaft« trägt die Kernaussage »Die Hölle, das sind die anderen«. Und dem konnte ich immer zustimmen, nicht ohne im Anschluss ein fröhlich-philanthropisches »Doch der Himmel, das sind sie auch« anzufügen. Gegen Ende 2004 fiel mir das zunehmend schwerer, und so musste ich cold turkey auf Toffifee-Entzug, sonst hätten sich zur Verzweiflung über unsere missratene Spezies auch noch fünf Kilo mehr dazugesellt.

Es war ein gemeiner, hässlicher, dunkler Herbst, die Bäume wurden innerhalb einer Woche kahl, das sentimental goldige Laubgewusel verblasste in Windeseile. Meine seelische Reife, wenn man sie so nennen mag, manifestierte sich auch darin, dass ich plötzlich, anders als früher, nicht die offensichtlichen menschlichen Niedertrachtschweinereien zum Anlass nahm zu verzweifeln, sondern für diese dankbar war, ähnlich wie man dafür dankbar ist, wenn eine Krankheit früh entdeckt wird: Wenigstens wird das Übel sofort erkannt, und man sieht es als das, was es ist. Mir machten nun vielmehr die subtilen, versteckten Facetten der Fiesheit zu schaffen. Man sollte vielleicht an dieser Stelle anfügen: Ich arbeitete damals in dem Moderessort einer Redaktion.

Warum fällt es einem so viel leichter, die eigenen Fehler und Schwächen als die Vorzüge und Stärken aufzuzählen? Ist es, weil man eher kokettieren kann, wenn man sich als schwierig, ungeduldig oder dickköpfig bezeichnet, oder weil man sich automatisch als Angeber fühlt, wenn man seine Vorzüge darlegt? Gibt es im Leben mehr Gelegenheiten, seine Schwächen aufzuzählen, und wird man immer geübter darin? Sind die Gelegenheiten, über seine Stärken zu reden, nicht automatisch seltsame, wie Vorstellungsgespräche und Kontaktanzeigen? Sind die Menschen, die sich nicht als Angeber fühlen, wenn sie ihre Vorzüge aufzählen, nicht einfach tatsächlich Angeber?

Dass jedoch sowohl Schwächen als auch Stärken unmöglich klar gesehen werden können, versteht sich hier von selbst: Nur weil man sich selbst als geduldig einschätzt, muss das noch lange nicht heißen, dass die anderen das auch so sehen. Im Falle meiner Person gibt es eine Charaktereigenschaft, zu der wir nun zügig kommen wollen, damit dieses Kapitel huschipusch in großen Schritten voranschreiten kann: Mit großer Scham gebe ich hiermit an, großzügig zu sein. Es ist so: Ich gebe einfach gerne. Ich liebe es zu geben, nicht nur Geld, sondern auch Zeit, Musik, Accessoires, Freundschaft, Make-up, Wissen, Kleidung, Ratschläge, Telefonnummern, Kontakte, Meinungen und Informationen.

Wenn ich mich zwischen Geben und Nehmen entscheiden müsste, würde ich Geben nehmen. Warum das so ist, weiß ich nicht genau, obwohl: wenn ich meine Mutter und Großmutter ansehe, könnte es vererbt sein. Jedenfalls war Nicht-Großzügig-Sein nie eine Option.

Unausweichlich ist es, dass man irgendwann in seinem Leben Schwierigkeiten ob seiner Großzügigkeit bekommt, wobei die Schwierigkeit niemals daraus resultieren kann, dass die Großzügigkeit ausgenutzt wird. Das kann sie gar nicht, denn der Großzügige gibt nicht, weil er etwas als Gegenleistung erwartet, sondern weil er per definitionem einfach gerne gibt. In meinem Leben zeigte sich – und dann doch nicht –, dass man mit seiner Großzügigkeit manchmal sparsam umgehen muss, nämlich wenn es um manche Leute geht. Manche Menschen verdienen keine Großzügigkeit, weil sie gar nichts verdienen, nicht einmal Beachtung oder Verachtung.

Meine Liebesbeziehung zur Mode begann früh. Das erste Kleidungsstück, das eigengeschmacklich meins wurde, verdanke ich einer Freundin meiner Mutter, die mich 1977 zum Einkaufen in eine Pariser Boutique mitgenommen hatte und darauf bestand, dass ich mir auch etwas aussuchte. Bis zu diesem Zeitpunkt hatte meine Mutter all meine Kleidung für mich ausgesucht, und während ich stiltechnisch keine allzu großen Einwände hatte, so war es doch etwas ganz Besonderes, selbst zu entscheiden, was ich anziehen würde.

Ich entschied mich für eine Hose aus lila Samt mit einem Schlag, der etwas dezenter war, als die allgemeine Siebziger-Fäschn diktierte. Der Samt war schwer und luxuriös und roch nach Paris und Dekadenz. Ich könnte mir durchaus vorstellen, die gleiche Hose in größerer Ausführung heute wieder zu tragen. Als Kind blätterte ich fasziniert Modemagazine durch und vergab den Kleidern Punktzahlen und blieb jedes Mal vor lauter Ehrfurcht und Bewunderung auf der Straße stehen, wenn ich eine gut angezogene Frau sah. Ich liebte es, wie ihr Charakter und ihre Attitüden Stoff geworden waren, wie man einen kleinen Blick auf ihr Inneres, ihre Launen, ihren Geschmack, ihre Vorlieben und ihren Sinn für Schönheit erhaschen konnte.

Genau deshalb liebe ich Mode immer noch: Unser aller Selbst hängt irgendwie in unserem Kleiderschrank. Wenn man etwas aussortiert, dann ist man das eben nicht mehr. Man war es mal und ist es nicht mehr, oder man war es doch nie, weshalb man es auch nie getragen hat. (Übrigens ist ein energisches »Das bin ich nicht« das beste Argument gegen aufdringliche Verkäuferinnen. Es ist so vage und doch so überzeugend, dass sie sofort Ruhe geben.)

Kleidung ist nach Wörtern die beste Möglichkeit, unsere innere Welt nach außen darzulegen; anders als Wörter ist sie aber unmittelbar. Kleidung zeigt sofort, wer wir sind. Manchmal zeigt sie, wer wir gerne wären, in welchem Falle man nicht gut gekleidet, weil: verkleidet ist. Die Liebe zur Mode zog sich konstant durch mein Leben, auch wenn man mir das weiß Gott nicht immer ansah. Man bedenke dabei strafmildernd, dass ich in den Achtzigerjahren ein Teenager war und in den Neunzigerjahren ein Twen. Wir waren eine modisch selten gestrafte Generation, was analoge Fotos, die nun in Kisten vor sich hinvergilben, gut darlegen könnten. Trotz der Achtziger- und Neunziger-Herausforderung kleidete ich mich mit Stolz und dem Wissen, nicht jedem gefallen zu können, vielmehr mit der Absicht, mir selbst und vielleicht einigen wenigen zu gefallen und, nicht zu vergessen, im Teenager-Alter, meinen Eltern möglichst nicht zu gefallen. (Männer mit Kleidung zu beeindrucken, das war auch ziemlich schnell klar, war die einfachste Sache der Welt: Busen, Po, Beine betonen, High Heels, fertig.)

In den Achtzigern begann ich viel secondhand zu kaufen: Ich mochte es, dass die Kleider ein Leben vor mir hatten und sie zufällig, wie auf einer langen Reise, bei mir gelandet waren und dass ich für viele auch nur ein Zwischenstopp war. Später, in den Neunzigern, als überall die Modeketten auftauchten, die uns alle gleich aussehen ließen, hatte Secondhandkleidung auch den Vorteil der Einzigartigkeit.

Von meiner Mutter erbte und stahl ich Designerlabels: Yves Saint Laurent, Missoni, Dior. Einige Tausend Mark für eine Bluse auszugeben erschien mir weder nachvollziehbar noch machbar, doch heute noch besitze ich Kleidung, die mal im Schrank meiner Mutter wohnte, älter ist als ich selbst und in besserer Form als ich selbst. Vor allem liebte ich an diesen schönen Sachen, dass mich meine Mutter darin in den Schlaf gesungen hatte, bevor sie ausging. In der Kloschüssel lag dann immer ein Blatt Toilettenpapier, auf dem der Abdruck ihres Lippenstifts zu erkennen war.

Dass ich immer wieder in Moderedaktionen landete, erscheint mir heute logisch, damals aber wie eine Reihe großer Zufälle. Obwohl: Gibt es kleine und große Zufälle, oder einfach nur Zufälle? Egal, ich landete in einer Moderedaktion nach der anderen, und während ich mich zwar mit Mode auskannte und schreiben konnte, fühlte ich mich doch fremd und war verwundert darüber, wie es dort zuging. Ein Teil meiner Umwelt jedoch schien sich dazu berechtigt zu fühlen, mir gegenüber folgende Idiotie zu äußern: »Mode? Wie oberflächlich.«

Was für eine Aussage ist das? Wie müßig und wie beschränkt.

Als ob man sich zwischen Oberfläche und Tiefe entscheiden müsste. Sicher gibt es solche, die das tun müssen, und einige von denen, die sich ausschließlich für die Oberfläche entscheiden, wähnt man in Moderedaktionen. Mir sind das zu viele Eventualitäten für eine große Schublade, und so unterschreibe ich die Aussage des großen deutschen Philosophen Wolfgang Joop: »Oberfläche, wie schön!«

Bis ins letzte Kuhkaff und sogar nach Pradaborn hat sich nach »Der Teufel trägt Dings« die Binse herumgesprochen, dass die Moderedakteuse an sich ein besonderer Schlag Zicke ist. Dem kann ich leider nicht widersprechen. Man trifft hier auf die fabelhaftesten und auch auf die merkwürdigsten Wesen, die in einer Wolke aus ausgeklügeltem Irrsinn, Befindlichkeiten und Stilen, nicht nur Modestilen, sondern auch Lebens- und Neurosestilen, vor sich hinschwirren.

Als ich auf erwähnten Toffifee-Entzug musste, arbeitete ich in einer Redaktion mit sehr hoher Fluktuationsrate. Die Arbeit, die unter großem Druck stattfand, war nichts für zarte Gemüter. »Friss oder stirb« würde man in jedem anderen Arbeitsbereich sagen, nur: Fressen war natürlich nicht. Eine Kollegin wurde mal ermahnt, doch bitte keine Kohlenhydrate während der Arbeit zu sich zu nehmen, mehrere andere wurden dazu angehalten, abzunehmen oder sogar sich die Nase machen zu lassen, während eine Bekannte gar nicht eingestellt wurde, weil sie – das war natürlich nicht die offizielle Begründung – »mit ihrem Achtunddreißiger-Arsch« nicht ins Konzept passte.

Ich hielt mich trotz Arsch und Nase erstaunlich wacker. Das hatte nicht so sehr damit zu tun, dass ich mich mit Mode auskannte und darüber schreiben konnte, sondern eher mit einer Eigenschaft, die erst in diesem Mikrokosmos richtig gedeihen konnte: Ich kann ziemlich zickig werden, wenn man mir blöd kommt. Mein fabelhafter Kollege M. drückte dies einmal so aus: »Kennst du diesen Klingelton, der so geht: Zick Zick, Zick Zick? Das sollte deiner sein.«

Es gab sie, die fabelhaften Kollegen, und die schöne, nur scheinbar sensible A. und die aparte, schnippische U. gehörten dazu. Beide hatten nach eigener Aussage Hornhaut auf der Seele, doch das war für mich in Ordnung, denn zumindest hatten sie eine Seele. Nach kurzem argwöhnischen Betrachten verstanden wir uns prächtig und halfen einander, während der Rest der Belegschaft so schnell wechselte wie Trendfarben.

Kurz nachdem ich dort anfing, gesellte sich eine neue Kollegin ins Ressort, nennen wir sie E. Die Essstörung war nicht zu übersehen, und mir fiel eine etwas übertriebene Freundlichkeit auf, aber gut, dachte ich, lieber so als umgekehrt. E. versuchte, sich krampfhaft anzupassen, ein Schuss, der in einer Umgebung, in der Originalität hoch geschätzt wird, nur nach hinten losgehen kann. Je hierarchischer die Strukturen, je irrer der Größenwahn und die Ungerechtigkeit der Oberen, umso mehr muss man auf sich selbst bestehen. Das setzt natürlich voraus, dass man ein Selbst besitzt, auf dem man bestehen kann.

Immer wenn E. sich anbiedern wollte, machten die Kolleginnen U. und A. Augengymnastik, sobald sie das Zimmer verließ: Augen zur Decke rollen und wieder zurück, ggf. zweimal wiederholen.

»Seid doch nicht so gemein«, sagte ich, denn irgendwie tat mir E. leid, wie ein kleines Mädchen, mit dem keiner spielen will.

»Du musst aufpassen bei der«, sagte U.

»Ach, sie versucht doch auch nur ihr Bestes«, sagte ich. Ich meine, das Mädchen war nett. Nicht ehrlich nett, aber nett.

»Hast du denn nichts gelernt von uns? Rücken! Aufpassen!«, sagte A.

Richtig: Der Rücken ist der wichtigste Körperteil in der Mode, denn wenn man nicht aufpasst, hat man schnell ein Messer drinstecken.

Es fing harmlos genug an. Zunächst fiel mir auf, dass E. plötzlich dasselbe Mobiltelefon hatte wie ich. Das war merkwürdig, da es sich keineswegs um ein neues Modell handelte, sondern um ein waschmaschinenschweres Retroteil, das gar nicht so einfach zu bekommen war. Dann kam sie mit meiner Tasche an, zwar in einer anderen Farbe, doch es war für mich Anlass genug, mein Modell zwischenzulagern. Eines Nachmittags schlenderte sie in unser Zimmer, erpicht darauf, U. in ein Gespräch zu verwickeln. U. war gerade dabei, eine Modezeitschrift zu lesen – einer der großartigsten Jobvorzüge, da diese Art der Lektüre tatsächlich zu den Arbeitsaufgaben gehört.

»Du hast aber eine tolle Hose an«, sagte E. zu U.

»Hmmm, danke«, erwiderte U. halb gelangweilt, halb auf der Hut.

»Wo hast du die denn her?«

»Ach, weiß ich nicht mehr. Aus New York, glaube ich«, sagte U. und vertiefte sich wieder in die Zeitschrift, was E. ganz richtig als Zeichen deutete, das Zimmer zu verlassen.

»Die Hose ist doch von Prada, oder?«, sagte ich, als E. draußen war.

U. sah mich geradeaus an.

»Ich trau der einfach nicht.«

»Und deshalb sagst du ihr nicht, woher deine Hose ist?«

»Genau. Je weniger sie weiß, umso besser. Ich trau der zu, dass die morgen mit meiner Hose ankommt.«

E. brachte mir immer öfter Pralinen mit, vielleicht, weil ich weniger mit den Augen rollte als die anderen. Sie wollte aber unbedingt, dass ich sie gleich esse; eine typische Essgestörtentaktik, die mir ziemlich auf die Nerven ging. Bei einer der Pralinenüberreichungen machte sie mir dann ein Kompliment meine in der Tat fabelhafte Bluse aus apricotfarbener Seide betreffend, während sie mit den Augen auf die Praline starrte.

»Wow, ist das eine schöne Bluse. Wo ist die her?«

»Von Etro«, sagte ich wie aus der Pistole geschossen. Im Hintergrund machte U. Halsabschneidebewegungen.

»Ach, hübsch!«, rief E.

Einige Tage später hechelte ich in letzter Minute in den Konferenzraum und erblickte sofort E., aprikosig leuchtend, in meiner Bluse. Wie es der Zufall wollte, hatte ich an diesem Tag auch die Bluse an. Na ja, so zufällig war das nicht, schließlich war es zu dieser Zeit eine meiner Lieblingsblusen. Wir starrten und leuchteten uns an, in einer Mischung aus Hass (ich), Angst und Häme (sie) und Apricot (beide).

Schlimmer noch war, dass wir nicht nur die gleiche Bluse, sondern beide eine Jeans und beige Pumps trugen. Ich blickte zu U. und A., denen sofort klar war, was hier vor sich ging und wer das Original und wer die Kopie darstellte. Den meisten anderen in diesem Raum war dies allerdings nicht klar und ein paar gemeuschelt-verschämte Höhö-Uiuiui-Töne waren zu hören, übersetzt: Haha, geil, das gibt jetzt Ärger zwischen den Modezicken. Es war ein unfreiwilliger Fashion-Walk-Off, und ich stand als eine der Kontrahentinnen da, obwohl ich als das Original doch schon gewonnen hatte.

Das war aber noch nicht alles. Während ich vor Wut brodelte, schlug E. eine meiner Ideen für eine Geschichte vor, von der ich ihr erzählt hatte und die ich schon anrecherchiert hatte. Die Idee fand große Zustimmung, und E. bekam den Zuschlag für die Geschichte. Entweder war sie verrückt oder zu mutig für ihr eigenes Wohlergehen, denn dies konnte nur eines bedeuten: Krieg. Den hatte ich nicht gewollt, doch ich würde ihn gewinnen, auch wenn ich sie mit Pralinen würde mästen müssen.

»Ich will ja nicht sagen, ich hab's dir ja gesagt, aber …«, sagte U. auf dem Weg aus dem Konferenzraum.

»Aber?«

»Ich hab's dir ja gesagt.«

Dass Nachahmung die höchste Form der Anerkennung ist, weiß man von Oscar Wilde. Da Wilde selbst höchst originell war, kann man davon ausgehen, dass er den Satz auf andere Menschen bezog, nämlich solche, die ihn zu kopieren versuchten, mit einer Großseligkeit und Großzügigkeit, die nur die Seltenen besitzen. Wildes Leben und Werk ist wohlbekannt, doch eine erstaunliche Kleinigkeit fiel mir auf, als ich kürzlich Bilder von ihm betrachtete. Er sieht sowohl Virginia Woolf als auch Marcel Proust unglaublich ähnlich: dieselben traurigen Augen mit den schweren Lidern, dieselben langen, korrekten Nasen, derselbe kleine Mund mit den vollen Lippen. Es ist frappierend.

Ich weiß nicht, ob sich Virginia Woolf der Ähnlichkeit bewusst war; mehr Ähnlichkeit mit Prousts Schreibe hätte sie sicherlich gutgeheißen. Woolf war von Proust derart begeistert, dass es ihr fast die Kehle zuschnürte, als sie ihn las. »Proust ist das letzte große Abenteuer«, schrieb sie an Roger Fry. »Denn – was soll man danach noch schreiben? Endlich ist es jemandem gelungen, das ewig Flüchtige dingfest zu machen .. und es dann in diese wunderbare, alles überdauernde Form zu gießen. Man muß das Buch aus der Hand legen und ringt nach Atem.«

Ein anderes Mal schreibt sie in ihr Tagebuch: »Ich frage mich, ob mir nicht tatsächlich etwas gelungen ist. Nun ja, an Proust gemessen natürlich nicht, der mich nach wie vor gefangenhält.«

Jahrelang geht das so weiter: Woolf traut sich nicht, Proust zu lesen, und wenn sie dann zu einem seiner Bücher greift, fühlt sie so: »Ich möchte mich am liebsten umbringen. Nichts scheint mir mehr lohnend. Alles scheint öde und bedeutungslos.«

Einige Jahre später wagt sie sich dann wieder an Proust heran, »der natürlich so großartig ist, dass ich nicht einmal zu hoffen wage, es jemals mit ihm aufnehmen zu können.«

Woolf bewundert Proust stets, läuft aber nie Gefahr, ihn kopieren oder nachahmen zu wollen, weil sie ein origineller Geist ist. Das, was er kann, das will sie auch – doch sie will es nicht stehlen oder kopieren oder nachahmen, sie will es selbst erschaffen. Umso sympathischer und menschlicher erscheint ihre Schwärmerei und Bewunderung. Diese großzügige, neidlose Bewunderung, die Dankbarkeit für jemanden, der uns inspiriert sowie das Bestehen auf der *eigenen* Originalität, scheint mir, mit Verlaub, lieber Herr Wilde, die höchste Form der Anerkennung, auch wenn es sich nicht ganz so humorvoll anhört.

Heute scheint das Auch-Haben-Wollen im Zuge der Infantilisierung der Gesellschaft immer angesagter. Zeitschriften zeigen, wie man einen Look nachkaufen kann, von Kopf bis Fuß, eins zu eins. Das ist faul und ekelhaft. Ich sehe gut gekleidete, gut aussehende Frauen gerne an, doch ich will nicht aussehen wie sie. Ich will aussehen wie ich, nur besser.

Kurz nach dem Blusengate ging ich mit meiner guten Freundin A. essen. Sie war begeistert von dem Kleid, das ich an dem Tag trug, und machte mir ein Kompliment.

»Ist das schön! Das steht dir so gut.«

»Danke.«

»Wo hast du das denn her?«

Ich zögerte und sagte schließlich: »Ich ... ach, weiß nicht mehr. Vintage, glaube ich.«

In dieser Nacht konnte ich nicht einschlafen. Ich hatte meine Freundin angelogen. Ich war geizig geworden! Ich hatte meine Großzügigkeit eingebüßt. Das konnte nicht richtig sein. Niemand sollte je dafür bezahlen, dass man mit jemand anderem eine schlechte Erfahrung gemacht hat.

Ich rief am nächsten Tag A. an und erzählte ihr, woher das Kleid stammt.

»Und das fiel dir heute ein?«, fragte sie.

Ich erzählte A. die Blusengate-Geschichte und meine daraus resultierende Vorsicht.

»Kann ich verstehen«, sagte A. »Ich würde es hassen, wenn mir das passieren würde. Ich wollte das Kleid aber nicht kaufen. Ich wollte nur wissen, von wem es ist.«

»Klar. Aber weißt du was: Wenn du es kaufen wollen würdest, hätte ich kein Problem damit. Du bist meine Freundin.«

»Danke. Was ist eigentlich mit der Bluseklauerin?«

»Ich gebe ihr höchstens noch ein paar Wochen.«

»Manche Leute, aber echt«, sagte A.

Manche Leute bekommen schließlich das, was sie verdienen. Als E. noch eine Idee klaute, wurde das Leben für sie ziemlich unerträglich, und sie ging. Zum Abschied sagte sie zu mir: »Ich habe viel von dir gelernt. Du bist so ... interessant.«

»Ich glaube nicht, dass du etwas von mir gelernt hast. Sonst wüsstest du, dass guter Stil nicht bedeutet, anderer Leute Klamotten zu tragen.«

Schließlich, ganz zum Schluss, zeigte E. ihr wahres Selbst und streckte mir den Mittelfinger entgegen.

»Hey!«, sagte ich.

»Ja?«

»Nächstes Mal, wenn du winkst, benutze bitte alle deine Finger.«

Manche Leute, aber wirklich. Die verdienen ihr schlechtes Image.

16.

Wie ich zum ersten Mal
einen Salat als Hauptgang bestellte

Oder:
Tiere essen, gerne!

Ein ziemlich mieses Image haben Vegetarier unter der fleischfressenden Bevölkerung: leicht überdreht und neurotisch, politisch korrekte Spaßbremsen, die einen ständig auffordern, doch endlich die schlimme Viehzucht-Doku aus den Schlachthäusern anzusehen, die, die ihr ganzes Leben verändert hat. Als ob uns das nicht den Appetit verderben würde! Außerdem will man bitte selbst bestimmen, ob man sein Leben dahingehend verändert haben will, die Hälfte seines bisherigen Speiseplans auszuschließen. (Viel schlimmer sind natürlich Veganer, weshalb hier nicht weiter auf sie eingegangen wird. Einfach jedes schlimme nervige Vegetarier-Imagedetail hoch drei, fertig ist der Tofubrei.)

Vegetarier scheinen in ihrem Verzicht so militant und selbstgerecht und blutarm. Freudlos und erdbewusst knabbern sie am Salat oder was sonst noch nach nasser Pappe schmeckt, mit einem verurteilenden Blick auf alles, was »mal ein Gesicht hatte« und nun auf unseren Tellern liegt. Außerdem sind sie als Gäste kompliziert. Was kocht man bloß für die, wenn sie zum Essen kommen? Eine, Pardon, Extrawurst wird es schon sein müssen. Und eine irrelevante Frage, die mich dennoch immer faszinierte: Wieso gibt es so viele übergewichtige Vegetarier? Wie geht denn so was? Ist das nicht irgendwie daneben?

Ich weiß sehr gut, wie Vegetarier ankommen, weil ich zehn Jahre lang selbst einer war. Mit einigen Abstrichen: Erstens aß ich Fisch. (Aber niemals Fleisch: kein rotes, kein weißes, kein Stückchen Salami, keine Würstchen, nicht einmal Fleischbrühe, überhaupt kein Fleisch.) Zweitens machten mir Fleisch und Fleischesser auch in nächster Nähe keine Probleme. Weder der Geruch noch der Anblick von Fleisch bescherten mir schlechte Laune oder Übelkeit. Ich wollte auch niemals jemanden überzeugen, kein Fleisch mehr zu essen, und verurteilte niemanden, der es tat. Dafür wurde ich regelmäßig angefiest, weil ich jemandem den Spaß am Essen verdorben hatte. Manchmal wurde ich auch für verrückt erklärt oder für eine lesbische Marxistin-Leninistin gehalten, vor allem in Fleischfresserländern wie dem, aus dem ich stamme.

Ohne die schlimme Viehzucht-Doku gesehen zu haben, hörte ich Anfang der Neunzigerjahre einfach eines Tages auf, Fleisch zu essen, und das war's für mich. Vorerst. Es würde zehn Jahre dauern, doch das war so nicht geplant. Ich wusste noch nicht einmal, dass ich je wieder Fleisch essen würde. Nach acht Jahren Fleischlosigkeit verspürte ich zum ersten Mal wieder Lust auf Fleisch und kaufte mir 1999 eine Schnitzelsemmel in Madrid.

Mir war nicht bewusst gewesen, dass man nach jahrelangem Fleischverzicht ein Enzym verliert, das zur Verdauung von Fleisch benötigt wird. Ich vertilgte also die Schnitzelsemmel und lag daraufhin einen Tag und eine Nacht in schrecklichen Schmerzen und kaltem Schweiß im Bett. Ich fühlte mich, als ob ich einen Außerirdischen gebären würde.

Dass ich überhaupt wieder Lust auf Fleisch verspürt hatte,

hatte auch damit zu tun, dass ich zu der Zeit einige Monate in Spanien lebte. In Ländern wie Spanien oder eben meiner Heimat ist es viel komplizierter, seinen Fleischverzicht zu erklären als, sagen wir, in Deutschland. Es wird als persönliche Beleidigung einer völlig Irren angenommen. Man sollte gar nicht versuchen zu erklären, warum man kein Fleisch isst und eine Allergie, Unverträglichkeit oder Magenverstimmung vorschieben. Wenn man sagt, man sei Vegetarier, bekommt man eine Mischung aus Unverständnis und Mitleid zu spüren, mit unterstützendem »Was für ein komischer Idiot«-Handgewusel, sobald man sich umdreht.

Im 19. Jahrhundert bürgerte sich in der Englisch sprechenden Welt der Begriff »salad days« ein. Man verwendete ihn, um eine Lebensphase der jugendlichen Unerfahrenheit auszudrücken, mit all ihren Nebenwirkungen: Enthusiasmus, Idealismus, Indiskretion, Unschuld. Der eigenartige Terminus war zu diesem Zeitpunkt aus einem mehr als zweihundert Jahre alten, ziemlich welken Schlaf aus unbekannten Gründen wieder zum Leben erweckt worden. Zum ersten Mal las man nämlich salad days 1623, in Shakespeares »Antonius und Cleopatra«, 1606 geschrieben. Am Ende des ersten Aktes bereut Kleopatra ihr jugendliches Herumgeflirte und -geschiebe mit Julius Cäsar wie folgt:

Meine Salattage / Als grün ich war an Urtheil, kalten Bluts …[*]

Aus wiederum unerfindlichen Gründen änderte sich die Bedeutung später: Vor allem in den USA beschreiben salad days heute die materiell gesicherten Jahre, den Höhepunkt des Erfolgs oder

---

[*] »…My salad days, / When I was green in judgment, cold in blood …«

sogar den Herbst des Lebens. Shakespeare hingegen meinte damit die Jahre der Jugend, die, die man auf Deutsch grün hinter den Ohren nennt.

Als ich Shakespeares Zeilen zum ersten Mal las, so in den späten Achtzigerjahren, in meinen eigenen Salattagen sozusagen, verstand ich nichts. Machte Kleopatra eine Salatdiät à la Bild der Frau? Salattage: Verlieren Sie achtzehn Pfund in sechs Tagen! Leckere Salatrezepte! Garantiert kein Hunger! War das so abwegig? War Kleopatra nicht dafür bekannt, ziemlich eitel zu sein, in Eselsmilch zu baden und allerlei Sperenzien für die Schönheit zu veranstalten? War sie vielleicht ihrer Zeit voraus und machte Detox? Man muss es auf meine Salattage schieben, dass ich damals nicht wusste, dass Salat erst ungefähr zu der Zeit ein Lebensmittel-Superstar wurde, als ich auf die Welt kam.

Vegetarier haben kein gutes Image, dafür hat Salat ein umso besseres Image. Ja, Salat hat geradezu ein Superimage! Wenn jemand einen grünen Salat bestellt, dann ist die Message klar: Ich achte auf mich, schaut wie grün und gesund es hier leuchtet und wie ich knacke und knirsche und meinem Körper etwas Gutes tue. Gesünder geht's nicht, möchte man meinen. Es geht natürlich gesünder, denn grüner Salat hat in etwa so viele Vitamine wie ein Papiertaschentuch und ein Glas stilles Wasser. Aber es sieht so gesund aus, das knackige, helle Grün. Ernährungswissenschaftler sind sich einig, dass Salat im Vergleich zu anderem Gemüse überbewertet wird, genau wegen der Farbe, die Gesundheit suggeriert.

Sonderbar erscheint mir, dass sich Salat, der alte Langweiler, in der deutschen Sprache ausgerechnet für chaotische Durcheinander-Assoziationen eignet: Buchstabensalat, Kabelsalat, »Da haben wir den Salat!« Das finde ich weder verständlich noch fair. Warum soll denn Salat für Chaos stehen? Wofür sich

Salat auch nicht eignet sind Hauptgänge. Es gibt ja diese auf-gemotzten fetten Riesensalate, in denen alibimäßig ein paar grüne Blätter mitschwimmen, so wie Cesar's Salad oder Salade Niçoise, und die können einen an einem heißen Tag schon satt machen, aber auch nur deshalb, weil da so viel Hauptgang-würdiges drin ist: Hühnchen und Thunfisch und Putenbrust-streifen, Bohnen und Kartoffeln, Kapern und Artischocken-herzen, Zwiebeln, gekochte Eier, Sardellen. Da haben wir den Salat: Das nennt sich zwar Salat, ist aber ein Topf nahrhafter Lebensmittel, der sich Salat nennen darf, weil ein bisschen Vorwand-Grünzeug drin ist. Und was bleibt von diesem Salat immer übrig, unten im Dressing schwimmend? Na klar: der grüne Salat.

In all den Jahren, in denen ich kein Fleisch aß, wäre ich nie darauf gekommen, einen Salat als Hauptgang zu bestel-len. Grund: Salat ist eine Vorspeise oder eine Beilage. Beilagen sind dazu da, den Teller zu füllen, ein bisschen Farbe zu ge-ben, hübsch auszusehen und bei Belieben verspeist zu werden. Beilagen darf man aber auch liegen lassen. Ein Gutes kristalli-sierte sich schon während meiner salad days am Konzept des Salats als Hauptgang heraus: Man erkennt neurotische Frauen sehr schnell. Sie sind es, die Salat als Hauptgang bestellen, und je grüner der Salat, desto irrer *und* langweiliger die Frau. Eine erstaunliche Kombination! Spätestens wenn man folgende Be-stellung genäselt hört: »Einen Sal*aaaaat*, das Dressing bitte se-parat, und ohne Croutons!« sollte man sich als Mann bei einem Date so schnell wie möglich verabschieden. In den USA ist dies schon zu einer urbanen Weisheit geworden, der Begriff *salad bitch* beschreibt just jene Zicken, die bei einem Date Salat be-stellen und für den Rest des Abends den Mund halten, weil ihr Charakter ziemlich genau dem Nährstoffgehalt eines Salatkopfes entspricht: ziemlich wässrig und so langweilig wie die Wahl ihres Gerichtes.

Wenn eine Frau einen Salat bei einem Date bestellt, ist sie ziemlich blöd. Selbst wenn sie essgestört ist, sollte sie sich, wenn sie den Mann wiedersehen möchte, so weit am Riemen reißen können, um das bei einem Date zu verstecken und sich was Normales zu bestellen. Keiner will eine knabbernde Zicke, die sich jeden Spaß versagt und nicht genießen kann. Selbst wenn sie 95 Prozent ihrer Zeit damit verbirgt, ihre Topfigur mit dem Mümmeln grüner Blätter und dem Schlucken von in Orangensaft getränkten Wattebällchen in Schuss zu halten, sollte sie wenigstens soviel Grips haben, das beim ersten Date zu verheimlichen und wenn schon nicht auf Gourmand-Genießerin, so doch wenigstens auf Normalesserin zu machen. In einer größeren Runde ist es schon etwas anderes, da fällt der Salat als Hauptgang nicht so auf.

Trotzdem bestellte ich einmal einen Salat. Als Hauptgang.

Gottlob mussten das meine Großeltern nie erfahren. Mein kroatischer Großvater, der Vater meines Vaters, war sein Leben lang Metzger gewesen. Als mein Vater ungefähr elf Jahre alt war, nahm er ihn ins Schlachthaus mit, damit er lernt, wie es geht. Die Erfahrung muss schrecklich gewesen sein, denn im Jugoslawien der Fünfzigerjahre schlachtete man ein Rind, indem man mit der stumpfen Seite der Axt die Halsschlagader traf. Für einen Ungeübten ist das nicht lustig. Mein Vater fand die Erfahrung nicht so toll, was ihn aber nicht daran gehindert hat, bis zum heutigen Tag täglich Fleisch zu essen, obwohl er sozusagen live mitten in einer schlimmen Viehschlacht-Doku dabei gewesen war.

Als Kind in Split aß ich sehr häufig bei meinen Großeltern, und es gab immer dasselbe. Ich aß morgens, mittags, abends und auch zwischendurch Fleisch. Und was für Fleisch! Das gute an Nicht-Erste-Welt-Ländern ist, dass sie nicht das Geld haben, Lebensmittel mit Dreck vollzupumpen und zu verbocken. Als ich dann nach Deutschland zog, fand ich das hiesige Fleisch zäh und schuhsohlenartig trocken. Fleisch auf dem Balkan ist auch deswegen zart, weil man Rinder von vierhundert Kilo schlachtet, nicht von tausend Kilo wie in Deutschland. Ich aß es ein paar Jahre lang lustlos, immer weniger, und hörte schließlich auf. Das ergab sich gut, denn als ich Mitte der Neunziger nach England zog, war es gar kein Problem, dort kein Fleisch zu essen, im Gegenteil: BSE, der Rinderwahnsinn, war damals auf seinem traurigen Höhepunkt. Für die Jüngeren unter uns: Das war, als die Kühe Schaum vorm Maul hatten und herumtorkelten. In England galt mehr als in jedem anderen Land: Wenn man nicht viel Geld für Lebensmittel hatte, war es weiser, die Finger vom Fleisch zu lassen. Trotzdem, auch da hätte ich niemals einen Salat als Hauptgang bestellt.

Immer wenn ich aus London in München zu Besuch war und bei meinen Eltern aß, servierte mir meine Mutter ein Schnitzel oder ein Steak. Jedes Mal war es das gleiche Spiel.

»Mama, ich esse doch kein Fleisch«, sagte ich.

»Ach Gottchen, immer noch nicht?«, fragte sie und machte sich auf, mir etwas anderes zu servieren.

»Was heißt immer noch nicht? Seit wann das denn? Seit wann isst du kein Fleisch?«, rief mein Vater entrüstet.

»Seit fünf Jahren«, sagte ich entnervt.

»Und wieso nicht? Wieso denn nicht? Das ist nicht gut«, sagte er kopfschüttelnd.

»Ach, Tata.«

»Soll ich dir Hühnchen machen?«, fragte meine Mutter.

Selten konnte ich mich mit einem Film mehr identifizieren als mit »My Big Fat Greek Wedding«, der 2002 in die Kinos kam. Ich sah den Film und ging am nächsten Tag noch einmal mit meinen Eltern ins Kino. Der Amerikaner, in den sich die Griechin in dem Film verliebt, ist Vegetarier, und als Tante Voula das hört, sieht sie ihn an, als ob er bescheuert wäre, und sagt dann großzügig: »Was, du isst kein Fleisch? Kein Problem. Ich mache dir Lamm.«

»Habt ihr das gesehen?«, fragte ich nach dem Film.

»Ja. Haha, die Griechen«, lachten meine Eltern.

»Und das mit dem Lamm? Ihr habt das genauso gemacht, als ich kein Fleisch gegessen habe!«

»Quatsch«, sagte meine Mutter. »Ich habe immer extra für dich gekocht!«

»Wann hast du denn kein Fleisch gegessen?«, fragte mein Vater.

Ein interessanter Unterschied zwischen Fleisch und Salat ist die Vorsicht, die beim Verzehr im Nicht-Erste-Welt-Ausland empfohlen wird. Bei Salat: Alarmglocken! Die empfindlichen Erste-Welt-Mägen könnten durch das keimbelastete Leitungswasser in Mitleidenschaft gezogen werden. Bei Fleisch: Lokalkolorit! Gib mir gebratene Ameisen-Crazyness dazu. Keiner schert sich darum, jerk-chicken aus einer dreckigen Tonne zu essen, zum Beispiel in Jamaika.

Wer nach Jamaika reist und sich nicht in einen Touribunker mit Rent-A-Rasta-Service einbucht, braucht starke Nerven und viel Geduld. Oder viel Zeit. Am besten beides. In Jamaika gibt es auf die Frage »Wo?« nur eine mögliche Antwort, die man bekommt: *Just around di corna.* (Gleich umme Ecke also.) Das stimmt manchmal, meistens aber nicht. Auf die Frage »Wann?«

gibt es auch nur eine Antwort: *Soon come.* (Also: Bald. Das stimmt nie.)

Als ich nach Jamaika reiste, kam ich nach einigen Tagen karibischer Abenteuerlichkeiten endlich zum Durchatmen, in einem bezaubernden kleinen Dorf an der Nordküste, in der Nähe von Port Antonio.

Es gab dort damals nur vier, fünf Restaurants, wovon zwei, drei immer geschlossen war. Unser (Exfreund) Lieblingsrestaurant war eine Wellblechhütte mit vier Tischen, dafür ohne Tür, weshalb dort manchmal Ziegen Zuflucht suchten, wenn es regnete. Die Ziegen guckten schuldbewusst, denn sie wussten, sie sollten nicht hier sein, andererseits hatten sie null Böcke, nass zu werden. Als Übersprungshandlung kauten sie dann an den Holzbänken oder auch mal an einem nassen T-Shirt, die blöden Zicken. Nachdem wir am Vorabend in einem Restaurant am Strand drei Stunden auf unseren Fisch gewartet hatten – wirklich: drei Stunden lang – und immer, wenn wir fragten, wann das Essen denn da wäre, hieß es soon come, entschlossen wir uns, in der Wellblechhütte ein spätes Frühstück zu uns zu nehmen. Wellblech statt Wellness war damals die Devise.

Wir kamen schon etwas hungrig an und wurden vom Inhaber begrüßt, der cool war und Cool Daddy hieß. Wir bestellten akee, saltfish, Reis, Rühreier und Toast. Cool Daddy verabschiedete sich bald, nicht ohne uns ein paar Brocken Gras auf den Tisch gelegt zu haben. In der Küche, die vom Restaurantbereich aus einsehbar war, werkelte Roogie herum, der sechzehnjährige Koch.

Eine halbe Stunde später fragten wir Roogie, wie es denn aussehen würde.

»Ya man. Soon come«, war die Antwort.

Wir warteten noch eine Stunde. Jetzt machten die Mägen

schon Musik. Woanders hin, schnell was essen, war nicht, wir hatten ja gestern schon drei Stunden gewartet! Das musste doch bitte eine Ausnahme gewesen sein.

»Roogie, wie läuft's?«

»Super«, kam die Antwort aus der Küche.

Man will ja auch nicht unhöflich sein oder als der gestresste Europäer rüberkommen, bei dem alles zackzack gehen muss. Trotzdem, die Darmmusik. Wir waren schon ganz schwach vor Hunger. Erst ein paar Tage später würde mir erklärt werden, dass in jamaikanischen Wirtshäusern nur zweimal am Tag gekocht wird. Bestellungen werden zwar entgegengenommen, aber es wird nicht gekocht, nur weil man bestellt hat. Es kann dann unter Umständen bis zu vier Stunden dauern, bis man etwas zu essen bekommt. Wenn man fragt, wo das Essen bleibt, denken die, man ist eben ein stressiger Europäer.

Plötzlich stand ein komischer Kauz vor dem Restaurant. Er war mir schon zuvor unangenehm aufgefallen, denn er war, wenn man es gemein ausdrücken will, der Dorfdepp, der immer mit einer zerbrochenen Flasche in der hinteren Hosentasche herumlief. Nun schrie er durchs Restaurant:

»Hey Roogie. Roogie! Gib mir das Geld.«

Roogie rührte sich nicht.

»Roogie! Gib mir das Geld für die Callaloo!«

Roogie schrie zurück. »Welche Callaloo? Du hast keine Callaloo gebracht.«

Der Dorfdepp flippte aus und fing an herumzuschreien. Dann nahm er einen gigantischen Stein und machte sich daran, ihn in die Hütte zu werfen, doch Roogie war schneller. In einem Satz hechtete er durch die Hütte, ein riesiges Küchenmesser in der Hand, das sofort an der Halsschlagader des Dorfdeppen war, der immer noch den Stein über seinem Kopf hielt.

»Hau ab, Mann. Du hast mir nie die Callaloo gebracht«, sagte Roogie.

»Scheiße, Roogie, bounty killer wird dich töten«, sagte der Dorfdepp, schmiss den Stein hin und machte sich von dannen.

Wir waren im Schock. Das war gar nicht reggaemäßig-chillig und hätte auch anders ausgehen können. Roogie ging in die Küche zurück und zwinkerte uns auf dem Weg zu.

»Was war das denn?«, fragte ich den Exfreund.

»Keine Ahnung, aber ich habe das Gefühl, dass es schlimm hätte ausgehen können. Roogie ist ja so cool.«

»Was ist denn Callaloo?«

»Keine Ahnung.«

Der Hunger war uns erst mal vergangen, kam jedoch nach einer Tüte mit doppelter Wucht zurück. Ich ging an die Theke und setzte mich auf den Barhocker.

»Hey, Roogie.«

»Soon come.«

»Nein, ich meine: Du warst echt cool vorhin.«

Roogie zuckte mit den Schultern, und sein linker Mundwinkel zuckte auch, leicht erfreut.

»Sag mal, was ist denn Callaloo?«

»Ein Gemüse. Kennst du nicht?«

»Nein. Hast du es da?«

»Na klar.«

Ich guckte erstaunt.

»Aber nicht von dem Idioten«, fügte er hinzu. »Der spinnt.«

»Roogie, ich muss dir was sagen. Du musst uns jetzt was zu essen geben, und zwar nicht soon come, sondern sofort. Sonst brechen wir zusammen vor Hunger.«

»Okay. Ich kann einen Salat machen.«

»Mit Callaloo?«

»Nein, Callaloo gibt's nur als Suppe.«

»Okay, Salat. Viermal.«

Und so bekam ich nach zwei Stunden Wartezeit einen Salat als Hauptgang. Es war Hühnerbrust drin und Reis und Chili und Zwiebel und Mangochutney und Erdnuss. Es war herrlich und machte satt. Die grünen Blätter ließ ich liegen.

Zwölf Jahre später bestellte ich noch einmal einen Salat als Hauptgang. Aus Gründen, die ich nicht mehr nachvollziehen kann – na gut: Angst, dass ich verzweifelt und einsam sterben würde, während um mich herum alle Babys bekamen und sich verlobten –, ließ ich mich von einem »Privatier« zum Abendessen einladen. Er war natürlich kein Privatier, leider, denn das ist ein toller Nicht-Beruf. Allenfalls war er der Sohn eines Privatiers. Jedenfalls redete er schon beim Aperitif so viel angeberischen Namedropping-Schwachsinn, dass mir plötzlich die Lösung einfiel: Einen Salat als Hauptgang! Das musste ihn verschrecken.

»Sonst isst du nichts? Nur Salat?«, fragte er.

»Ja«, sagte ich. »Ich achte auf meine Fig*uuuur*.«

»Das finde ich toll!«, sagte er.

Um Gottes willen. Mir blieb nichts anderes übrig, als zu knirschen, während der Privatier Schwachsinn erzählte, und an die Worte von Hildegard von Bingen zu denken: »Unzubereitet gegessen, macht sein zu nichts tauglicher Saft das menschliche Gehirn leer und erfüllt den Magen und den Darm mit Krankheitsmaterien.«

Es ist doch recht unglaublich, wie unterschiedlich zwei Menschen ein und denselben Abend interpretieren können. Der Privatier-Sohn wollte mich tatsächlich noch einmal zum Salat einladen. Vielleicht habe ich, sosehr ich mich auch angestrengt habe, einfach nicht das Zeug zur *salad bitch*. Auch eine gute Erkenntnis!

Ach, aber manchmal vermisse ich meine *salad days*, als ich »grün war an Urtheil, kalten Blutes«.

17.

Wie ich zum ersten Mal begriff, dass man manche Fehler zweimal machen muss

Oder:
Die Prinzessin unter der Erbse

Als ich »grün war an Urtheil, kalten Blutes«, als alles noch vor mir lag wie Windungen einer einsamen Straße im Nebel, wie Berge in der Ferne, die man zu erklimmen hat, wie Planeten im Weltall, die man noch entdecken wird, wie anderes metaphorisches, unbekanntes, in der Zukunft liegendes Zeug, da lagen auch meine größten Fehler noch vor mir. Deshalb scheint mir heute die Kindheit und das zarte, bescheuerte Alter, das unmittelbar darauf folgt, in dem man noch grün ist an Urtheil, so viel einfacher als das Erwachsenenalter: Was kann man schon groß falsch machen? Vielleicht legt man mal die Hand auf die heiße Herdplatte – das wiederholt man sicher nicht noch einmal. Die großen Fehler, die wichtigen, folgenschweren, die, die man bereuen und trotzdem wiederholen wird, die liegen alle noch vor einem.

Ich glaube mich erinnern zu können, dass ich richtiggehend gespannt darauf war, zu welchen Fehlern mich die Zukunft verleiten würde, aber vielleicht mache ich damit jetzt einen Fehler und bilde mir das nur ein. »Das bewußte Gedächtnis, das Gedächtnis der Intelligenz und der Augen, geben uns von der Vergangenheit nur ungenaue Faksimila wieder, die mit ihr keine größere Ähnlichkeit haben als die Bilder schlechter Maler mit dem Frühling«, schrieb Marcel Proust einmal (nachzulesen in: »Wie Proust Ihr Leben verändern kann« von Alain de Botton). Nun denn, so mag es auch gewesen sein, dass ich mich damals gar nicht auf das Erwachsensein freute, wie ich mir als schlechter Maler ungenauer Faksimila heute einbilde, und auf meine Fehler gar nicht gespannt war. In jedem Fall ist es nun unwiderruflich hier, das Erwachsensein. Es ist ungefähr so, wie ich dachte; es ist schwer, und es ist schön. Grundsätzlich halte ich es hier mit dem amerikanischen Komiker Jerry Seinfeld, der das Erwachsensein aus vielen Gründen genießt. »Grund Nummer eins: Wenn ich einen Keks haben will, nehme ich mir einen Keks. Ich nehme mir drei oder vier oder elf Kekse. Manchmal versaue ich mir absichtlich den Appetit, denn als Erwachsener weiß ich, es kommt ein neuer Appetit. Ich habe Millionen davon, ich verderbe mir meinen Appetit, sooft ich will!«

Das ist genau die richtige Einstellung: Ich verderbe mir nicht nur den Appetit, sondern auch alles andere, sooft ich will. Als Kind bekam ich nicht so viele Kekse, wie ich wollte, dafür aber immer wieder Erbsen vorgesetzt. Ich hatte Angst vor Erbsen, denn das serbokroatische Wort für Erbsen (grašak) ähnelt doch sehr dem Wort für Fehler (greška). Ich hatte mir das als kleines Kind so zurechtgelegt: Wer Erbsen isst, macht Fehler. Eine Erbse = ein Fehler. Deswegen verstand ich auch nicht, warum überhaupt jemand Erbsen aß, aber gut, man muss die Leute eben lassen, dachte ich. Was Fehler waren, war mir zugegebenermaßen auch nicht ganz klar, aber dass es nichts Gutes war, konnte ich aus folgenden Fetzen geflüsterter Erwachsenengespräche entnehmen:

»Sie hat einen großen Fehler gemacht. Einen Riesenfehler. Sie wird das noch jahrelang bereuen.«

»Das ist ein Fehler, für den sie bis an ihr Lebensende bezahlen wird.«

»Dass er aber auch nie aus seinen Fehlern lernt!«

Lauter Erbsenesser, dachte ich. Doch ich ahnte schon, dass es etwas komplizierter ist.

Als ich ungefähr achtzehn Jahre alt war, las ich zum ersten Mal sechs Sätze, die Samuel Beckett in »Worstward Ho« (»Aufs Schlimmste zu«) 1983, ein paar Jahre vor seinem Tod, geschrieben hat. Ich schrieb diese sechs Sätze mit Bleistift auf ein Stück Backpapier, und dieses inzwischen recht flodderige Ding hing bisher in jeder meiner Küchen, eine Art Inneneinrichtungs-Tattoo, wenn man so will. Darauf steht:

Ever tried. Ever failed. No matter.
Try again. Fail again. Fail better.

Auf Deutsch heißt das so viel wie: Immer wieder versucht. Immer wieder gescheitert. Macht nichts. Noch einmal versuchen. Wieder scheitern. Besser scheitern.

Besser scheitern. Ich mag, wie das klingt: widersprüchlich, beruhigend, optimistisch, versöhnlich. Vielleicht gefällt es mir auch deshalb, weil ich wie viele, die im späten 20. Jahrhundert geboren wurden, in dem Wissen erzogen wurde, dass Fehler gut sind und Scheitern nötig, um daraus zu lernen und daran wachsen zu können. Scheitern hört sich schlimm an, ist es aber nicht, wenn man Eltern, Philosophie, Literatur und Hirnforschung Glauben schenkt. Die allgemein geltende Weisheit besagt, dass man aus Fehlern lernt, dass sie dazu da sind, uns bei unserer Entwicklung zu helfen, ein unschöner, schmerzhafter aber unabdingbarer Teil unserer Entwicklung und Menschwerdung. Fehler sind Stützpfeiler unserer Menschlichkeit, darin ist man sich einig. In Goethes Faust etwa sagt Der Herr: »Es irrt der Mensch, solange er strebt«, und Mephisto, nicht unbedingt Des Herrn größter Fan, findet: »Wenn du nicht irrst, kommst du nicht zu Verstand.« Also: irren, scheitern, Fehler machen. Lernen, wachsen, klüger werden. So soll es laufen.

Wissenschaft und Wirtschaft machen sogar einen richtigen Hype um Fehler, weil die tollsten und vermutlich am interessantesten zu erzählenden Entdeckungen durch Fehler entstanden sind. James Joyce nannte Fehler »Portale der Entdeckung« und ja: Amerika, Penicillin, Teflon, Post-It, Viagra wurden schließlich alle entdeckt, weil jemand zunächst einen Fehler machte. (Sollte ich mich jetzt fragen, was ich alles hätte entdecken können, wenn ich nur mehr Erbsen gegessen hätte? Ich bin mir nämlich immer noch nicht ganz sicher, dass ich da völlig falsch liege, vor allem *weil* ich inzwischen Erbsen esse. Seitdem mache ich Fehler. Seltsam, oder?) Für Unternehmen ist der Umgang mit Fehlern jedenfalls so wichtig, dass es sogar eine »Fehlerkultur« gibt: Die Dinger werden ausgewertet und analysiert, und dann wird – natürlich – versucht, daraus zu lernen, denn so lassen sich Wettbewerbsfähigkeit, Produktivität, Qualität und Innovation steigern. Aber auch auf der anderen, der Arbeitnehmerseite, passieren Fehler. Das wird oft nicht so bejubelt, doch ich habe die Erfahrung gemacht, dass, wenn ich beruflich etwas richtig verbockt habe, das bloße Wort Fehler selbst hartgesottene Journalistenwildschweine in kuschelige Hippie-Lämmer verwandelt. Das Beste ist es, nicht herumzudrucksen, sondern mit fester und gleichzeitig etwas trauriger Stimme gerade herauszusagen: »Es tut mir leid. Ich habe einen Fehler gemacht«, woraufhin der modern geschulte Boss zwei von drei Dingen sagen wird:

»Irren ist menschlich.«

»Das kann doch jedem mal passieren.«

»Wir alle machen Fehler.«

Ja. Doch was ist mit den Fehlern, die man im anderen, schwierigeren Teil des Lebens macht, in Liebesbeziehungen, Freundschaften, Alltagsbegegnungen, Feindschaften? Was ist mit falschen Einschätzungen, auf denen Entscheidungen basieren, die Konsequenzen womöglich für immer haben können? Was ist mit den Irrfahrten auf der See des Lebens, die einen erst später, an Land, in kalten Nächten, Übelkeit verspüren lassen? Was ist mit den Sätzen, die man bereut, gesagt zu haben; was mit denen, die man bereut, nicht gesagt zu haben? Ihretwegen starrt man auf die Wand, sie erwischen einen im falschen Moment, sie geben einem Reue, graue Haare, Schüttelattacken, plötzliches Aufwachen in kaltem Schweiß. Die Fehler, die man gemacht hat: Gibt es einen Umriss, mit dem man ein Leben besser skizzieren kann?

Das Interessante an Fehlern ist, dass man ihre Existenz selbst bestimmt – und zwar nicht, indem man sie begeht, sondern indem man sich *zugesteht*, sie begangen zu haben. Man bestimmt immer selbst, was ein Fehler ist, wobei es auch heißt: Wer einen Fehler nicht zugibt, begeht einen zweiten. Doch ich vermute, dass ich so manchen Fehler von mir selbst unentdeckt ließ, weil ich davongekommen bin und Konsequenzen aus wundersamen Gründen ausblieben. Es ist allzu menschlich, bei der Identifikation eigener Fehler großzügig zu sein.

»Man muss verstehen, die Fehler zu begehen, die unser Charakter von uns verlangt«, schrieb der französische Schriftsteller Nicolas de Chamfort im 18. Jahrhundert. Dass sogar darin eine Kunst liegen kann! Doch es scheint eine gute Idee. Darüber hinaus heißt es, dass die Fehler, die wir immer wieder begehen, aus unserem Charakter resultieren. Ich kann nur für mich sprechen: Die meisten meiner Fehler etwa sind direkt darauf zurückzuführen, dass ich zu vertrauensvoll, optimistisch, geschwätzig, leichtsinnig, vorlaut, launisch, chaotisch und ungeduldig bin, mit einem Hang zur Selbstsabotage noch dazu.

Die Fehler-Charakter-Achse erklärt vieles und hat zur angenehmen Folge, dass sich die Sache irgendwie leichter anfühlt, ein DNA-betriebener Freifahrtschein für so häufiges Gegen-die-Wand-Fahren, wie man es braucht. (Natürlich ist damit nur metaphorisches Gegen-die-Wand-Fahren gemeint. Aus körperlich schmerzhaften Fehlern lernt man durchaus schneller.)

Wir würden ja gerne anders, besser, klüger, besonnener handeln. Ach, wenn wir nur könnten. Wir machen diese Fehler, weil wir sind, wie wir sind. Doch mahnt die Stimme der Fehlerkultur: Du sollst aus deinen Fehlern lernen. Es ist in Ordnung, sie zu machen, aber lerne daraus. Versuche dich zu bessern. Werde schlauer durch sie. Scheitere besser.

Tatsächlich wurde inzwischen gehirnmessungstechnisch erwiesen, dass wir aus praktischen Fehlern lernen, und zwar erstaunlich schnell. Verantwortlich dafür ist das Überraschungsmoment, in dem wir entdecken, dass wir falsche Schlüsse gezogen haben. Eine Forschungsreihe der Universität Exeter konnte 2011 messen, wie schnell dieser Prozess abläuft, nämlich schwupps, unmittelbar. Als die Versuchspersonen dieser Forschungsreihe ihren Irrtum erkannten, korrigierten sie ihre falschen Schlüsse dank eines Warnsignals im Gehirn, noch bevor Zeit zum Nachdenken war. Wenn sie beispielsweise mal an einer Ampel nicht richtig reagiert hatten, wurde das nächste Mal unser Frühwarnsystem aktiviert, und sie reagierten sofort und richtig, ohne auch nur eine Sekunde darüber nachzudenken.

Ach ja, die Zeit darüber nachzudenken. Das hört sich gut an, macht aber alles komplizierter. Ich kann mir gut vorstellen, dass Frühwarnsysteme im Gehirn bei zu vernachlässigenden Ampelfehlern super funktionieren, aber bitte: Freunde enttäuschen, Liebhaber betrügen, Menschen nicht oder zu sehr vertrauen, sich selbst sabotieren oder immer wieder auf etwas oder jemanden reinfallen ist zu komplex und muss wiederholt werden, bis man glaubt blöd zu werden. Hier benötigt man mehrere Anläufe, bis sich das mitunter schmerzhafte Muster bildet, das man seine begangenen Fehler nennen darf.

Von schmerzhaften Mustern schreiten wir flott zur Ursachenforschung: Selbstsabotage ist eines meiner Expertisefelder in der Fehlerlehre. Ich habe zum Beispiel jahrelang darunter gelitten, zu wenig und zu unproduktiv zu schreiben, und verstand gar nicht, dass ich mich selbst sabotierte, und zwar mit Hardware. Ich blockierte mich mit dem Gröbsten – Schreibtischen nämlich. Bis vor ein paar Jahren standen meine Schreibtische immer in den hässlichsten, dunkelsten, un-feng-shui-gsten Ecken. Sie waren grässlich, staubig, wackelig, kurzum so geartet, dass man sich nicht länger als zwei Sekunden an ihnen aufhalten wollte. Ich beging diesen Fehler immer wieder, immer wieder, bis meine Freundin J. beim Tanzen in meinem Wohnzimmer gegen den Schreibtisch groovte und er *con carajo* in sich zusammenfiel und alles mit ihm auf den Boden. Erst da, mit einem Schlag, wurde mir klar, was ich diese ganzen Jahre über falsch gemacht hatte.

»Wie hätte ich denn *darauf* schreiben sollen?«, fragte ich sie und fing fast an zu schluchzen vor lauter tussigem Erleuchtungsglück.

»Keine Panik, ich bin Architektin!«, rief sie panisch. »Ich bau das sofort wieder zusammen.«

»Nein, lass das bloß liegen«, sagte ich. »Ein neuer Schreibtisch muss her, einer, von dem ich nicht alle zwei Sekunden, sondern vielleicht nur alle zwei Minuten aufstehen will! Zeig mir lieber eine gute Ecke, wo er stehen könnte. Hier tanzt ständig jemand dagegen.«

Die Seele eines Volkes drückt sich in seiner Sprache aus, und natürlich auch in ihren Bausteinen, den Wörtern. Wenn ich das deutsche Wort Fehler höre, muss ich automatisch an das englische *failure* denken. Failure lässt sich mit dem wesentlich härteren Misserfolg, Versagen oder Scheitern übersetzen. Das englische Wort für Fehler, *mistake*, erscheint mir viel verzeihlicher. Mis – take. Mistake impliziert, dass man es korrigieren kann: Man *missed* den *take* sozusagen, aber es wird noch einen take geben, und sicher noch einen – man kann sich so oft den Appetit verderben, wie man will. Das Verb *to mistake* heißt verwechseln, missverstehen oder auch falsch auffassen. Genau so ist es doch. Fehler: Huch, hab ich falsch verstanden, weil unerfahren und so, aber ich darf ja noch mal, weil ich ja daraus lernen soll. Im deutschen Wort Fehler aber klingt an, dass etwas fehlt. Doch was? Intelligenz? Geduld? Einsicht? Weisheit? Interpretationsgabe? Verbesserungsoptimierungsdings? Sicher nicht Wiederholungsblödigkeit, denn die ist eher im Übermaß vorhanden.

Wenn ich zurückblicke, habe ich die meisten meiner Fehler mehrmals begangen, was an einer gewissen persönlichen Begriffsstutzigkeit im Feld der Fehlererkennung und -verbesserung liegen dürfte. Ein Fehler, den ich oft begangen habe, schätzungsweise ungefähr ein paar hundert Mal: Wenn ich ein ernstes Gespräch zu führen hatte, kündigte ich dies viele Jahre lang an, ungefähr so: »Wir müssen reden«, woraufhin der andere: Oh nein, was kommt jetzt, Defensivstellung, alles schon vergeigt, bevor man das eigentliche Thema überhaupt angesprochen hat. Nein, noch nie ist etwas Gutes aus der Einleitung »Wir müssen reden« entstanden *, weil, wenn man ehrlich ist, es auch immer Scheißnews sind, die man da mitzuteilen gedenkt. Der andere schnallt das schon ob des Ankündigungsspruches und ist automatisch auf Diskussionskrawall gebürstet. Nein, in ein krasses Gespräch muss man krass und offensiv reingehen, ohne Ankündigung: rein damit, zwischen die Augen. Das tut nur auf den ersten Blick mehr weh als pseudohöfliches ins Kackgespräch-mit-Ankündigung-Eingelulle.

Darauf kam ich aber auch nicht alleine. Ein Freund, mit dem ich mal ein Wir-müssen-reden-Hühnchen zu rupfen hatte, wies mich darauf hin:

»Sag das nicht. Nie wieder, wenn du keinen Streit haben willst. Wenn du reden willst, rede. Aber aus Wirmüssenreden ist noch nie etwas Gutes entstanden.«

Seitdem halte ich mich daran. Es ist nämlich so: Um zu verstehen, dass man einen Fehler macht, benötigt es einen Moment der Offenbarung. Dieser Moment kam für mich immer durch

---

* Außer bei der Ankündigung: Zieh dich aus, wir müssen reden.

die Hilfe von Freunden zustande, als wären sie Boten eines Gottes mit einem Sinn für Fehlerkultur, die mir in seinem Auftrag zuflüsterten: »So, jetzt reicht's. Kapier das endlich mal!«

Ein anderer Fehler von mir ist es, nicht auf den Punkt zu kommen. Das gedenke ich nicht zu ändern, weil es zu sehr an meine Hardware gehen würde, doch manchmal kann ich mich zusammenreißen, zum Beispiel jetzt. Um auf der nunmehr zehnten Seite dieses Kapitels auf seine Überschrift zu sprechen zu kommen, die so Weisheit-Einsichts-Blabla verspricht, darf ich Entwarnung geben: Es war viel profaner und eine meiner ersten Erinnerungen. Ich war drei, vielleicht vier Jahre alt und hauptberuflich mit meinen Eltern auf Tennisturnieren unterwegs. Trotz meiner eigenen Grobmotorik- und Koordinationsschwäche liebte ich das Spiel schon immer, von der Zuschauertribüne aus wohlgemerkt. Das Wort Doppelfehler war eines meiner ersten Wörter und wurde mir auf Asche, Asphalt und Rasen vorgeführt: Man versucht es einmal, und wenn man nicht trifft, ein zweites Mal. Wenn man auch das zweite Mal daneben oder ins Netz trifft, geht man ein paar Meter weiter und versucht es wieder. Und immer weiter so, bis zum nächsten Turnier.

Einmal sah ich in einer Players Lounge einen Tennisspieler Erbsen essen. Ich lief auf ihn zu und versuchte ihn zu warnen, doch er verstand kein Serbokroatisch. Meine Mutter entschuldigte sich für mich, und ich versuchte ihr klarzumachen, dass sie ihm unbedingt sagen müsse, er dürfe keine Erbsen essen.

»Was redest du?«, fragte sie.

»Weil, sonst wird er viele Fehler machen«, sagte ich.

»Aha. Das wäre gar nicht so schlecht. Er spielt gleich gegen deinen Vater.«

Ach so. Na gut. Der Spieler machte in diesem Match tatsächlich sehr viele erbsenbedingte Doppelfehler und mein Vater gewann. Einmal, als der andere wieder einmal einen Doppelfehler servierte, wurde geklatscht. Ich liebte es zu klatschen und klatschte mit, woraufhin meine Mutter eingriff:

»Warum klatschst du?«

»Weil der Punkt an Daddy ging. Daddy gewinnt!«, sagte ich.

»Hör mir genau zu: Man klatscht nicht, wenn jemand anders einen Fehler macht, selbst wenn der Fehler dir zugute kommt. Man klatscht, weil man sich freut, und man freut sich nur, wenn man selbst etwas gut gemacht hat, nicht wenn eine andere Person etwas schlecht gemacht hat«, sagte sie.

Das leuchtete ein. Wie schwierig es aber sein würde, sich selbst zu applaudieren, wenn man etwas gut gemacht hat, sollte ich erst viele Jahre später feststellen.

Doppelfehler. Asse. Aus nichts anderem besteht das Leben. Wenn man könnte, würde man nur Asse servieren, so wie man versucht, sein Leben richtig zu gestalten und richtig zu leben. Dabei geht es im Leben nicht darum, sich zu finden, sondern vielmehr darum, sich zu gestalten, wie George Bernard Shaw es ausdrückte. Zur eigenen Gestaltung gehören auch Fehler, kleine Risse, Unebenheiten, zu harte Kanten oder zu glatte. Es gehört auch dazu, und das ist entscheidend, irgendwann neue Fehler zu machen und die alten sein zu lassen. Zur Lebensgestaltung gehört auch die Art und Weise, wie man mit Wunden umgeht und mit jenen Fehlern, die sich nicht korrigieren lassen. Wie lebt man mit Dingen, die unrepariert bleiben, die man in einem immer schwereren Koffer durchs Leben schleppen muss? Das Leben wird, je mehr es voranschreitet, mit immer mehr Traurigkeit und Tod und Sorgen gefüllt, und immer mehr jener jugendlichen Leichtigkeit beraubt, mit der man genau diese Bürden noch mühelos abschütteln könnte. Das ist, neben dem körperlichen Verfall, die größte Herausforderung des Alters: Wie schleppe ich meinen immer schwerer wiegenden Koffer herum, ohne dabei das Gesicht zu verziehen und bitter zu werden? Ich meine so: Bei der Gestaltung des Lebens geht es auch darum, die eigene Größe zu erschaffen, sich zu vergeben, anderen zu vergeben, den Kopf trotz allem hoch zu tragen und seinen Wunden nicht zu erlauben, uns in jemanden zu verwandeln, der wir nicht sein wollen.

Fehler zu bereuen ist notwendig, doch nicht zu lange, denn man muss weitermachen, sonst führt man ein Leben im Konditional der Vergangenheit: hättehättehätte. »Ich bereue nichts im Leben – außer dem, was ich nicht getan habe«, ist ein Bonmot von Coco Chanel, der Erfinderin des Kleinen Schwarzen. Sie hatte recht, denn was-wäre-gewesen-wenn und hätte-ich-bloß – das sind die Dinge, die man sich nie verzeiht. (Chanel zeigte uns, was Eleganz ist *und* wie man sein Leben im Indikativ lebt. Es gibt durchaus schlechtere Vermächtnisse.) Trotzdem weiß ich heute, was ich nicht hätte tun sollen: In ein Haus mit jemanden ziehen, bei dem ich von Anfang an ein schlechtes Gefühl hatte und der sich dann tatsächlich als Halunke entpuppte, grundsätzlich mein Bauchgefühl ignoriert zu haben, zu schnell geredet zu haben, ohne vorher nachgedacht zu haben, zu oft besserwisserisch, ungeduldig und stur gewesen zu sein, anderen zu oft über den Mund gefahren zu sein, mir selbst zu viele Aufgaben auf einmal aufgehalst zu haben, daran geglaubt zu haben, dass sich Menschen ändern können, (denn das können sie nicht), im Zusammenhang mit Alkohol Textnachrichten verschickt zu haben, nach einer Nacht, in der ich nur Wodka-Orange getrunken habe, am nächsten Morgen Orangensaft getrunken zu haben, weil der nach Wodka schmeckt, auch wenn keiner drin ist, sowie alle Akte der Selbstsabotage. Doch das sind auch genau die Dinge, durch die ich mich und mein Leben gestaltet habe.

Nur wenige Fehler habe ich nur einmal und nie wieder gemacht: Jedes Neugeborene muss wie das süßeste Kind der Welt bewundert werden; ein schlafendes Baby sollte nicht geweckt werden, nur weil man es knuddeln will; eine Frau darf man nie fragen, ob sie schwanger ist, denn womöglich ist sie es nicht; einem Mann darf man nicht zum zweiten Mal erlauben, einen zu ohrfeigen.

Vielleicht ist die Sache mit den Fehlern aber auch ganz einfach. Lassen wir den Jazz-Trompeter Miles Davis zu Wort kommen: »Keine Angst vor Fehlern. Es gibt keine.«

Was bleibt also? Nur das, was wichtig ist: Anständig sein. Keine Angst haben. Für seine Freunde da sein, nicht nur, wenn es ihnen schlecht geht, sondern auch, wenn es ihnen gut geht, und sich aufrichtig mit ihnen freuen, denn das ist oftmals schwieriger. Auf seine Integrität achten, auch, wenn man alleine im Zimmer ist. Sich entschuldigen, wenn es nötig ist. Auf seine Talente aufpassen und sie pflegen, auch dann, wenn man sich und anderen nichts mehr beweisen muss. Liebe geben. Großzügig sein. Komplimente machen. Komplimente annehmen können. Sich offenbaren, auch wenn man immer wieder enttäuscht wird. Auf seine Manieren achten. Sich konzentrieren, um sich im richtigen Moment ablenken zu lassen. Niemanden für Fehler bezahlen lassen, die jemand anderes in der Vergangenheit gemacht hat. Sich an kleinen Dingen erfreuen, und sich an großen Dingen erfreuen. An die Liebe glauben, auch wenn man sie nicht mehr für möglich hält. Stil haben und Substanz, denn nur beides zusammen ergibt einen Sinn. Melancholie genießen, denn sie ist nur Glück in einer anderen Tonart.

Wenn all das nicht fehlt, darf man so viele Fehler machen, wie man blöd ist, so oft, bis man Lust bekommt auf neue Fehler.

Doch was weiß ich schon? Das ist eine Momentaufnahme. Den Rest gedenke ich nachzureichen, während ich nicht daran verzweifele, dass die Welt einfach nicht so wird, wie ich sie haben will – obwohl ich immer älter werde.

Philosophie statt Paartherapie

"Absolut lesenswert."
Westdeutsche Zeitung

"Die Liebe ist ein
unordentliches Gefühl
und Precht bringt es
wieder in Ordnung."
Die Welt

400 Seiten
ISBN 978-3-442-15554-5